抗日战争时期中国人口伤亡和财产损失调研丛书

主　编　李忠杰

副主编　李　蓉　姚金果

　　　　霍海丹　蒋建农

新疆抗日战争时期人口伤亡和财产损失

新疆维吾尔自治区党委党史研究室　编

中共党史出版社

图书在版编目(CIP)数据

新疆抗日战争时期人口伤亡和财产损失/新疆维吾尔自治区党委党史研究室编.—北京:中共党史出版社,2016.1

(抗日战争时期中国人口伤亡和财产损失调研丛书/李忠杰主编)

ISBN 978-7-5098-3232-5

Ⅰ.①新… Ⅱ.①新… Ⅲ.①抗日战争-损失-史料-新疆
Ⅳ.①K265.06

中国版本图书馆 CIP 数据核字(2015)第 197544 号

出版发行 **中共党史出版社**
责任编辑:李亚平
复　　审:陈海平
终　　审:汪晓军
责任校对:龚秀华
责任印制:谷智宇
责任监制:贺冬英
社　　址:北京市海淀区芙蓉里南街6号院1号楼
邮　　编:100080
网　　址:www.dscbs.com
经　　销:新华书店
印　　刷:北京君升印刷有限公司
开　　本:170mm×240mm　1/16
字　　数:353 千字
印　　张:17.75　10 面前插
印　　数:1—3050 册
版　　次:2016 年 1 月第 1 版
印　　次:2016 年 1 月第 1 次印刷

ISBN 978-7-5098-3232-5
定　　价:40.00 元

此书如有印制质量问题,请与中共党史出版社出版业务部联系
电话:010—82517197

《抗日战争时期中国人口伤亡和财产损失调研丛书》

本课题在中共中央党史研究室室委会领导下进行。先后三位时任主任孙英、李景田、欧阳淞对本课题给予了重要指导。

主　编　李忠杰
副主编　李　蓉　姚金果　霍海丹　蒋建农

参加审稿的领导和专家：
一、中共中央党史研究室领导和专家
  曲青山　孙　英　龙新民　陈　威　石仲泉
  谷安林　张树军　黄小同　黄如军　李向前
  陈　夕　任贵祥　郑　谦　王　淇　黄修荣
  刘益涛　韩泰华
二、有关部门和单位的专家
  李景田（第十二届全国人大常委、民族委员会主任
     委员；中共中央党史研究室原主任；中共
     中央党校原常务副校长）
  何　理（中国人民解放军国防大学少将、教授、中
     国抗日战争史学会会长）
  支绍曾（中国人民解放军军事科学院少将、原军事
     历史研究部副部长、研究员）

罗焕章 （中国人民解放军军事科学院研究员）

刘庭华 （中国人民解放军军事科学院原军事历史研究部研究室主任、研究员、博士生导师、首席军史专家）

阮家新 （中国人民革命军事博物馆原副馆长、研究员）

步　平 （中国社会科学院近代史研究所原所长、研究员）

汤重南 （中国社会科学院世界历史研究所研究员、中国日本史学会名誉会长）

姜　涛 （中国社会科学院近代史研究所研究员）

荣维木 （《抗日战争研究》原主编）

郭德宏 （中共中央党校党史教研部原主任、教授、博士生导师）

肖一平 （中共中央党校党史教研部教授）

杨圣清 （中共中央党校党史教研部教授）

李东朗 （中共中央党校党史教研部教授、博士生导师）

徐　勇 （北京大学历史系教授、博士生导师）

李良志 （中国人民大学中共党史系教授）

王桧林 （北京师范大学教授、博士生导师）

谢忠厚 （河北省社会科学院原现代史研究所所长、历史研究所顾问、研究员）

中共中央党史研究室课题组成员

李忠杰　霍海丹　李　蓉　姚金果　李　颖
王志刚　王树林　杨　凯

《抗日战争时期中国人口伤亡和
财产损失调研丛书》

总　序

中共中央党史研究室副主任　李忠杰

　　发生在 20 世纪三四十年代的中国人民抗日战争，是中华民族抵抗日本帝国主义侵略的一场规模巨大的战争，是世界反法西斯战争的重要组成部分和东方主战场，是近代以来中国反对外敌入侵第一次取得完全胜利的民族解放战争。中国人民抗日战争的胜利，成为中华民族由衰败走向振兴的重大转折点，也对世界各国人民取得反法西斯战争的胜利、争取世界和平的伟大事业产生了巨大影响。

　　这场战争，作为世界反法西斯战争的一部分，从根本上来说，是反法西斯正义力量与法西斯侵略势力之间的一场大决战，是文明与野蛮的一场大搏斗。日本侵略者，站在法西斯阵营一边，不仅与中国人民为敌，而且与世界人民为敌，肆意践踏人类的公理和正义，企图以残暴杀戮的手段，将中华民族置于自己的铁蹄之下。日本侵略者先后占领了中国、东南亚、南亚、大洋洲许多国家的领土，杀害居民，掠夺物资，强征劳工，施放毒气，蹂躏妇女和儿童，毁坏和窃取文物，造成了大量人员和财产的损失，给中国人民和亚洲其他许多国家人民留下了巨大的创伤，给世界文明造成了空前的破坏。

　　中国是受战争摧残最为严重的国家。从 1931 年到 1945 年的 14 年间，日本侵略者先后占领了东北、华北、华中、华南等大片中国最重要的经济政治文化战略地区。在整个战争进程中，日军

1 ·

到处屠杀、焚烧、抢掠、奸淫，使中国人民的生命财产惨遭蹂躏；大量使用生化武器，进行残酷的细菌战和化学战；把大批中国平民和俘虏当作细菌和毒气的试验品；对无辜的中国平民施放毒气，或在河流、湖泊、水井中投毒；掠走大批中国劳工，强迫他们筑路、开矿、拓荒，从事大型军事工程，使其大批冻、饿、病、累而死；强征中国妇女作为"慰安妇"，严重残害妇女的身心健康；对抗日根据地实行"烧光、杀光、抢光"政策，企图摧毁抗战军民起码的生存条件；在许多地方还制造了一系列触目惊心的大惨案。直至今天，日本侵略所造成的后果还难以完全消除，日军遗留的毒气弹还不时地威胁着中国人民的生命安全。

日本侵略者的罪行，违背了起码的人类良知和国际公法，不仅是对人权和人道主义的践踏，而且是对人类文明的挑战。它决不是如某些日本右翼分子所说是解放亚洲和太平洋地区人民的行动，而是亚洲和太平洋地区历史上最黑暗的一幕，是人类文明史上的一场浩劫。第二次世界大战结束后，根据《波茨坦公告》的规定，远东国际军事法庭在东京对日本首要战犯进行了国际审判，确认侵略战争为国际法上的犯罪，策划、准备、发动或进行侵略战争者为甲级战犯。此外，盟军还在马尼拉、新加坡、仰光、西贡、伯力等地，对日本的乙、丙级战犯进行了审判。中国也先后对日本的有关战犯进行了审判。这些审判，与欧洲的纽伦堡审判一起，使发动侵略战争的罪犯受到了应有的惩处，代表了全世界一切爱好和平人民的共同愿望。这是正义的审判，历史的审判！这一审判的结果是不容挑战的！

策划和制造当年这场战争的，是一小撮日本军国主义和法西斯分子。而日本人民，从根本上来说，也是受害者。所以，日本人民也用不同方式对这场战争进行了抵制和反抗。不少参加侵华战争的士兵认识到战争的性质，幡然悔悟，积极参加了国际和日本国内的反战活动。战后，很多人勇敢面对历史事实，以见证人的身份揭露了日本军国主义的罪行。还有很多当年的士兵，真诚忏悔战争的罪行，以实际行动推动世界和平和中日友好，做了很多有益的工作。他们的良知和勇气，应该得到充分的肯定和赞赏。

相反，日本国内一些右翼势力，直到今天仍然否认侵略战争的性质和罪行，竭力推卸侵略战争的责任。对早已由当年远东国际军事法庭作出严正判决的南京大屠杀一案，始终企图翻案。历史不容改变，事实岂能抹杀！企图歪曲历史，掩盖罪行，这是中国人民绝对不能同意的！

中国人民在当年那场战争中的胜利，是正义战胜邪恶、光明战胜黑暗、进步战胜反动的伟大胜利！是正义的胜利、人民的胜利、和平的胜利！既是中华民族永远值得纪念的胜利，也是世界人民永远值得纪念的胜利！但是，在纪念胜利的同时，我们不要忘记，这一胜利是用极为惨重的代价换来的。在这一伟大胜利的背后，是中华民族遭受的巨大人员伤亡和财产损失！中华民族，既为这场战争的胜利作出了巨大的贡献，也在这场战争中付出了巨大的民族牺牲。

1995 年，江泽民同志在首都各界纪念抗日战争暨世界反法西斯战争胜利 50 周年大会上，对当年日本侵略中国造成巨大人口伤亡和财产损失的基本数据作出了重要表述。2005 年，胡锦涛同志在纪念中国人民抗日战争暨世界反法西斯战争胜利 60 周年大会的讲话中，再次郑重宣布，据不完全统计，在抗日战争期间，中国军民死伤 3500 多万人；按 1937 年的比值折算，中国直接经济损失 1000 多亿美元，间接经济损失 5000 多亿美元。中国领导人公开宣布的基本数据，从整体上揭示了中国人口伤亡和财产损失的规模，有力地揭露了日本军国主义侵略的罪行。

数据，是历史的抽象。数据的背后，是大量的事实、确凿的证据，是无数人们的惨痛记忆和血泪控诉。为了更直接、更具体、更全面、更系统、更立体地还原当年的历史，展示中国人民遭受的灾难和损失，揭露日本军国主义的罪行，驳斥日本右翼势力否认侵略罪行的种种言论，我们必须通过更多档案资料的展示、历史文书的挖掘、具体事实的考查、当事人的证词证言、各种各样的物证书证，等等，将侵略者的罪行昭告天下。因此，作为炎黄子孙，作为郑重的历史工作者，有必要、有责任、有义务、也有权利对战争期间中国的人口伤亡和财产损失进行更加系统、详尽、具体的调查研究，将当年中国人民的巨大牺牲和惨重损失永远地记载下来。

这项调查研究工作，本来在抗日战争结束之后，或者在新中国成立时，就应该进行。但由于种种历史原因，未能系统、全面地进行。由于年代久远，资料散失，在世的证人越来越少，现在进行这方面的调查和研究已经有很大困难。但是，无论早晚，这项工作总得有人来做。现在才做，已经晚了几十年。但如果现在再不做，将来就更晚，也更困难了。所以，无论再困难，做，都是必要的。做好这项调研，是对历史负责、对人民负责、对当年的牺牲殉难者负责、对我们的子孙后代负责。根本上，是对整个中华民族负责，也是对国际社会和人类文明负责。

因此，2004 年，中央党史研究室决定开展《抗日战争时期中国人口伤亡和财产损失》的课题调研。从 2005 年开始，组织全国党史部门围绕这一重大课题，开展了系统深入的调研工作。其基本任务，是按照实事求是的原则，调查更加详实、有力、具体、准确的档案、材料、事实，更加清楚准确地掌握日本军国主义的侵略罪行，更加清楚准确地掌握日本侵略在各个不同领域、地区和方面对中国造成的破坏和损失。其中包括：各个省、自治区、直辖市在抗战中的人口伤亡和财产损失情况；历次重大战役战斗中中国军队伤亡的情况；日本从中国掠走各种资源的情况；日本从中国掠走和破坏文物的情况；日军在中国制造的一系列重大惨案；中国劳工的损失情况；中国妇女遭受日军性侵犯的情况，包括"慰安妇"的情况；日军在中国使用细菌武器、化学武器及其造成伤害的情况；日本侵略在其他方面给中国造成破坏的情况；等等。

课题调研的整体布局，实行块块和条条的结合。每个省、自治区、直辖市党史研究室，主要负责把本区域内的情况调查清楚。也可根据实际情况，选择一些重点，进行专题性的调研，形成专题性的研究成果。一些重要专题，单靠某个省（自治区、直辖市）做不了，就采取条条的办法，组织专题性的调研。还有一些，则是条条与块块相结合。如毒气，日军在不同区域使用过，有关的省（自治区、直辖市）都调查。但作为一个专题，由相关的区域进行协调，配合开展调研工作，并形成专项的调研成果。如劳工、性侵犯等，就大致属于这种类型。

课题调研的方式方法，主要是查阅和搜集档案文献资料，包括不同历史时期的统计报表。同时查阅当时有关的报刊资料，查阅多年来涉及有关地方、有关课题的研究成果。对一些特殊的重大事件，特别是重大惨案等，也同时进行社会调查，对当事人、知情人、有关研究人员等进行走访，记录证词证言。对于特别重要的事件，有条件的，还进行必要的司法公证，如南京大屠杀、潘家峪惨案等，使这些调查都成为在法律上可以采信的证据。根据需要与可能，也到国外境外包括台湾地区查阅搜集档案资料。

中央党史研究室进行了大量组织和指导工作。在课题确定前，首先进行了必要的论证，得到了许多专家的支持。随后，制定了详细的工作方案，向各省、自治区、直辖市党史研究室发出正式通知和实施意见，明确了工作的指导思想、组织领导、调研项目、工作步骤、基本要求、注意事项等等。为了提高认识，振奋精神，交流经验，落实措施，专门召开了工作培训会议，就课题的总体规划、调研方法、需要把握的问题等，作了全面部署，特别是提出了把调研工作做成"基础工程、精品工程、警世工程、传世工程"的要求。多年来，一直分阶段、有步骤地把这项课题调研推向前进。有关领导和专家分别到各地参加会议，指导培训，提出要求，统一规格，解答疑难问题。在调研过程中，随时就有关问题进行具体指导。工作班子及时编发简报和简讯，交流情况和经验。

各级党委和政府高度重视。多数地方成立了由党史研究室领导负责的课题组。各地先后召开工作会议、电话会议等，培训人员，落实任务。许多地方形成了由党史研究室牵头，档案、民政、财政、司法、地方志、社科院以及高校等部门单位联合攻关的局面，保证了调研工作扎扎实实、有计划有步骤地向前推进。

《抗日战争时期中国人口伤亡和财产损失》课题调研先后经历了六个阶段。第一，酝酿启动。第二，全面调研。这是最重要的阶段。各地组织专门人员，查询档案，实地走访，搜集了大量资料。第三，起草报告。凡参加调研的县以上单位，都要在搜集整理、考证研究档案文献资料和进行实地调查的基础上，写出调研报告，全面、准确地反映调研成果。同时，将调研中搜集的档案文献资料进行分类整理，制作统计表、大事记和人员伤亡名录等。第四，分级验收。为保证调研成果的科学性、准确性、严肃性，各省、自治区、直辖市调研报告都要经过四级验收。首先由课题领导小组审查通过，然后聘请所在省份资深专家审读验收，合格后报送中央党史研究室课题组。中央党史研究室课题组审读各省、自治区、直辖市的调研报告及相关调研成果，认为合格后，再聘请有全国影响的专家审读，写出书面意见并亲笔署名。根据审读意见，各地都要反复认真进行修改，只有达到规定要求才能通过验收。第五，上报成果。完成调研工作的省、自治区、直辖市，都按统一要求，将调研中收集的档案文献资料等所有文件，精心整理，分类成册，向中央党史研究室提交调研成果。各市县也要逐级向省级报送。第六，反复审核。中央党史研究室召开审稿会，组织各省、自治区、直辖市按照标准自审，相互间互审，将各种材料进行比对，将有关数据核实，解决带有共性的问题，进一步统一标准、统一规范、统一格式。

这项课题调研，作为一项浩大的工程，到目前为止，进行了将近 10 年之久。前后共有 60 多万党史工作者、史学工作者和其他各类有关人员参加。将近 10 年来，各个地方都周密组织，采取有力措施推动工作开展，保证调研质量。如山东省，先在 30 个县（市、区）进行试点，然后在全省普遍推开，形成了纵向省市县乡村五级联动、步调一致，横向十几个部门优势互补、携手攻关的工作格局。课题调研期间，山东省参加工作的同志共查阅档案 238742 卷，复印档案资料 406912 页，查阅抗战期间及战后出版的书刊 61301 册（期），复制文献资料 220177 页。走访调查 8 万余个行政村、609 万名 70 岁以上（即 1937 年全国性抗战爆发以前出生）老人中的 507 万余人，收集证言证词 79 万余份。拍摄照片资料 7376 幅、录像资料 49678 分钟，制作光盘 2037 张。全省1931 个乡镇，每个乡镇都建立了包括证人证言证词、伤亡人员名录、财产损失清单、人员伤亡和财产损失数字统计、人员伤亡和财产损失大事记、重大惨案证据材料以及证人和知情人口述录音、录像、照片等内容的抗战时期人口伤亡和财产损失材料卷宗，共 12892 个。

这项课题调研，也得到了社会各界特别是档案图书部门、专家学者的普遍支持。许多档案馆、图书馆为这次调研提供各种方便。不少专家学者在教学科研任务繁重、经费困难的情况下，承担专题研究任务。有的外请专家利用学校假期全力以赴做课题，缺少交通工具，就以自行车代步或徒步，到档案馆和图书馆查阅文献资料。

为了扩大搜寻面，中央党史研究室还组织查档小组，分赴美国、俄罗斯、日本，搜集了许多抗战史料。很多地方的课题组都到台湾查档。在台北"国史馆"、中国国民党党史馆、"中央研究院"近代史研究所档案馆等，找到了数量巨大、整理比较细致的抗战档案。台北"国史馆"馆藏的国民党在大陆统治时期行政院赔偿委员会档案，涉及抗战时期中国人口伤亡和财产损失的有8924卷，内容十分翔实具体。既有中央机关、军队系统人口伤亡和财产损失情况，也有地方省、市，县、区和个人填报的资料，包括台湾地区和华侨的档案资料。新疆防空委员会也报送有财产损失材料，如修筑防空工事、疏散费等财产损失。重庆市报送有日机空袭慰恤重伤难胞姓名卡，上面有卡号、伤员姓名、性别、年龄、籍贯、受伤时间、受伤地点、犒金额、发犒金时期、所住医院名称、医院地址、入院时间等，受伤部位还配有图片加以说明。所有这些，为查明当时各方面的人口伤亡和财产损失，提供了重要证据。

这项重大课题调研的成果，均编成《抗日战争时期中国人口伤亡和财产损失调研丛书》公开出版，为国内外学者提供并为子孙后代留下一份关于抗战时期中国人口伤亡和财产损失的系统资料。经过验收、审核合格的调研报告和主要档案文献资料，都按统一体例，编辑成为丛书的 A、B 两个系列。A 系列为各省、自治区、直辖市各一本调研成果，以及若干重要专题的调研成果，由中央党史研究室负责审核。B 系列为各省、自治区、直辖市的其他大量调研成果，由各省、自治区、直辖市党史研究室负责审核。全部成果统一设计、统一规格、统一版式、统一编号，由中共党史出版社统一出版。全部出齐之后，将有300本左右。

为了集中反映日本侵略者在中国制造的各种重大惨案，我们专门编纂了一套《抗日战争时期全国重大惨案》，收录抗战时期死伤平民（或以平民为主）800人以上的重大惨案100多个，配以档案、文献、口述及照片等作为历史证据。日本一些右翼分子，常常攻击中国为什么不拿出伤亡人员名单。我们专门安排了一个省，即山东省，公布该省具体的伤亡人员名录（第一批先公布该省100个县＜市、区＞的死难人员名录），包括姓名、籍贯、年龄、性别、伤亡时间等多项要素。以此说明，中国的伤亡人员都是有根有据、铁证如山的。

历史的生命在于真实、客观、准确。《抗日战争时期中国人口伤亡和财产损失》这一课题调研的生命也在于真实、客观、准确。所以，在开展这一课题调研的过程中，我们始终把保证调研质量，保证所有材料、事实、成果的真实性、客观性和准确性放在第一位，并在五个重要环节上严格要求、严格把关。第一，严格要求。一开始就明确规定，课题调研工作坚持实事求是的原则和科学严谨的态度。整个调研工作必须尊重历史事实。档案怎么记录的，就怎么记载，不能随意改变。当事人、知情人怎么说的，就怎么记录，不能随意加工。所有的材料、事实都要经得起法律上和学术上的质证。在需要与可能的情况下，对当事人、知情人的证词证言要进行司法公证。各种数据，都要确有根据，不能随便编排、采信。不许追求任何高数字、高指标。第二，统一规范。对课题调研的项目、内容，都做了认真细致的研究，提出了统一要求和严格规范。对全部调研项目设计了统一的表格，对调研报告的内容和格式做了统一规定。每个数字的内涵外延，包括如何计算、如何换算等等，都有明确的规定。事前对调研人员进行了培训。调研过程中，对没有理解的问题、疑难的问题等，都由专家给予统一的解释、说明。第三，责任到人。对所有参与课题调研的人员，都实行责任制。查档的、笔录的、整理的、起草调研报告的、审读的……，每个环节的人员都要签名，以对这一环节自己的工作负责，对子孙后代负责。明确规定，今后凡遇到质疑，有关环节的调研人员都要能够站出来进行证明、解释和辩论。第四，客观撰写。在汇总情况、起草调研报告阶段，要求所有的数据统计都必须客观、真实、准确。一律用事实说话，材料要具体、实在。不允许像写文艺作品那样来写调研报告；不允许作任何想象、编造和煽情性的描写；不允许刻意追求语言的生动华美；不允许使用任何带有夸张性、主观推断性的文字；不允许用"不计其数"、"无恶不作"这类抽象的形容词来概括相关内容；经过调研，凡是能够说清的事实、数字都予采用，但仍然说不清的情况、数据，就客观地说明未查核清楚，在汇总和整理数据时充分考虑这些因素，绝对不得编造数字。第五，逐级验收。除了在调研过程中由特聘的专家随时给予指导外，对各地提交的调研报告和相关材料，都实行逐级验收制度。其中，对省级调研成果实行由地方到中央的四级验收，其他调研成果由有关省、自治区、直辖市党史研究室组织验收。每一验收环节都要有专家审读、签字。凡存在问题和不符合要求之处，都要退回重新核查和修改。

经过艰苦努力，到 2010 年底，我们在深入调研的基础上，初步编出了几十本成果，先行印制了少量样本作为内部工作用书，组织力量作进一步的研究、审读、复查、校核。从 2014 年初开始，我们又组织展开了新一轮较大规模的审核工作。第一，召开有关省、自治区、直辖市党史部门参加的审稿会，进一步提高认识，明确规范，听取相互评审以及从社会各方面听到的意见，对审核工作提出要求，进行部署。第二，开展自审、复核、修改，确保准确无误。同时在各省、自治区、直辖市党史部门之间交叉审读，相互间进行比较、核对、衔接。自审互审完成后，都要确认是否具备正式出版的质量水准，签署是否同意交付出版的意见。第三，由中央党史研究室组织专家，对所有拟第一批出版的成果（书稿）进行六个环节的审读、检查、修改、校对，不仅检查是否还有表述不够准确或不够清楚的地方，而且对各本书稿之间、每本书稿各个部分之间的内容、叙述、时间、数字等进行统筹检查，排除表述不一致的内容。第四，如实客观地说明我们工作尽最大努力后达到的程度。始终强调，凡是已经清楚的，就清楚表述。还没有搞清楚的，就如实说明还没有搞清楚。某些数据、结论与其他书籍资料不完全一致的，则说明我们是依据什么材料、从什么角度得出和叙述的，不强求一致。第五，组织各地党史部门继续参与审核。凡有疑问的，都与有关地方党史部门联系、查核。多数省、自治区、直辖市都派专人来京参与审核、修改、校对。审核完毕后，又组织各地党史部门对自己书稿的清样再次进行审核。然后再按出版流程交付印制。今年以来对这些成果再次进行如此繁密、细致的复核工作，都是为了进一步保证成果的质量，保证历史事实的真实性和准确性。

特别需要强调的是，开展这项调研，不是为了简单汇总、计算这样那样的数据，而是为了寻找、展示更多的档案、更多的材料、更多的人证物证、更多的历史事实，用具体的事实来反映当年中华民族遭受的巨大灾难，揭露日本侵略者反人类的罪行。时隔几十年，很多数据难以查清，很多数据可能不很吻合，而且数据的分类、统计、核算都极为复杂，远远不是简单做一做加法就能算出来的。所以，我们在数据上采取了十分谨慎的态度。能统计出来的就统计出来，难以统计的也不强求。统计的口径、结果相互有差别的，也注意说明。今后，我们将会对数据问题作进一步研究。因此，目前的研究还只是阶段性的，不能说已经包罗万象，更不是最终的结论。总体上，还是在为今后更加综合性的研究提供一个详尽、扎实的基础。

由于自始至终都高度重视和强调调研的质量，所以，对于这一项目的真实性、客观性、准确性，我们有充分的信心。当然，无论如何，历史已经过去了六七十年，很多当事人已经去世，很多档案资料已经散失。现在再对发生在六七十年前的灾难进行大规模的调查，其困难是可想而知的。所以，即使做了最大的努力，我们仍然充分预计在调研成果及有关材料中，还是会有不足和差错之处，出版之后，肯定会有不同意见。所以，我们真诚地欢迎所有看到这些调研成果的人们，对其中的内容、材料、数据等进行审查、讨论。如此，必将有更多的人们关心和参与对当年那场灾难的调查，必将会提供和发现更多的档案、更多的资料、更多的见证，必将对我们调研成果中的很多内容进行不断的推敲琢磨，从而使我们能够更加准确、系统地展示当年中国的人口伤亡和财产损失，使我们为子孙后代留下的资料更为完整、更为丰富。我们也欢迎日本和其他国家的人们对这些调研成果进行阅读、审查、讨论、质疑。如此，将会有更多的国家和人们关注中国当年所遭受的灾难，也将会有更多的存留于国外境外的档案资料出现在公众面前，也将会使对当年这段历史和灾难的记录、研究更加准确和科学。

《抗日战争时期中国人口伤亡和财产损失》课题调研，是一项学术性的工作。开展这项课题调研，是为了更加准确和详尽地记录这场战争和灾难的历史，更加充分和有力地揭露日本军国主义的侵略罪行、反击日本右翼势力否认侵略战争的言行，更加充分和有效地进行爱国主义教育，毋忘国耻、振兴中华，更加积极地促进两岸交流、推进祖国和平统一进程，同时，也是为了给全世界所有关注当年这场战争和灾难的国家、政府和人们一个更加负责任的交代，为子孙后代继续研究当年中国人民抗日战争和日本军国主义的侵略罪行留下一笔丰富翔实的历史遗产。因此，虽然是学术性调研，但具有重大的历史意义、现实意义、国际意义、政治意义。作为历史工作者，我们有责任、有义务，实事求是地把中华民族在那场战争中蒙受的巨大灾难和损失尽可能完整地记载下来。推动和开展这项课题调研，是良心所在，是责任所在！每每读到那些令人震颤的历史事实，每每想到那数千万死难者的冤魂亡灵，每每掂量我们今人特别是历史工作者的责任，我们都禁不住潸然泪下。将近10年来，所有调研人员本着对历史和民族负责的精神，殚精竭虑，无私奉献，千方百计寻找各种线索，逐字逐页翻阅档案资料。为了做好对当事人、知情人的调查取证工作，顶酷暑，冒严寒，深入村镇，一家一户进行走访。也许，随着时间的流逝，这样的调研工作，以后再也不可能如此全面深入大规模地进行了。所以，对于能够基本完成这一课题的调研，我们极为欣慰，对能够取得今天这样的成果，我们极为珍惜。将近10年来，调研工作遇到过重重困难，调研人员付出了巨大心血，但只要能够对国家、对民族、对人民有一个负责任的交代，我们所有的努力、辛劳甚至痛苦都是值得的！

现在，《抗日战争时期中国人口伤亡和财产损失调研丛书》A系列第一批成果就要正式出版了，随后我们还将根据工作进程陆续出版第二批、第三批……B系列丛书的编纂和出版工作也将同时推进。而且，这项课题调研工作远没有结束。截至目前课题调研取得的成果，都还是阶段性的、部分的、不完全的成果。很多专题性调研还要继续进行，对大量档案资料还要进行分析研究。所有这些，都还需要我们继续不懈地努力。我们将以对历史负责的精神，一如既往地将这项课题调研工作做好。

历史，是现实的基础，更是未来的起点。打开尘封的记忆，重温昔日的往事，我们可以得到很多的启示和教诲，增长很多的聪明和智慧。所以，研究历史，形式上是向后看，但根本目的是向前看。作为一种科学的研究，我们调查历史的真相，记录历史的灾难，不是为了延续旧时的仇恨，不是为了扩大中日之间的裂痕，不是为了煽动狭隘民族主义的情绪，而是为了以史为鉴，不让历史的悲剧重演；面向未来，书写更加友好合作的美好篇章。经历了太多的苦难和挫折之后，我们更加坚定地热爱和平，更加执着地追求正义，更加珍惜国家的主权与独立，也更加关注世界的文明发展和进步。我们真诚地希望，世界各国能够携手努力，平等协商，求同存异，友好相处，共同推进世界的发展，共享人类文明的成果；我们真诚地希望，中日两国人民能够更多地加强交流、理解和合作，共同开辟中日关系的新局面，使中日关系更加健康稳定地向前发展，使中日两国人民真正世世代代地友好下去；我们真诚地希望，中华民族能够始终以坚韧不拔的努力，坚定不移地走和平发展之路，在中国特色社会主义旗帜下全面建设小康社会，努力实现社会主义现代化，为推动建设一个和平发展、文明进步的世界作出自己的贡献！

2014 年 4 月 30 日

《抗日战争时期中国人口伤亡和财产损失》课题①调研工作规范和要求

2004 年，中共中央党史研究室决定开展《抗日战争时期中国人口伤亡和财产损失》课题调研。2005 年向全国各省、自治区、直辖市党史研究室发出开展此项工作的正式通知，进行相应部署，着重说明工作的指导思想、调查项目、实施步骤及规范和要求。以后又随着课题调研的深入开展，对规范和要求进行了补充和完善。

一、课题调研的基本任务

抗战损失课题调研的目的和任务是深化对抗日战争时期中国人口伤亡和财产损失的研究。1995 年，在首都各界纪念抗日战争暨世界反法西斯战争胜利 50 周年之际，江泽民同志曾经对 20 世纪三四十年代日本侵略中国造成巨大人口伤亡和财产损失的基本数据做出了重要表述。2005 年，在纪念中国人民抗日战争暨世界反法西斯战争胜利 60 周年大会的讲话中，胡锦涛同志再次郑重宣布，据不完全统计，在抗日战争期间，中国军民伤亡 3500 多万人；按 1937 年的比值折算，中国直接经济损失 1000 多亿美元、间接经济损失 5000 多亿美元。中共中央党史研究室组织开展的课题调研，旨在全面详尽调查有关抗日战争时期中国人口伤亡和财产损失的具体事实，为这组基本数据提供强有力的史实支撑，并不是简单地做数据统计。

---

① 本课题亦简称为抗战损失课题或抗损课题。因为抗日战争时期及抗战胜利后国民政府统计人口伤亡和财产损失多采用 "抗战损失" 等概括性提法，其中将人口伤亡也称作抗战损失之一种，与财产损失并提，故沿用这一表述。

课题调研的基本任务是：按照实事求是的原则，经过广泛、全面、深入细致的调查研究，包括查阅搜集档案资料、对统计数据进行分析等，获得更多的证据，以更加全面和准确地揭露日本帝国主义侵略中国的罪行及其对中国人民造成的伤害。

课题调研的主要内容包括：（1）各个省、自治区、直辖市在抗战中的人口伤亡和财产损失情况；（2）历次重大战役战斗中中国军队伤亡的情况；（3）日本从中国掠走各种资源的情况；（4）日本从中国掠走和破坏文物的情况；（5）日军在中国制造的一系列重大惨案；（6）中国劳工的损失情况；（7）中国妇女遭受日军性侵犯的情况，包括"慰安妇"的情况；（8）日军在中国使用细菌武器、化学武器及其造成伤害的情况；（9）日本侵略在其他方面给中国造成破坏的情况；等等。

二、课题调研的方式和方法

主要是组织有关人员查阅和搜集档案馆、图书馆和其他文博单位以及民间保存的有关中国抗战人口伤亡和财产损失的档案资料、报刊杂志、历年出版的专题资料集和发表的研究成果。对一些特殊、重大的事件如重大惨案，则走访当事人、知情人和有关研究人员，进行录音录像，整理和保存证人证言，有条件的还进行司法公证，努力使这些调查材料成为在法律上可以采信的证据。有些省份的课题组还到境外的有关机构查阅相关档案资料，作为对大陆保存的档案资料的丰富和补充。这次课题调研的整体布局，实行块块和条条相结合。每个省、自治区、直辖市党史研究室在负责开展地区性的广泛调研的同时，也从实际出发开展一些专题性调研。一些重要的、涉及多个地方的带有全局性的专题，则另组织专家进行调研。

三、对搜集档案资料的要求

1. 明确搜集档案资料的范围。搜集档案资料是本课题调研工作的基础，调研成果的质量也主要决定于档案资料是否翔实，是否尽可能完整和全面。所以，凡相关内容的档案资料，不论是直接反映人口伤亡和财产损失的，还是间接反映的（如关于人口状况、财产状况、生产能力、各类资源情况等资料），都尽量搜集，作为撰写调研报告的客观的历史依据。搜集的要件有：档案、报刊、史志、时人日记、专著专论、实地调查报告、图片、影像资料以及出版、发表的研究成果等。

2. 认真整理原始档案和资料。对于搜集到的档案资料，不论是来自原始的档案，还是来自报刊、史志、日记、图书、专题论文等，都认真整理，每份每件都注明保存的地点、单位，文件卷号、出版或发表处等，然后分类汇总，妥善保存。档案资料使用时一律保持原貌，必要时作注释说明，不允许对原件内容增改、涂抹。对搜集到的档案资料要在分门别类整理的基础上进行必要的考证、鉴别和研究。整理后的档案资料，不仅是有关课题承担者撰写课题调研报告的重要依据，其主要内容也作为附件收入有关的调研成果之中。

四、有关数据统计中的几个问题

1. 根据搜集、掌握资料的情况，抗日战争时期中国的人口伤亡分为直接伤亡和间接伤亡两大类。直接伤亡，一般是指日本侵略中国的战争直接导致的中国方面人员的死、伤、失踪等；间接伤亡，一般是指在日本侵略中国的战争包括特定战争环境中造成的中国方面被俘捕人员、灾民、难民、劳工等的伤亡。抗战期间，被俘捕人员、灾民、难民、劳工等伤亡很大，但由于其流动性大等复杂原因，很难形成具体数据资料，统计起来十分困难。因此，本课题调研中，将已确定属于死、伤或失踪的被俘捕人员、灾民、难民、劳工的数据归入有关地方间接伤亡统计数据；无法确定是否伤亡失踪的，可视情况单列相关数据并加以说明。需要补充说明的是，在战争中失踪者，按通常惯例归为死亡。

2. 抗日战争时期中国的财产损失分为直接损失和间接损失两大类。直接损失，一般是指在日军攻击、轰炸或掠夺中直接造成的社会财产损失。居民财产损失列为直接损失。间接损失，一般包括：(1)政府机关等因抗战需要而增加的费用，如迁移费、防空设备费、疏散费、救济费、抚恤费等；(2)各种营业活动可获利润额的减少及由于成本上升等增加的费用；(3)有关伤亡人员的医药、埋葬等费用；(4)为抗战捐献的物资和钱财；(5)有关人力资源的损失。总之，一切因战争造成的间接财产损失均包括在内。

3. 在财产损失中所列的人力资源类损失，包括了被俘捕人员、劳工等在财产方面的损失。中国各级政府所组织的劳役，例如为战争修筑公路、机场、军事工事等抽调民工，都算作人力资源损失。但中国方面征用民工和日本侵略军强征劳工有所区别。日军强征劳工的伤亡率很高，和中国方面征用民工民夫的情况区别很大，因此要分别统计和说明，不能混淆。

4. 中国军队在重大战役战斗中的人员伤亡，分别情况加以统计处理。此次课题调研以统计平民伤亡为主。有关省（自治区、直辖市）如发现有本地发生过军队人员伤亡的重要资料，可以搜集整理并在调研报告中说明，但不计入本地人口伤亡总数。若是本地籍军人的伤亡，则计入本地人口伤亡总数。

5. 海外华侨拥有中国国籍，因此在计算抗日战争时期中国人口伤亡和财产损失时，华侨人口伤亡和财产损失均计算在内。各有关地方在计算本地人口伤亡和财产损失时，视情况可以将本地籍华侨的伤亡、损失计入统计数据总数，亦可单列数据并加以说明。

6. 工厂、学校、机关团体等由于战争原因搬迁造成的损失，算作间接损失，原则上由工厂、学校、机关团体等原所在地方统计。如果原所在地方缺少相关资料，新迁移处具备资料条件，也可由后者统计。为避免交叉和重复，遇到这类情况须特别加以说明。

7. 政党、政府机构的财产损失，归入公用事业的社会团体类财产损失一并计算。

8. 被日军、日本占领当局无偿征用、占用的中国耕地，按农作物的产量及其价值计算财产损失。

9. 伪军、伪政府的人员伤亡和财产损失，一般计入中国人口伤亡和财产损失。

10. 由战争原因导致的如黄河花园口决堤一类重大事件所造成的人口伤亡和财产损失，计算在间接人口伤亡和财产损失中。

11. 重大的财产损失，均以相应数额的货币反映价值。反映财产损失的货币一般要注明币种。

12. 通常用于抗日战争时期财产损失统计的货币（主要是法币），币值问题非常复杂。本课题调研中，涉及财产损失统计的货币数据，有条件进行折算的，一般按1937年即全国抗战爆发当年通用货币法币的币值进行折算，并说明折算的方式方法。因条件不具备，保留原始数据未作折算的，则注明有关数据中用以反映财产损失的货币系何种货币、何年币值。

五、关于撰写课题调研报告的要求

本次课题调研，有关课题组和承担专门课题的专家均按要求撰写出调研报告。

1. 各省、自治区、直辖市课题组撰写调研报告，内容大致分为概述、主体、结论三部分。

概述部分主要包括：介绍课题调研工作的基本情况，如：投入多少力量，到过什么地方查阅搜集档案资料，搜集了多少档案资料等。反映本地的自然地理概况，抗战爆发前的经济社会发展和人口状况，以及在抗战时期是重灾区还是大后方，是沦陷区还是根据地等。叙述日本侵略者在本地的主要罪行。还可简略回顾以往相关课题的资料和研究情况。

主体部分主要包括：分析说明本地人口伤亡和财产损失情

况。根据现掌握资料，将本地抗战时期人口伤亡分为直接伤亡和间接伤亡，将本地财产损失分为直接损失和间接损失，并分别说明主要的史料依据和分析结果。

结论部分，汇总本地人口伤亡数据、财产损失数据。据实说明迄今所掌握资料的局限性、本地遭受人口伤亡和财产损失的特点、影响等。

撰写调研报告依据的主要资料以及调研中同步完成的专题研究报告等，作为调研报告的附件，纳入课题调研成果中。

2. 由一批专家承担的全局性专门课题，如抗日战争时期重大惨案、劳工问题、"慰安妇"问题、细菌战、化学战、文化损失、海外华侨人口伤亡和财产损失、中国军队伤亡、重要战役战斗伤亡等，其调研报告的撰写和附件的收录，参照以上要求进行。

六、对调研成果的验收

在各省、自治区、直辖市课题调研工作结束后，完成的包括课题调研报告在内的省级调研成果和市、县等调研成果，要装订成册，通过审阅和验收，逐级上报，送交各省、自治区、直辖市党史研究室和中共中央党史研究室分别保存。

为确保质量，在调研过程中形成的各省、自治区、直辖市A、B两个系列书稿（省级调研成果为A系列书稿，市、县等调研成果为B系列书稿），要分别通过验收。其中，省级调研成果要通过由地方到中央的四级验收，市、县等调研成果则在有关省、自治区、直辖市内验收。

省级调研成果上报验收前，课题组先认真进行自审，以保证内容的完整准确，特别是调研报告和有关专题研究报告、资料、大事记的内容和数据要互相补充、印证，不能互相矛盾。课题组完成自审后，省级调研成果首先报送省级抗战损失课题领导小组验收。省级课题领导小组审查通过后，送省级专家验收组验收。省级专家验收组参加验收的专家一般为3—5人，人选来自党史系统、社会科学院和社科联系统、档案史志部门、高等院校等方面，为较有影响力、权威性的专家。省级专家验收组在本省（自治区、直辖市）课题领导小组的指导下，按照学术规范的严格要求和有关规定审读、验收本省（自治区、直辖市）拟提交中共中央党史研究室的省级调研成果。验收的主要标准和目的是确保调研成果的准确性、可靠性。对于验收中指出的问题、提出的意见和建议，各省（自治区、直辖市）课题组须采取有效措施解决和落实。对一次验收不合格的，修改、完善之后进行第二次以至多次验收，直到合格为止。省级专家验收组验收合格后，填写《A系列书稿验收报告表》。填写的报告表和书稿同时报送中共中央党史研究室课题组。

中共中央党史研究室课题组收到经省级专家验收组验收合格的省级调研成果后，先进行验收。认为合格后，再聘请国内知名专家进行验收，并填写《A系列书稿验收报告表》。验收中所提修改意见，由有关省、自治区、直辖市课题组予以逐条落实，对调研成果做出相应修改或者说明相关情况。

由一批专家承担的全局性专题研究成果，最后形成的书稿也纳入A系列，其验收也参照上述程序和要求，由中共中央党史研究室课题组组织有关专家进行。对于验收中提出的意见，承担课题的专家要逐条落实，对调研成果进行修改完善直至合格为止。

最后，中共中央党史研究室课题组对经过反复修改形成的省级调研成果和全局性专门课题调研成果进行复核。完成各项程序并符合要求的调研成果，包括通过四级验收的A系列书稿和由有关省、自治区、直辖市党史研究室组织验收并合格的B系列书稿，分批次送交中共党史出版社付印出版。

中共中央党史研究室课题组

　　九一八事变后，在白山黑水与日本侵略者战斗的东北抗日义勇军在遭受日军重创失利后，一部分退入苏联境内。1933年起，新疆成为他们回国的通道和安置地，由此拉开新疆支援抗战的序幕。图为1933年3月在新疆安置的部分东北抗日义勇军。

　　1942年，日军占领中原，河南大灾，3000多万难民无家可归。新疆利用国际运输回程车，安排一部分灾民入新疆。图为难民扒乘火车的场景。

1938年3月15日，迪化市俊兴德商号的蔡连俊为支援前线抗战致信新疆民众抗日救国后援总会，表示："从本年4月1日起，每月捐助省票100万两，至抗战最后胜利为止。"图为该信全文。

为支援抗战，1938年8月，伊犁区行政长姚雄将自己当年1—6月薪金345600两（省银票）上交国库。图为当时新疆省政府主席李溶的有关批示。

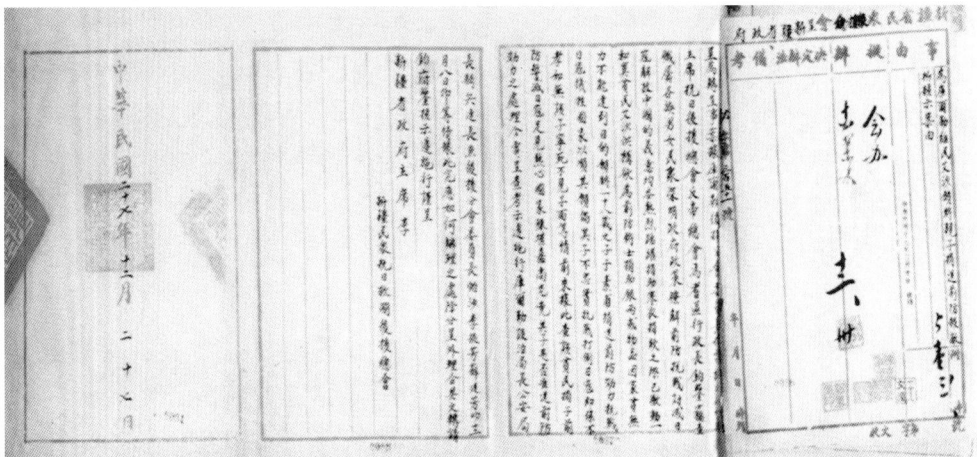

1938年冬，想为前方将士捐助银两或物品的和阗（田）区维吾尔族贫民艾沙，因家贫无力不能达到目的，愿将18岁的儿子于素甫捐送前方，以抗击日寇，为国家牺牲。图为新疆民众抗日救国后援会有关此事的电文。

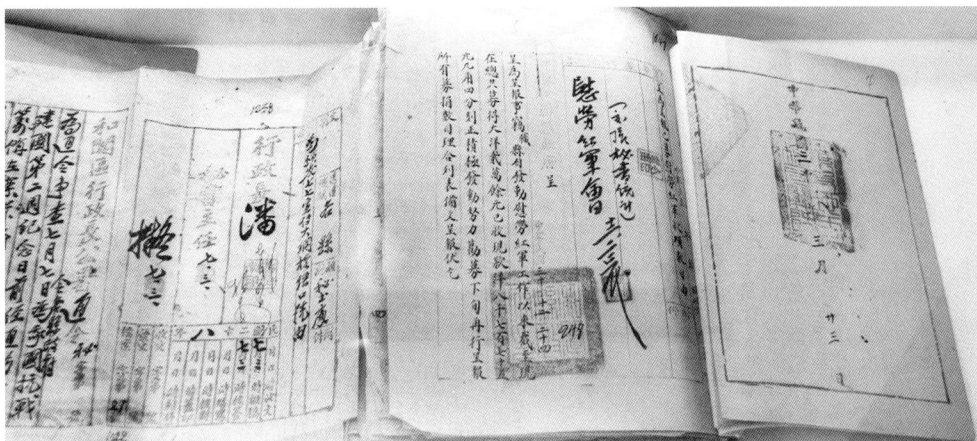

1939年3月，为支持八路军、新四军抗战，新疆和阗（田）区成立慰劳红军会，募得大洋2万余元。图为慰劳红军会给和阗（田）区行政长的报告。

1939年8月20日，新疆14位民族同胞自动捐献，购机10架呈献国家。图为在四川成都举行的捐献飞机命名典礼现场。

1943年9月10日，新疆成立"一县一机运动劝募委员会"，随即在全疆各地发起了一场轰轰烈烈的献机运动。至1944年7月，全疆共募集捐献飞机144架。图为当年报纸的有关报道。

1939年9月，著名维吾尔族舞蹈家康巴尔汗在迪化用自己独有的方式，于街头巷尾自发地组织抗日募捐义演。

因支援抗战的需要，1939年喀什地区为在喀什修建一座大桥所需费用支出表。

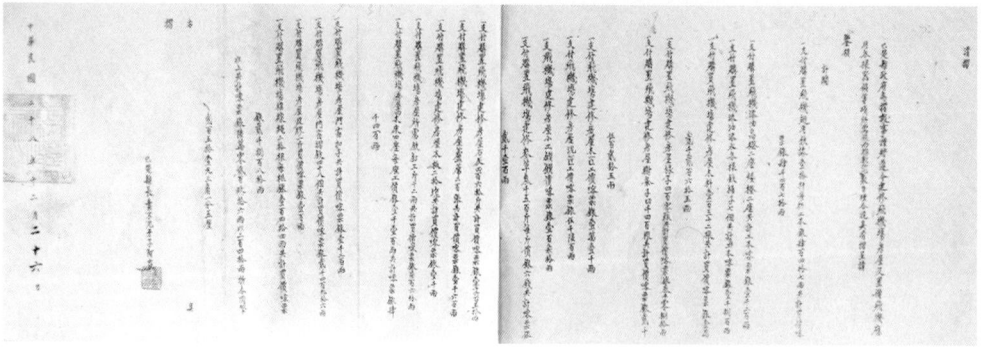

为支援抗战，1939年新疆某地修建一个机场及附属设施需要的投资文件档案。

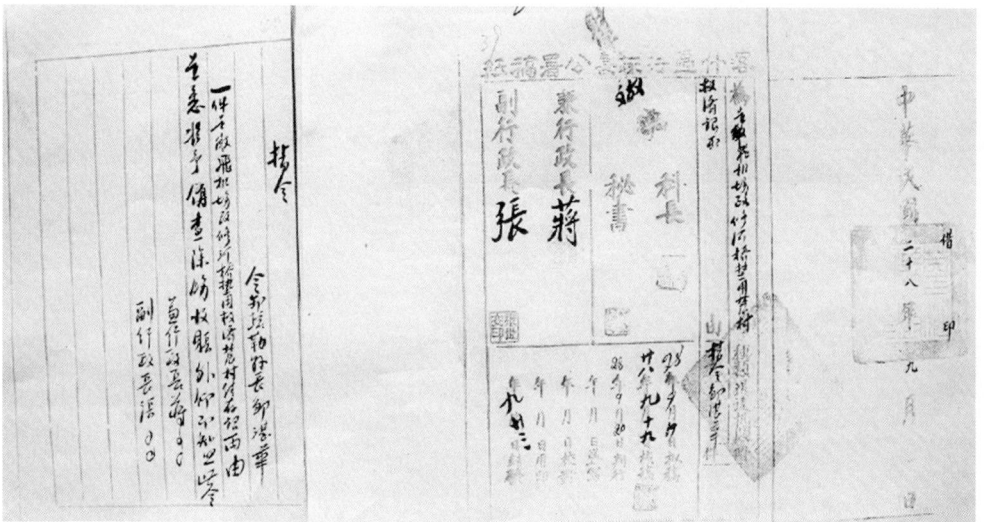

因支援抗战，为修建飞机场和公路，新疆一些地方民房被征用被拆除，严重影响到人民群众的生活。图为1939年9月疏附县县长就解决该县村民木海米江住房困难一事呈报喀什区行政长的函。

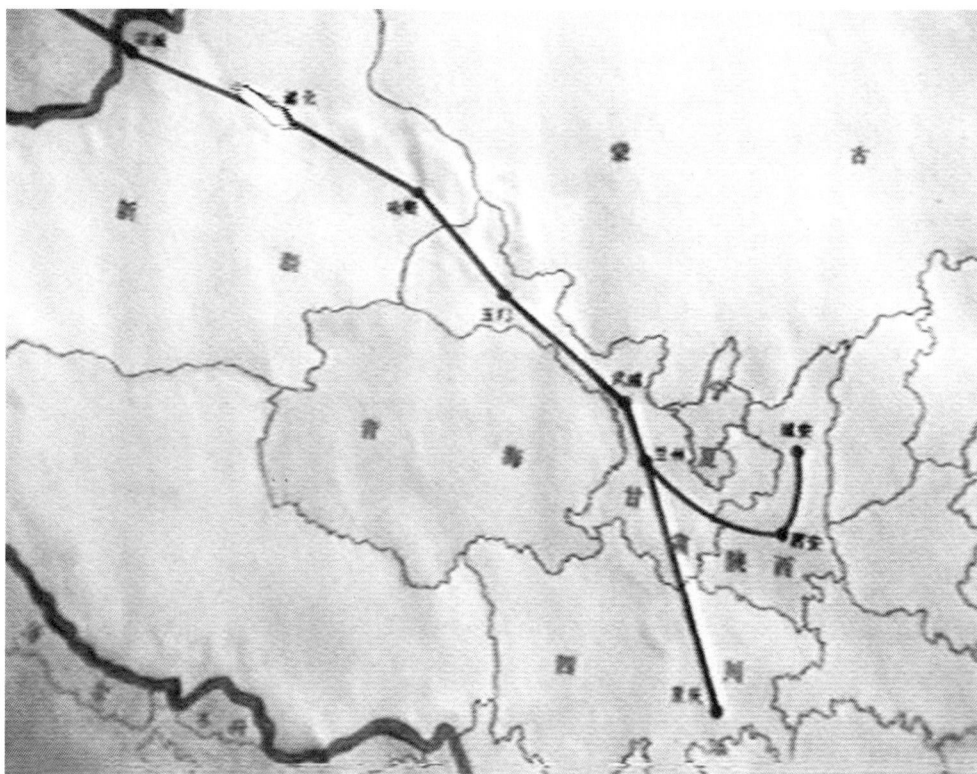

　　抗日战争时期，新疆承担着通往苏联、印度南北两条国际交通运输线的修筑、维护、保障任务。图为北线国际运输线示意图，从苏联的阿拉木图经中国的新疆伊宁、迪化到甘肃兰州，由公路运输和航空运输组成，主要运输来自苏联的军援物资。

　　抗日战争时期，为保证国际交通运输线的畅通，在新疆修建了5个航空站。图为哈密航空站旧址。

　　为保证抗战国际交通运输线的畅通，1939年国民政府拨款100万元整修甘新公路。图为甘新公路星伊线部分路段。

　　为防日军侵犯，新疆省政府加强备战，防空和部队训练费用连年增长。图为新疆航空部队在训练。

由于日本侵略中国，新疆各族人民罄全力支援抗战，使工、农、畜牧业生产受到明显影响，经济基础遭受严重摧残。在通货膨胀的局面下，为控制物价，政府不得不限定市场价格。图为经喀什地方税务局市估委员会议定的当地1939年12月下半月市价表。

为了节省支出，支持抗战，新疆省政府要求省内各级政府紧缩开支。图为和阗区（今和田地区）公务员节约计划大纲。

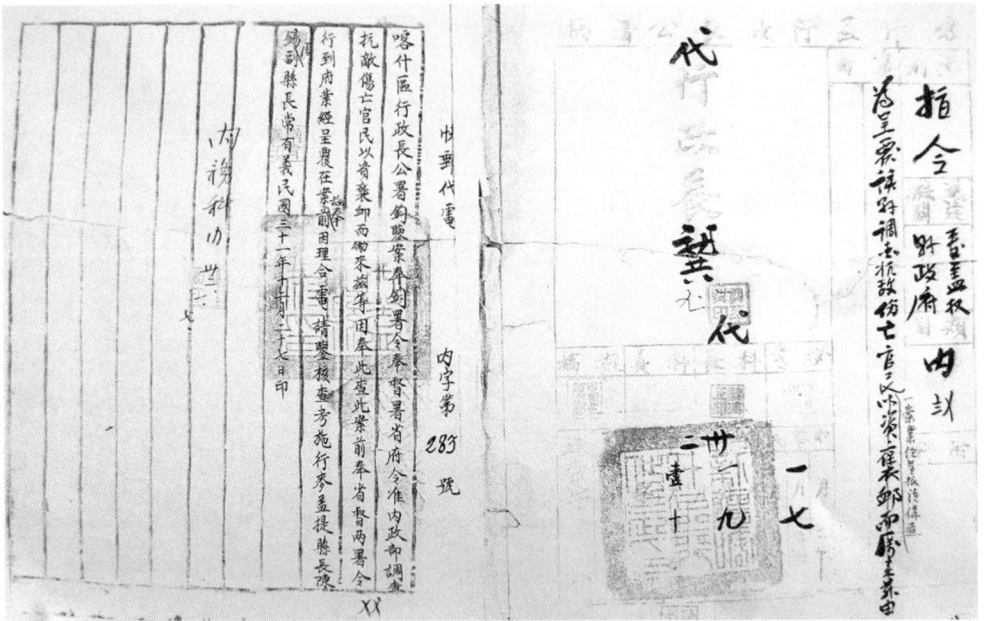

1942年，国民政府内政部曾就抗日伤亡官民情况在全国进行调查。图为喀什区行政长公署关于调查抗敌伤亡官民事给麦盖提县政府的指令。

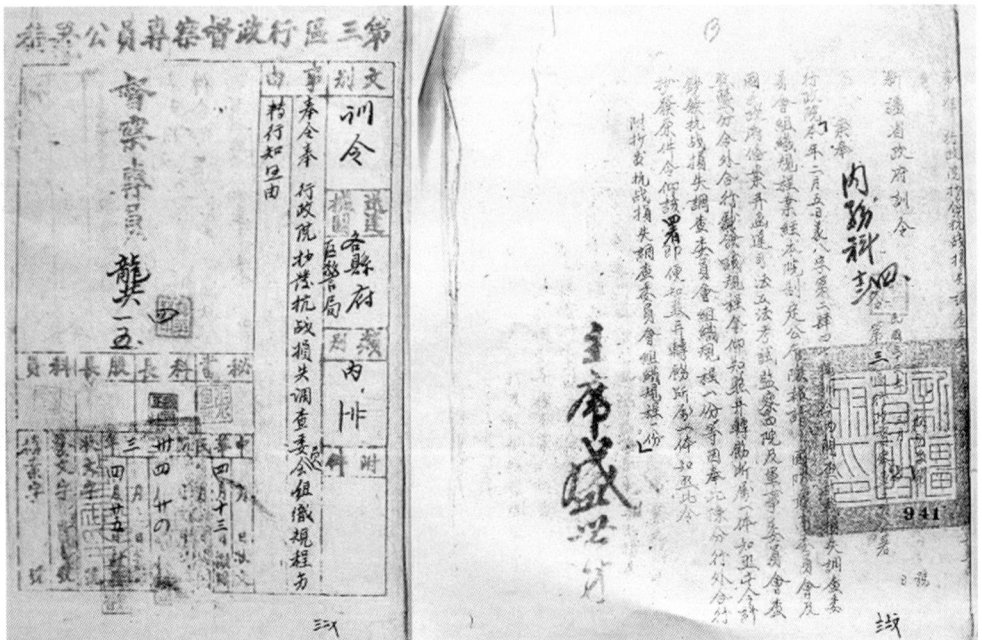

1944年上半年，国民政府在全国进行抗战损失调查。图为时任新疆省政府主席盛世才签署的在全疆展开抗战损失调查的训令。

目　　录

一、新疆抗日战争时期人口伤亡和财产损失调研报告

新疆维吾尔自治区党委党史研究室调研课题组

（一）调研工作概述

《抗日战争时期中国人口伤亡和财产损失》课题调研工作是中央党史研究室牵头在全国范围内开展的一项重大课题。搞好这项调研，对于铭记历史、教育后人、不忘国耻具有重大意义，是对历史负责、对人民负责、对子孙后代负责的千秋工程。新疆维吾尔自治区党委和分管领导高度重视，作出一系列指示。自治区党委党史研究室、各地州党史办分别成立了课题组。2008 年 6 月启动调研工作。先后经历了三个阶段：

第一阶段：动员部署。课题组反复学习中央有关精神和中央党史研究室的工作部署，结合新疆实际研究制订工作方案。向全区党史系统印发了《关于在全疆开展抗战时期人口伤亡和财产损失课题调研的通知》，明确工作责任，动员全疆各级党史部门抽调人员，健全机构，积极开展调研工作。

第二阶段：深入调研。按照分工，从自治区到地（州、市）、县（市、区），普遍展开全面调研。在此基础上，课题组深入到自治区档案馆、政协文史委、地方志编纂委员会、民政厅烈士传编纂办、人防办和空军新疆航空队纪念馆、中国工农红军西路军总支队纪念馆、八路军驻新疆办事处纪念馆、毛泽民故居等，了解情况，查阅档案，搜集相关档案、文献资料，采访历史见证人，核查有关史实。根据掌握的有关线索，又对伊犁、塔城、和田、喀什等地州进行了重点调研。整个调研遍及 14 个地（州、市）、90 个县（市、区），仅自治区党委党史研究室课题组调研行程就达 16600 公里。共查阅各类档案 2400 卷，复印资料 3200 页，拍摄照片 776 张。

第三阶段：汇总成果。一是坚持边调研、边甄别、边汇总；二是认真梳理掌握的所有史料，分类统计；三是进行补充调研。在全面、深入调研，掌握大

量历史事实的基础上，得出抗日战争时期新疆人口伤亡和财产损失的结论，起草形成调研报告，整理出历史照片、重要文献、民国档案、报刊资料和大事记。

此项课题调研历时6年，经历自治区党委党史研究室三任领导班子。原主任陈宇明为前期调研做了大量工作。现主任、课题组组长孙新刚对课题调研高度重视，召开专题会议，研究调整充实力量，作出工作部署，要求日常工作必须为这项重点任务让路，确保把"抗损调研"做成优质工程。在室副主任、课题组副组长王相坤带领下，课题组进一步加大调研、查档、甄别史料的力度，组织课题攻关。经过全区党史工作者的共同努力，圆满完成调研任务。

本次调研，前期按照《关于在全疆开展抗战时期人口伤亡和财产损失课题调研的通知》对目前新疆维吾尔自治区管辖的县（市）进行普查，各县（市）汇总有关情况、统计数据到各地（州、市），由各地（州、市）汇总到自治区党委党史研究室。后期针对有关问题对部分重点地（州）进行了调研，所用资料均有档案及资料支撑。

（二）抗日战争时期新疆的社会概况

新疆地处中国的西北边陲，北部和西部与苏联接壤，西南和南部与阿富汗、巴基斯坦、印度等国为邻。土地总面积达166.49万平方公里，约占全国土地面积的1/6，是中国面积最大的省区，素以民族众多、幅员辽阔、资源丰富著称，是中国通往苏联和中亚地区的重要陆路出口。有13个世居民族，包括维吾尔、汉、哈萨克、回、柯尔克孜、蒙古、锡伯、塔吉克、满、乌孜别克、归化（俄罗斯）、索伦（达斡尔）和塔塔尔族。各族居民信仰的宗教主要有伊斯兰教、佛教、喇嘛教、东正教等。1934年，新疆共设有9个行政区、72个县、7个设治局。由于接收大量的东北抗日义勇军和河南等省大批内地难民，新疆人口持续增长，1935年为257万，1942年增至373万，1944年达到401万。抗日战争前新疆处于军阀混战的动乱状态，抗日战争时期新疆政治经济处于半独立状态。早在九一八事变爆发后中国东北四省沦陷不久，日本帝国主义就试图把侵略的魔掌伸向中国西部新疆，派出大批间谍收集情报，网罗泛突厥主义和泛伊斯兰主义分子，试图在新疆寻找代理人，煽动新疆脱离中国。后来由于顾忌苏联而没有动手。全面抗战爆发后，交通不便、比较遥远的新疆自然成为全国抗战的后方。由于新疆所处的重要战略地位，在很长一段时期，苏联和国民党政府相继采取争夺新疆的政策。陈云在总结当时苏联、国民党政府、中国共产党对新疆的政策时说："盛世才与苏联及我党建立联系，在他是想借助苏联来巩固、扩大自己的势力，向国民党闹独立性；在苏联是想稳住他，求得那段边境线的平安；在我们是想扩大抗日民族统一战线，并保持一条和苏联之间物资和人员往来的通道。"① 国民党政府为改变新疆的半独立状态，对盛世才先后采取了控制和拉拢的政策。出于巩固其统治地位的需要，盛世才与苏联结盟，奉行"亲苏、拥共"的政策。中国共产党应盛世才之邀派出共产党员进入新疆，帮助实行"反帝、亲苏、民平（民族平等）、清廉、和平、建设"六大政策，参与治理新疆，开展抗日活动。抗战时期，新疆在苏联的援助下和中国共产党的帮助下，各方面建设有所发展。在工业方面，仅1937年就有20个工厂建成，包括电厂、印刷厂、制革厂、糖果厂、针织厂、修理厂、制油厂、面粉厂、造纸厂等。最有影响的是独山子炼油厂炼出第一批汽油②，到1943年，共钻探33口油井。1942年，原油产量达7321吨，成为当时全国三大油矿之一③。新疆省政府1937年在迪化（今乌鲁木齐）组建成八道湾煤矿，1939年在哈密三道岭成立官商集资合办的新东煤矿公司④，到1942年煤产量为185万吨。在农业方面，耕地面积逐年增加，从1937年的5272667亩，到1944年的16721700亩⑤。农作物品种丰富，有小麦、玉米、水稻、高粱、小杂粮、豆类，经济作物有棉花、油菜、向日葵、胡麻、红花、蔬菜等。小麦亩产在75至94公斤，1943年粮食总产为10135000石⑥。在畜牧业方面，1933年以后，省政府采取从苏联引进优良畜种，推进牲畜品种改良，以及修建牲畜棚圈、打储冬草、防治牲畜疫病、建立畜牧兽医机构、培训畜牧兽医技术人员等措施，使畜牧业有了较大发展，到1942年，牲畜发展到1974.5万头，毛绒产量1.24万吨，各种皮张350万张⑦。在交通运输业方面，1935年春成立新疆省公路总局，翌年又成立汽车总局（简称公路局、汽车局或运输局），统管全省公路修建养护、汽车和民间畜力运输。同年，创办交通技术学校（后改训练班）培训工程技术人员和汽车司机⑧。全国

① 陈云：《关于我党在新疆做盛世才统战工作的几点看法》（1984年12月30日），见中共中央党史资料征集委员会编：《中共党史资料》第25辑，中共党史资料出版社1988年版，第1页。

② 新疆维吾尔自治区地方志编纂委员会编：《新疆通志·综合经济志》，新疆人民出版社2008年版，第24页。

③ 新疆维吾尔自治区地方志编纂委员会编：《新疆通志·石油工业志》，新疆人民出版社1999年版，第4页。

④ 新疆维吾尔自治区地方志编纂委员会编：《新疆通志·煤炭工业志》，新疆人民出版社1996年版，第4页。

⑤ 新疆维吾尔自治区地方志编纂委员会编：《新疆通志·农业志》，新疆人民出版社1994年版，第25—27页。

⑥ 新疆社会科学院历史研究所编著：《新疆简史》第三册，新疆人民出版社1997年版，第269页。

⑦ 新疆维吾尔自治区地方志编纂委员会编：《新疆通志·畜牧志》，新疆人民出版社1996年版，第5页。

⑧ 新疆维吾尔自治区地方志编纂委员会编：《新疆通志·公路交通志》，新疆人民出版社1998年版，第4页。

抗战爆发后掀起了全民自愿筑路的高潮，5年修筑公路6000多公里。在工商业方面，为发展新苏贸易，新疆省政府于1931年组建官办裕新土产公司，扩大土产收购，承担对苏贸易业务，1941年，新苏贸易总额9079.7万卢布，其中进口4709.7万卢布①。此外，在文化教育业、医疗卫生业、邮电业、民用航空业、水利等方面都有一定的发展。在各方面的共同努力下，新疆成为比较安全、比较巩固的抗日大后方。

（三）新疆参加和支持抗日战争的主要活动

1. 修筑公路，保证交通运输畅通，使国际援华军用物资不断运送到抗战前线

由于新疆在地理上毗邻苏联，早在1934年，中共中央就确定了打通从新疆到苏联的国际路线，解决革命根据地的战略依托问题的战略方针。1935年6月16日，中华苏维埃共和国中央军委电示红四方面军领导人："今后我一、四方面军总的战略方针应是占领陕甘川三省，建立三省苏维埃政权，并于适当时期以一部组织远征军占领新疆。"② 1936年6月29日，毛泽东在给彭德怀《关于打通苏联及其道路、时机问题》的电报中指出："从战略上看，无论站在红军的观点，还是站在红军与其他友军联合成立国防政府的观点上，打通连接苏联的线路解决技术条件是今年必须完成的任务"③。抗日战争爆发后，中国共产党认识到，新疆是中国与苏联之间的桥梁，是全面抗战的后方，是和国际发生关系的重要门户。强调新疆始终保持在革命者手中，不仅对于争取抗战胜利，对于将来的中国革命意义重大，而且对保卫世界和平堡垒苏联亦有重要意义④。为此，中共中央先后派陈云、邓发、陈潭秋等任中国共产党驻新疆代表。陈潭秋在给新疆各地区的中共党员的指示信中提出的工作方针是："（1）怎样保持新疆始终成为中国的领土不致陷落在帝国主义的血手中。（2）怎样巩固这个抗

---

① 新疆维吾尔自治区地方编纂委员会编：《新疆通志·商业志》，新疆人民出版社1998年版，第5页。

② 中共中央文献研究室编：《毛泽东军事文集》第1卷，军事科学出版社、中央文献出版社1993年版，第358页。

③ 中共新疆维吾尔自治区委员会党史研究室著：《中共新疆地方史》（1937—1966），中共党史出版社2011年版，第31页。

④ 陈潭秋：《在新疆工作任务与工作方针》（1939年11月），见中共中央党史资料征集委员会编：《党史资料》第25辑，中共党史资料出版社1988年版，第6页。

战的重要后方和国际交通要道。(3)怎样推进这个落后的社会前进；怎样使各民族过着和平友谊的生活。"①

国民党亦认识到在新疆建立国际交通运输线的重要性。1937年7月完成迪（化）伊（犁）和迪（化）哈（密）两条公路。为解决苏联援华军用物资的运输问题，1937年10月，国民政府特派曾任国民党中央组织部部长的陈立夫到新疆与盛世才谈判，最终决定在新疆建立10个汽车接待站，5个临时航空站，配备了3500头骆驼，2000辆大车，5000头骡子，40辆汽车②。使源源不断的军援物资通过霍尔果斯，经迪化（今乌鲁木齐）运往兰州、陕西，到达抗日前线。1939年5月全省公路会议后，各地掀起了民众自动出资出力的筑路高潮，修筑了额敏至塔城、迪化至焉耆、焉耆至阿克苏、阿克苏至喀什、喀什至和田等公路。1941年前后，苏联援华物资通过塔城、霍尔果斯口岸运往内地，支援抗战。1942年，全疆汽车路线增至14条，长6256公里，虽然技术标准低，但在一定程度上改善了交通条件③。

为保证新疆国际交通运输线的畅通，经苏联与盛世才商定，1938年初，苏联红军第八团进驻哈密，控制东至星星峡、伊吾，北至镇西（今巴里坤哈萨克自治县），南至罗布泊一带，防止日本势力从内蒙古沿绥新公路进入新疆。据苏联方面统计，从1937年10月至1939年8月，苏联提供给中国政府的军用物资有：飞机985架，坦克82辆，大炮1317门，汽车1550辆，拖拉机30台，机关枪14025挺，枪弹16400发，炮弹190万发，炸弹8.23万枚。1940年底，苏联又供给中国政府150架战斗机，100架轰炸机，3000门炮，500辆吉斯-5型汽车的援助。这些援助基本上是从新疆这条国际交通线通过，进入内地。自1938年至1940年，苏联政府向中国政府先后派出军事顾问140人，先后来华的志愿空军人员2000多人④。中共领导人周恩来、任弼时、陈云、王稼祥等往返于苏联与内地之间，都是经过新疆国际交通线。

2. 培养多种人才，壮大抗战力量

抗日战争时期，盛世才为了巩固政权，大肆扩军，请求苏联给予军事援助，

---

① 陈潭秋：《在新疆工作任务与工作方针》（1939年11月），见中共中央党史资料征集委员会编：《党史资料》第25辑，中共党史资料出版社1988年版，第6页。

② 邹韬奋主编：《抗战》三日刊，48号，1937年8月13日出版。

③ 新疆维吾尔自治区地方志编纂委员会编：《新疆通志·公路交通志》，新疆人民出版社1998年版，第5页。

④ 中共新疆维吾尔自治区委员会党史研究室著：《中共新疆地方史》（1937—1966），中共党史出版社2011年版，第46页。

·5·

并聘请苏军人员担任教官，使新疆成为中国安全的军事基地和重要的空军培训基地。在此之前，斯大林和共产国际对中国红军的现代化装备非常关心，建议中共必须利用一切可能的办法，建立以现代化武器装备起来的独立部队①。当时在延安和各抗日根据地无法解决现代化武器装备的问题。而新疆是抗战的远后方，具有得天独厚的安全优势。因此，经陈云提议，党中央决定利用与盛世才的统战关系，培养骨干，使新疆成为党培养和训练特种军事技术干部的基地。陈云根据党中央指示精神，决定党在新疆的工作任务是：（1）搞好统一战线，执行盛世才的"六大政策"，维护祖国统一；（2）巩固抗日后方，保护国际交通线；（3）筹集抗日物资，支援前线；（4）培养骨干，为抗日战争培养人才；（5）接待好延安—苏联的往返干部及有关人员；（6）了解、反映、指导新疆的工作②。新疆先后为抗战培养了大批炮兵、装甲兵、通信兵、卫生兵等各类人才。通过国共双方的努力，把新疆建成了重要的军事基地。

一是创办"新兵营"，培训西路军余部。1937年4月7日，中共中央、中央军委致电西路军左支队："你们可以向新疆去，已电彼方（指盛世才）设法援接。"③ 对于到新疆后的任务，4月20日，毛泽东、朱德又电示："远方对于西路军进入新疆转赴远方求学问题已决定了。为此，目前西路军必须到达星星峡，他们（指陈云、滕代远）在该地迎候你们。"④ 根据党中央和毛泽东等上述指示，李先念等率领西路军左支队余部400多人，于4月26日进入新疆境内的星星峡。1937年秋，这支部队整编为总支队（对外称"新兵营"）。利用苏联援助盛世才的军事技术装备做教具，以苏联和盛世才的军事教官为老师，展开了轰轰烈烈的学习运动。通过培训，这批同志的政治、军事素质得到很大提高。据不完全统计，共培训汽车兵67人、炮兵87人、装甲兵50人、无线电兵34人、医疗卫生兵13人等，后来他们成为中国人民解放军技术兵种的骨干和领导人。

二是组建航空教导队，培训航空兵。为培养更多的能够驾驶和维修苏式飞机的人才，国民党政府与新疆地方政府经过协商，于1939年初在新疆伊宁的艾林巴克筹组了航空教导队，聘请苏联教官培养中国航空人员。到1941年，艾林

---

① 中共新疆维吾尔自治区委员会党史研究室著：《中共新疆地方史》（1937—1966），中共党史出版社2011年版，第49页。

② 中共中央文献研究室编：《陈云年谱》上卷，中央文献出版社2000年版，第211页。

③ 中共新疆维吾尔自治区委员会党史研究室著：《中共新疆地方史》（1937—1966），中共党史出版社2011年版，第34页。

④ 中共新疆维吾尔自治区委员会党史研究室编著：《抗战中的新疆》，新疆人民出版社1995年版，第13页。

巴克航空教导队发展到有官佐 91 名、学员 164 名（有一定的飞行经验）、学生 90 名（无飞行经验）、机械士 118 名，共 463 名①。一批歼击机、轰炸机和航空技术人才从新疆伊犁奔赴抗日前线，为在空中打击日寇，为中华民族的解放事业做出了贡献。

中国共产党较早地认识到建立空军的重要性。1937 年 10 月 22 日，陈云、滕代远致电毛泽东、张闻天，在《关于西路军余部的学习问题》的请示中，认为应充分利用新疆这个相对稳定的环境和有利条件，借助盛世才的航空教导队，培养航空人才。10 月 25 日，毛泽东、张闻天回电表示同意。11 月，陈云奉命回到延安任中共中央组织部部长，当面向毛泽东汇报了派人学习航空技术准备工作的情况，并在中共中央政治局会议上作了汇报，得到党中央批准。陈云亲自从延安抗日军政大学、摩托学校挑选 19 名学员（1938 年 3 月 10 日到达迪化，有一名因身体原因退出），邓发从"新兵营"挑选 25 名学员，到新疆边防督办公署航空队学习航空技能。经过 4 年多刻苦学习训练，系统全面地掌握了苏制乌—2 型、埃尔—5 型、伊—15 型和伊—16 型飞机的驾驶、维护和作战技能。回到延安后旋即组成八路军总部航空队；在第一所航空学校——东北老航校担任重要教学骨干；在首批 6 所航空学校中的 4 所任校长；在首支航空部队——第四混成旅 4 个团中的 3 个团任团长；其中 17 人先后走上军以上领导岗位，为人民空军的发展壮大做出了贡献。

三是举办培训班，培养财经、教育和妇女工作干部。1938 年 4 月，毛泽东就选派教育、财政干部赴新疆一事批示中央组织部部长陈云："这些事情请你细心为他办一办，并逐件函复他，我看原则上可同意。""财政事情第一要紧，不但那里好，将来也大有帮助于我们。"② 在此前后，中共派遣部分党员干部来疆工作。这批共产党员被分配到行政、财经、文教、新闻和群众团体等各部门。他们遍布天山南北，不公开身份，为整顿新疆财政、发展经济、壮大抗日力量作出了贡献。不仅为财政战线上培养了人才，还举办妇女干部训练班，开办了新疆政治干部人员训练班和新闻技术训练班，共培训妇女干部 1979 名、机关干部 700 人、新闻干部 140 人。

3. 接收安置东北抗日义勇军和河南省等内地难民，减轻政府负担，全力支援抗战

抗日战争时期，新疆成为相对的"安全之地"和"富裕之地"。国民党政

---

① 新疆社会科学院历史研究所编著：《新疆简史》第三册，新疆人民出版社 1997 年版，第 255 页。
② 中共新疆维吾尔自治区委员会党史研究室编著：《党在新疆大事年表》2011 年内部出版，第 5 页。

府早就设想发挥新疆的地理优势，在新疆建设难民收容地。

（1）安置了滞留苏联境内的抗日义勇军人员

九一八事变后，在中国共产党坚决抵抗日本侵略者的正确主张影响下，东三省广大民众和一部分东北军爱国官兵自发组成东北抗日义勇军，高举"誓死抗日救国"、"还我山河"的旗帜，转战白山黑水松辽平原，先后组织战斗2万余次，毙伤俘日军5万余人、伪军6万余人，给日寇以沉重打击。1932年底，东北抗日义勇军遭受重创，大部瓦解，到1933年初，余部中4万余人（含家属）先后退入苏联境内。抗日义勇军的突然到来，给苏联当地政府供应上造成极大困难。为此，1933年4月，中国政府给苏联政府汇寄法币（法币当时亦称为国币，下同）20万元，作为补偿抗日义勇军人员在苏联生活费用[1]。

抗日义勇军的命运牵动着中、苏两国。当时，这批抗日义勇军返国有3条路线：第一条路线是从中国东北原路返回。因东北地区当时已被日本占领，苏联为避免引起日、苏纠纷，就放弃了这条路线。第二条路线是走水路经第三国绕道返回中国，因路途遥远，为确保安全，确定这条路线只运送马占山等高级将领。后来这条路线也放弃了。第三条路线是从新疆回国。这条路线的好处是，新疆在地理上远离内地，不容易引起日本的注意；在政治上当时苏联与新疆地方政府关系较好，办理移交比较方便；在经济上，新疆由于远离战争，经济条件尚好，便于抗日义勇军的安置。鉴于这些原因，经国民政府向苏联政府交涉，最终确定抗日义勇军从新疆塔城边境回国，一切费用由中国中央政府承担，交新疆政府接收。

南京政府电令时任新疆省主席金树仁：速派代表赴塔城巴克图卡，与苏联方面接洽，准备接收东北抗日义勇军官兵回国。金树仁接获命令后，于1933年2月6日发布命令：委派新疆省政府秘书长鲁效祖为塔城行政长，担任接收专员，赴塔城办理接收抗日义勇军进疆一切事宜。据史料记载，从接到中央政府电报后，仅以新疆省政府主席金树仁名义下发的要求搞好接待工作的电报就有23封。明确规定：义勇军"每人1天的食面不少于2斤，凡到县城每人发羊肉半斤，每官长发羊肉2斤，旅团长再加数斤"[2]。从1933年2月至1941年春，新疆共接收东北抗日义勇军24894人。

东北抗日义勇军官兵回国到达新疆后，被就地安置。大部分加入新疆地方

---

[1] 陈方伯、谷梦麟著：《从白山黑水到天山南北——东北义勇军在新疆》，新疆人民出版社1996年版，第59页。

[2] 政协新疆维吾尔自治区委员会编：《东北义勇军在新疆》第23辑，新疆人民出版社1991年版，第171—173页。

部队，改编为 9 个骑兵团及炮兵大队、战车大队、工兵队、通信队、教导团，分别驻守南、北、东疆地区。另外组建了喀什、和田、阿勒泰、塔城 4 个边卡大队。在宣传抗战、维护地方治安、建设开发抗战大后方和国际交通线，为巩固边防、维护祖国统一和新疆政局平稳安定、开发建设边陲方面做出了积极贡献。

（2）安排了因日本帝国主义侵略而逃出的河南等省大批难民

据 1945 年 10 月 4 日、12 月 6 日公布的《中华民国国民政府公报》记载，1942 年，农林部长沈鸿烈至迪化，与新疆方面商洽利用国际运输回程车（转）移河南灾民入新问题。截至 1944 年底，（转）移到新疆省的河南难民为 3981 人，连前共计移运 11366 人。1944 年冬，赈济委员会曾就所属长安、平陆、洛阳、济源四处年长儿童中选送了 500 名入新教养①。

4. 积极捐献财物，支援前线抗战

新疆各族人民在国家和民族危亡的时刻，爱国热情空前高涨，不仅同国际敌对势力策动的各种民族分裂活动进行了坚决斗争，而且始终与全国人民同呼吸、共命运，积极投身于抗日救国的伟大事业，在全疆开展了献金、募集寒衣、文化劳军、鞋袜劳军、认购同盟胜利公债、一县一机、献马等募捐活动。从省政府、督办公署到偏僻的农村牧区，从上层爱国人士到普通民众，全民动员，人人参与，覆盖天山南北，各族各界、各行各业、男女老少，热烈响应，尽其所能，踊跃捐钱捐物，支援前方抗战，充分展现了新疆各族人民视祖国利益高于一切，自觉维护祖国统一和民族尊严的高尚情怀，显示了各民族万众一心、同仇敌忾、共御外敌的坚强决心。新疆抗战募捐持续时间长，动员范围广，从 1936 年冬为绥远抗战募捐到 1945 年抗战胜利，募捐活动达数十次。

（1）献金运动

1937 年 12 月，反帝会在全疆范围内发动了"一二·八"抗日募捐运动，反帝会成员带头捐献，各族各界人士踊跃响应，在短期内即募捐新疆币省银票 200 多万两②。到 1938 年 9 月，全疆捐献现金新疆币省银票 24.1 亿两，折合大洋 60 万元。1938 年 11 月，新疆反帝会成立了"献金运动委员会"，在迪化及

① 中共新疆维吾尔自治区委员会党史研究室编著：《抗战中的新疆》，新疆人民出版社 1995 年版，第 37 页。

② 白越先：《新疆民众反帝联合会的成立与活动》，载新疆维吾尔自治区团委等编：《新疆民众反帝联合会资料汇编》，新疆青少年出版社 1986 年版，第 30 页。

全疆各地设置献金台。10 天即献金新疆省票银 12 亿两，至 1938 年年底，献金总额达法币 9.4 元，捐献皮大衣 20 万件，机枪 20 和一部分西药，还有其他物资①。新疆省政府用捐款购买了 10 飞机，命名为"新疆号"，送往抗日前线。1939 年 8 月 22 日，《新华日报》以《新疆同胞献机十架》为题报道此事，称："新疆省十四族同胞忧愁国难严重，自动踊跃输捐，购机十架呈献国家。二十日上午九时，在某地举行献机命名典礼，张元夫代表献机，到会数千人。仪式庄严热烈，空前未有。"据反帝会统计，1937 年 9 月至 1940 年 5 月，共捐款折合现大洋 322.62 元，另有金银首饰 20 件（计金 1 两零 4 分、银 49 两 7 钱）②。根据民国记载，1937 年 2 月至 3 月捐款折合现大洋 2057.23；1940 年 8 月至 1942 年 3 月捐款折合现大洋 5564.38 元，天罡及首饰 4.7 两。

献金运动捐献一览表

币种、物品名称	单 位	数 额
银③	两	568041712
票银④	两	6326950
省票银⑤	两	510632662
喀票银⑥	两	1061882.5
卢布	元	50957
剧票	张	10500
银元	两	5.8
法币	元	20151
大洋	元	59784.6
金条、砂金及首饰	两	7.345

---

① 白越先：《新疆民众反帝联合会的成立与活动》，载新疆维吾尔自治区团委等编：《新疆民众反帝联合会资料汇编》，新疆青少年出版社 1986 年版，第 31—32 页。

② 新疆维吾尔自治区团委等编：《新疆民众反帝联合会资料汇编》，新疆青少年出版社 1986 年版，第 32 页。

③ 币种不详，似应为省票银。

④ 币种不详，似应为省票银。

⑤ 省票银：民国时期，流通于新疆省的地方纸币，民国 28 年（1939 年）前货币单位为两，民国 28 年进行改革，货币单位为元（详见新疆维吾尔自治区地方志编纂委员会编：《新疆通志·金融志》，新疆人民出版社 1994 年版，第 112 页）。

⑥ 喀票银：喀什区行政长公署于民国 21 年发行，民国 21 年至民国 23 年（1932 年—1934 年）流通于喀什地区（详见新疆维吾尔自治区地方志编纂委员会编：《新疆通志·金融志》，新疆人民出版社 1994 年版，第 115 页）。

币种、物品名称	单 位	数 额
元宝、纹银	两	751.2
牙而钱银	两	190.9
银锞、银条	两	33.9
银手镯 16 对	两	34.62
镀金手镯 1 对	两	2
天罡及首饰	两	614.5
金戒指	只	1
带白石金皮钮	个	4
银手饰 9 件	两	2.5
手镯 2 枚	两	0.21
羚羊角 1 个	两	5
马、骗骡	匹	126
绵羊	只	74
乳牛、牛娃	只	28
骆驼	只	1
鸡	只	18
小麦	石	130
高粱	石	370
轿车	辆	1
医疗器具 31 种	件	132
女衣	件	2
女帽	顶	1
物品、货品	宗	148

（2）募集寒衣运动

为解决抗日前方作战将士过冬棉衣问题，1938 年 10 月 19 日，由新疆反帝总会、民众联合会、工人救国总会、妇女协会、商务会、学生联合会等十几个社会团体共同发起组织了新疆省募集寒衣运动委员会，制定了《募集寒衣办法》《募集寒衣条例》和《寒衣募捐献金运动宣传大纲》。提出"寒衣募捐是后方民众协助前线将士争取新胜利的方法"①。当年留下的募集档案清楚地记载着全疆各地、各行政区、县的民众慷慨解囊、踊跃捐款的数目。此次募集寒衣运动，新疆民众捐款合计国币25元，受到了国民政府行政院的嘉奖②。1938年10月至1940年8月，先后征募寒衣700余万件，缝制夏布寒衣30万套及蚊帐8万床，分送前方抗日将士③。此后，一直到1942年，几乎每年平均都有20余万元的寒衣捐款汇往抗日前方④。

募集寒衣运动捐献一览表

币种、物品名称	单　位	数　额
银⑤	两	111979200
省票银	两	23573900
法币	元	400000
大洋	元	4500
金戒指	只	2
马、骡骡	匹	3
绵羊	只	14
乳牛	只（头）	1

（3）文化劳军运动

1942年10月10日到1943年2月5日，新疆根据全国文化劳军运动实施办法，成立了"文化劳军运动委员会总会"，并要求各地成立分会。各地区、各县以演剧、放映电影等多种方式积极开展大规模的"文化劳军运动"。通过演剧、放映电影以及个人捐献等方式，募集到法币52.3万元⑥、大洋105.066892元、新币21.631元，支援前线。

---

① 新疆省募集寒衣运动委员会：《寒衣募捐献金运动宣传大纲》，见新疆日报社资料室存：《新疆日报》1938年10月19日第一版。

② 新疆维吾尔自治区档案局、中国社会科学院边疆史地研究中心编：《抗日战争时期新疆各民族民众抗日募捐档案资料》，新疆人民出版社2008年版，第306页。

③ 新疆维吾尔自治区档案局、中国社会科学院边疆史地研究中心编：《抗日战争时期新疆各民族民众抗日募捐档案资料》，新疆人民出版社2008年版，第152页。

④ 新疆维吾尔自治区档案局、中国社会科学院边疆史地研究中心编：《抗日战争时期新疆各民族民众抗日募捐档案资料》，新疆人民出版社2008年版，第152页。

⑤ 币种不详，似应为省票银。

⑥ 新疆维吾尔自治区档案局、中国社会科学院边疆史地研究中心编：《抗日战争时期新疆各民族民众抗日募捐档案资料》，新疆人民出版社2008年版，第266页。

文化劳军运动捐献一览表

币种、物品名称	单 位	数 额
砂金	两	2
元宝、纹银	两	51
法币	元	523000
新币①	元	216310
元宝	个	22
大洋	元	1050668.92
食羊	只	400

（4）鞋袜劳军运动

1943 年，在抗日战争爆发 6 周年纪念日前后，新疆开展了一场声势浩大的鞋袜劳军运动，各行政区、县相继成立了鞋袜劳军运动机构，募集活动席卷全疆各地、各行业、各族同胞。当时规定：按照居住地人户，每甲（十家）至少捐献布鞋、布袜各一双，缴纳代金按原定法币折算，布鞋每双折合新币 65 元，布袜每双 35 元。全疆应募集鞋袜 82321 双，折合代金法币 823.15 万元②。7 月底，新疆省政府电告国民政府行政院，所分配任务已全部募齐，并将代金法币 823.15 万元上缴国库。由于新疆鞋袜劳军募捐工作成绩突出，当时的国民政府行政院通电新疆省给予嘉奖③。

鞋袜劳军运动捐献一览表

币种、物品名称	单 位	数 额
鞋 袜	双	82321（法币 823.15 万元）

（5）认购同盟胜利公债

1943 年新疆完成同盟国债券共法币 2667 万元。1944 年 1 月，新疆成立省筹募委员会，由盛世才任筹募委员会主任，财政厅厅长兼任总干事，各区行政专员兼任各区筹募委员会主任，县长、设治局局长任副主任④。各行政区、县

---

① 新币：民国 31 年（1942 年），新疆市场统一使用新疆商业银行发行的纸币，简称新币（详见新疆维吾尔自治区地方志编纂委员会编：《新疆通志·金融志》，新疆人民出版社 1994 年版，第 118 页）。

② 新疆维吾尔自治区档案局、中国社会科学院边疆史地研究中心编：《抗日战争时期新疆各民族民众抗日募捐档案资料》，新疆人民出版社 2008 年版，第 305 页。

③ 新疆维吾尔自治区档案局、中国社会科学院边疆史地研究中心编：《抗日战争时期新疆各民族民众抗日募捐档案资料》，新疆人民出版社 2008 年版，第 306 页。

④ 张大军著：《新疆风暴七十年》，兰溪出版有限公司 1982 年版，第 5437—5438 页。

（市）相继成立公债筹募委员会等组织机构，在短短几个月的时间里，认购同盟胜利公债法币5000万元。为此，新疆省府得到了国民政府行政院的通电嘉奖①。

同盟胜利公债认购一览表②

地 区	分配票额						合国币和新币数	
	十万元张数	一万元张数	五千元张数	一千元张数	伍佰元张数	二百元张数	计国币数（万）	合新币数（万）
迪化市及迪化县	74	144	42	1400	700	2500	685	137
昌吉县	1	6	1	40	20	150	24.5	4.9
呼图壁县	1	6	1	40	20	150	24.5	4.9
绥来县	2	11	2	80	40	30	28	9.6
鄯善县		3	1	30	15	112	9.49	1.898
托克逊县		3	1	30	15	113	9.51	0.1902
乾德县		2	1	20	10	75	6.5	1.3
阜康县	1	6	1	40	20	150	24.5	4.9
孚远县	1	7	2	60	30	225	30	6
奇台县	2	12	3	100	50	375	53.5	10.7
吐鲁番县	3	18	4	140	70	525	78	15.6
木垒河		2	1	20	10	75	6.5	1.3
伊犁全区	30	200	60	2000	1000	2000	1000	200
喀什全区	25	150	45	1500	750	7000	750	150
阿克苏全区	10	110	33	1100	550	9300	550	110
塔城全区	20	130	39	1300	650	2900	650	130
阿山全区	10	3	100		20	1300	50	10
和阗全区	10	70	21	700	350	4100	350	70
焉耆全区		20	6	200	100	2600	100	20
哈密全区		10	3	100	50	1300	50	10
莎车全区	10	80	30	1000	500	9000	500	100

---

① 张大军著：《新疆风暴七十年》，兰溪出版有限公司1982年版，第5437—5438页。

② 此表为《新疆风暴七十年》一书著者张大军根据史料整理而成，引自张大军：《新疆风暴七十年》，兰溪出版有限公司1982年版，第5437—5438页。实际认购情况该书中有记载。

（6）一县一机运动

1943年9月10日，新疆成立"一县一机运动劝募委员会"，随即在全疆各地发起了一场轰轰烈烈的献机运动。至1944年7月，全疆共募集捐献飞机144架，比原定计划超募4架；完成募集捐款达新币558万多元，比预定任务超募250多万元[①]。其中，新疆维文总会及其分会一次捐献4架飞机[②]；新疆妇女协会组织各族妇女捐献新币10元，以"新疆妇女号"命名，送往抗日前线。

献机运动捐献一览表[③]　　　　单位以国币（元）计

区　别	分配数	解缴数	汇水及什数	实募数	超募数	募机数
迪化市	160000	1581924.03		1581924.03	1421924.03	40
迪化区	400000	569316.10	782.76	570098.86	170098.86	13
伊犁区	480000	542437.37	8000	542517.37	62517.37	13
喀什区	440000	478501.64	4757.14	483258.78	43288.78	12
阿克苏区	440000	591847.45	1240.82	593088.27	153088.27	15
塔城区	280000	548915.95		548915.95	268915.95	14
焉耆区	160000	271949.79	868.86	218818.65	58818.65	5
阿山区	80000	209919.80		209919.80	129919.80	5
和阗区	320000	390479.54	940.36	391479.90	71479.90	10
哈密区	40000	87059.80	297.58	87357.33	47357.33	2
莎车区	280000	353324.19	2327.33	355651.52	75651.52	9
其　他						2
合　计	3080000	5625675.66	19214.85	5583030.46		140

附注：塔城有乔亲王捐马变价未解，乾德有2万元未解，如列入全疆献机架数当为144架。

（7）献马运动

1944—1945年，抗日战争进入大反攻阶段。国民政府在内地征兵征粮，令新疆征献军马一万匹，以代替征兵征粮的义务。1944年3月，新疆省政府发布征献军马告民众书，省府通令各区征献军马数目。此后，各区积极响应省政府

---

① 张大军著：《新疆风暴七十年》，兰溪出版有限公司1982年版，第5446页。

② 新疆维吾尔自治区档案局、中国社会科学院边疆史地研究中心编：《抗日战争时期新疆各民族民众抗日募捐档案资料》，新疆人民出版社2008年版，第416页。

③ 此表引自张大军著：《新疆风暴七十年》，兰溪出版有限公司1982年版，第5449—5454页。

的号召，踊跃献马或捐款，完成献马 10000 匹的任务。具体任务如下：迪化区 1800 匹、伊犁区 2200 匹、喀什区 1500 匹、阿克苏区 1100 匹、塔城区 1300 匹、和田区 700 匹、焉耆区 200 匹、哈密区 100 匹、莎车区 1000 匹、阿山区 100 匹，以上共计 10000 匹①。伊犁、塔城、焉耆区征集马匹，其余各区将分配数目折成款项，由伊、塔、焉耆三区购买，伊犁区代购 4100 匹，塔城区代购 900 匹，焉耆代购 1000 匹。每匹马价分为 500 元（币种不详，似应为新币，下同）、530 元、560 元三等（另加其他费用），各区所征马匹按 700 元收款，由各区上缴省财政厅，分别转发各区购买②。

献马运动捐献一览表

地区名称	分配额（单位：匹）	完成额（单位：匹）
迪化区	1800	1800
伊犁区	2200	2200
喀什区	1500	1500
阿克苏区	1100	1100
塔城区	1300	1300
和田区	700	700
焉耆区	200	200
哈密区	100	100
莎车区	1000	1000
阿山区	100	100
合　计	10000	10000

（四）抗日战争时期新疆人口伤亡情况

新疆是抗日战争的大后方，抗日战场没有波及到新疆辖区，一般认为新疆在抗日战争期间没有直接的人员伤亡。1944 年 4 月，新疆省政府虽对抗战损失进行过统计，但从现有的资料中没有看到关于抗日战争时期新疆人口伤亡情况的统计及研究成果。

---

① 张大军著：《新疆风暴七十年》，兰溪出版有限公司 1982 年版，第 5449 页。
② 张大军著：《新疆风暴七十年》，兰溪出版有限公司 1982 年版，第 5449 页。

因日军地面部队没有侵入新疆，日军飞机也未对新疆实施空施，所以，抗日战争时期新疆的人口伤亡是间接的。据现有历史档案记载，抗日战争时期新疆省有153人被查证因战争死亡。其中，有安置在新疆的抗日义勇军官兵、航空队人员、驿运工人等。

抗日战争时期新疆死亡人口一览表

类　别	死亡人数	事　由	档案资料来源
抗日义勇军工兵队	150	修建国际运输交通线牺牲	张百顺：《三万将士万里归国——东北抗日义勇军假道苏联回新疆纪实》（下），见广西壮族自治区政协办公厅主办：《文史春秋》2009年第5期，第36页
航空队人员	2人	训练时飞机失事	中共新疆维吾尔自治区委员会党史工作委员会等编：《中国工农红军西路军左支队在新疆》，新疆人民出版社1991年版，第138—140页
驿运工人	1人	驿运中死亡	政协新疆维吾尔自治区委员会文史资料委员会编：《盟国军援与新疆》新疆文史资料第24辑，新疆人民出版社1992年版，第212页
总　计	153人		

注：现存档案中军队牺牲的战士有7名。其中，和田地区边防军第五队1943年4月在边防执勤中牺牲5人（喀什地区档案馆馆藏档案，档案号26—24—23）；陆军第六师1939年6月22日牺牲1人（喀什地区档案馆馆藏档案，档案号22—6—30）；陆军三十一团1939年9月27日执勤中牺牲1人（喀什地区档案馆馆藏档案，档案号22—17—16）。因这7人属于军队人员，所以，未计入死亡人口总数。

（五）抗日战争时期新疆遭受的财产损失

1944年4月，新疆省政府曾对全省抗战损失进行调查统计，但是此次调研未发现完整的财产损失汇总数据。现有的档案资料没有专项的财产损失统计，仅抗日募捐资料较完整。当前，有关新疆的抗战研究多是新疆在抗日战争中发挥的作用及对抗战的贡献，而没有对财产损失进行专项调查研究。

新疆的战略地位和在抗日战争中发挥的特殊作用，是新疆各族人民经过艰苦努力赢得的，是以新疆付出超越自身承受能力的巨大牺牲换来的。因此，尽管日本帝国主义的铁蹄没有直接踏进新疆，但它给新疆经济社会发展和各族人民生命财产安全带来的破坏是客观存在、不容置疑的。新疆的战略地位决定新疆在抗日战争时期遭受的财产损失是间接的。

1. 经济和社会发展受到严重影响

（1）用于备战的损失

台北"国史馆"开放的民国档案记载显示，抗战期间新疆为防日军飞机轰炸，投入的防空费用逐年增多，1940年至1943年共投入法币210385631.45元。详见下表：

新疆全省空防司令部报送历年防空费用数目表①

1940 年	法币 2896 万 8644 元
1941—1942 年	法币 3314 万 6789.5 元
1943 年	法币 8810 万 2308.5 元
合　计	法币 2 亿 1038 万 5631.45 元

在喀什地区档案馆馆藏的民国档案中，亦有地方政府承担有关军事训练费用的记载。1939年6月22日，喀什区行政长、副行政长联名训令疏附县政府："驻骑兵拟于本月三日经该县属拜什克然木庄前往阿图什野外演习，仰该县长即便遵照于本月二日内在该庄预备人马各350名的食面、烧柴、草料，并应预先准备军队到时人马住宿地点。此外，照每人每日支发食肉4两，预备肥羊，以备供支。除食肉一项当时付价外，所有供支食粮、草料、烧柴等项，事后取□作正，开报合行令，仰该县长即便遵照办理，勿误为要，此令。"②

可见，抗日战争时期日军虽然没有进入新疆，但新疆为防备日军侵犯所进行的战备工作丝毫没有放松，新疆政府和人民投入了大量国防费用。

（2）修建和保障新疆国际交通运输线的损失

抗日战争时期，新疆承担着通往苏联和印度南北两条国际交通运输线的修筑、维护、保障任务。北线从苏联的阿拉木图（今哈萨克斯坦共和国原首都）经新疆伊宁、迪化到甘肃的兰州，通称国际运输线。由陆路的公路运输和航空运输组成。主要运输来自苏联的军援物资。南线从印度的列城穿越喀喇昆仑冰川到新疆的叶城，然后经由新疆的喀什、库车、吐鲁番到甘肃兰州，通称为国际驿运路线，主要运输来自英、美等同盟国援华的军援物资。1937年10月20日，新疆成立了中

---

① 台北"国史馆"馆藏民国档案，档案号301—001。

② 喀什区行政长：《拜什克然木庄准备军队操演人马给养》，1939年6月22日，原件存喀什地区档案馆，档案号2—6—50。

央运输委员会新疆分会，由盛世才兼任主任，赋有保障运输路线畅通的工作职能①。为建成国际交通运输线，从 1935—1937 年，经由苏联援助，新疆政府动员全社会力量修建了迪化至伊犁和迪化至哈密两条公路，全长 1859 公里。第一期工程，挖土石方 645.7 万立方米，炸硬石 12 万立方米，修载重 25 吨的桥梁 2439 座，修公路站 91 处，修房 1650 间，消耗钢铁 710 吨、炸药 160 吨、水泥 1500 吨，投入人工为 323 万人次②。1939 年 5 月 8 日，新疆召开了全省公路会议，提出标本兼治、全民修路的决策，重点修补了天山南路迪化至阿克苏、喀什等地线路，共修筑公路 2223 公里③。使天山北路国际通道大型货车畅通无阻，为运送国际援华货物创造了有利条件。

　　1939 年，开辟了航空运输线，以苏联的阿拉木图为起点，经由伊宁、乌苏、迪化、哈密到兰州，全线航程约 3000 公里。新疆负责地面保障工作，除了在伊宁、乌苏、迪化、奇台、哈密设立 5 个航空接待站外，在哈密建有大型的航空站。1938 年，先后建成了汽油库、弹药库、配件库房、轻型轰炸机停机棚 6 座、战斗机停机棚 12 间及修理厂房和其他生活设施。为建设哈密航空站，新疆组织动员机关职员、农民、城市居民、学生等约 4 万—5 万人次，自带工具、口粮、饮料，参加机场路道的修建，不到一周时间，建成了一条宽 80 米、长 1000 米的简易跑道，还建成了一个能停放 10 多架飞机的停机坪④。到 1939 年初，哈密机场已成为一个设备较完善的空军基地。1944 年 9 月，开通了新疆至印度的国际驿运。这条线路是由印度的列城将美援物资驿运至新疆叶城，再用汽车运至内地。新疆备马 1600 匹，另派数百匹供人员乘骑和驮载所需给养，历时两年半，参加人数 1300 多人。先后共运进物资：汽车轮胎 4444 套，军用布匹 782 包，经济部装油袋 588 件，电讯总局呢料 63 捆，另有汽车零件和医疗器械……⑤日本封锁滇缅公路后，这条驿运路线对运输美援物资起到重要作用。

　　为修建和保障新疆国际交通运输线的畅通，新疆动员了政府和社会的一切力量。据不完全统计，新疆省政府先后投资省银票 2.3815712 亿两、法币 2.84706 亿元（按不同年份币值直接累加）。同时，新疆各族民众投入大量劳动力，据不完

---

① 政协新疆维吾尔自治区委员会文史资料委员会编：《盟国军援与新疆》新疆文史资料第 24 辑，新疆人民出版社 1992 年版，第 46—47 页。

② 新疆维吾尔自治区地方志编委会等编：《新疆通志·政务志·政府》，新疆人民出版社 1998 年版，第 575 页。

③ 中共新疆维吾尔自治区委员会党史研究室编著：《抗战中的新疆》，新疆人民出版社 1995 年版，第 227 页。

④ 中共新疆维吾尔自治区委员会党史研究室编著：《抗战中的新疆》，新疆人民出版社 1995 年版，第 233 页。

⑤ 政协新疆维吾尔自治区委员会文史资料委员会编：《盟国军援与新疆》新疆文史资料第 24 辑，新疆人民出版社 1992 年版，第 212 页。

全统计，1935 年至 1942 年累计投劳 3391000 人次。如此一来，造成工厂生产能力下降，农田无人耕种，牧畜无人放养，经济基础遭受严重摧残。详见下表：

国际交通线投资统计表

时　间	拨款数	其　他
1934 年 4 月	400 万两（省银票）	
1935 年 1 月	1245.712 万两（省银票）	
1936 年 11 月	3900 万两（省银票）	
1937 年 2 月	70 万两（省银票）	
1937 年 3 月	1.5 亿两（省银票）	
1937 年 10 月		10 个汽车接待站、5 个航空站
1935—1937 年		水泥 1500 吨、钢铁 710 吨、炸药 160 吨、土石方 657.7 万方、修房 1650 间
1938 年 8 月	200 万两（省银票）	
1939 年 8 月	3000 万两（省银票）	
1939 年	100 万元（法币，当年币值）	飞机跑道 1000 米，轰炸机栅 6 间，战斗机栅 12 间，汽油库、弹药库、配件库、修理厂、办公室、宿舍、俱乐部等若干间
1940 年 1 月	55 万元（法币，当年币值）	
1940 年 2 月		小麦 2000 石
1941 年		大车 12.2 万辆、马车 4900 辆、牛车 1000 辆、毛驴 3.1 万头、木材 1 万立方
1942 年 3 月		大车 500 辆、毛驴 500 头
1942 年 10 月	1305 万元（法币，当年币值）	
1944 年 9 月		马 1600 匹
1945 年 3 月	2.7 亿元（法币，当年币值）	
1945 年 5 月	10.6 万元（法币，当年币值）	
合计	省银票 2.3815712 亿两、法币 2.84706 亿元（按以上不同时间币值直接累加）	10 个汽车接待站，水泥 1500 吨、钢铁 710 吨、炸药 160 吨、土石方 657.7 万方、木材 1 万立方，修房 1650 间。飞机跑道 1000 米，5 个航空站，轰炸机栅 6 间，战斗机栅 12 间，汽油库、弹药库、配件库、修理厂、办公室、宿舍、俱乐部等若干间。小麦 2000 石，大车 12.25 万辆、马车 4900 辆、牛车 1000 辆，毛驴 3.15 万头，马 1600 匹

国际交通线投入劳动力统计表

时　间	人工数	数据来源
1935—1937 年	323 万人次	新疆维吾尔自治区地方志编委会编：《新疆通志·政府志·政府》，新疆人民出版社 1998 年版，第 575 页
1939 年	5 万人次	中共新疆维吾尔自治区委员会党史研究室编：《抗战中的新疆》，新疆人民出版社 1995 年版，第 233 页
1941 年	11 万人次	新疆维吾尔自治区地方志编委会编：《新疆通志·公路交通志》，新疆人民出版社 1998 年版，第 158 页
1942 年 3 月	1000 人次	新疆维吾尔自治区地方志编委会编：《新疆通志·公路交通志》，新疆人民出版社 1998 年版，第 158 页
合　计	339.1 万人次	

抗日战争时期，新疆地方政府和各族民众以极高的热情全力支持抗战。地方政府投资投劳修筑公路，保证交通运输畅通，使国际援华军用物资不断运送到抗战前线；接收安置东北抗日义勇军和河南省等内地难民，减轻国民政府负担，全力支援抗战。新疆民众捐款捐物，有钱的出钱，有力的出力，尽全力支持抗战。事实证明，抗日战争时期新疆遭受巨大财产损失，有些财产损失难以计算，除物资损失外，据不完全统计，抗日战争时期新疆遭受的财产损失，按不同年份币值累加总计法币 629327814 元。

抗日战争时期新疆遭受的财产损失一览表

名　称	分　类
战争捐款损失	大洋 691.046301 万元（690 万元法币），法币 8610.32 万元，新币 647.361 万元（3237 万元法币）
战争捐物损失	金银首饰 20 余件，天罡及首饰 4.7 两，寒衣 730 万件，蚊帐 8 万床，鞋袜 82321 双，飞机 144 架，马 10000 匹，元宝 49 个，纹银 51 两，羊 414 只，牛 1 头（折合法币 6325 万元）
战争投工损失	339.23 万人次（折合法币 4511.759 万元）
战争投物损失	10 个汽车接待站，水泥 1500 吨，钢铁 710 吨，炸药 160 吨，土石方 657.7 万方，木材 1 万立方，修房 1650 间。大车 12.25 万辆，马车 4900 辆，牛车 1000 辆，毛驴 3.15 万头，马 1600 匹。小麦 2000 石，面 298.728 万斤，柴 2240.46 万斤，羊肉 74.682 万斤。高射机枪 4 梃，子弹 2 万发，西药约 800 斤

名　称	分　类
安置抗日义勇军损失和安置难民损失	90 万元法币
政府投资建设损失	省银票 2.3815712 亿两（595392.8 元法币），法币 2.84706 亿元
防空及战备训练损失	法币 2 亿 1038 万 5631.45 元
说　明	本表数据根据档案资料综合而成。其中法币数据是按不同年份币值直接累加的法币的币值，除物资损失外，总计法币 629327814 元。

（六）结论

1. 主要调研结果

通过此次课题调研，明确了以下基本事实。

一是为修建和保障国际交通运输线的畅通，新疆投入了大量人力、物力、财力，除南京政府少量的拨款外，其余皆来源于新疆各级政府和各族人民。不仅表现在经济上的损失，土地被征用修公路、建机场及附属设施所带来的损失，还表现在造成人口伤亡上。

二是为发挥新疆作为抗日后方的军事基地、难民收容地等作用，新疆各级政府同样投入了大量人力、物力、财力。如：办新兵营，建航空队，培训军事人员；从 1933 年初就开始接收、安置滞留苏联的东北抗日义勇军；1942—1944年，接收、安置了因战争从内地逃出的河南、山东等大量难民。

三是为支援抗日，新疆各族人民踊跃捐款、捐物、献机、献马等，耗尽财力、民力，损失巨大。

四是为防范日军侵犯新疆，新疆省政府在巩固军力、训练部队、加强边防和防空等方面投资巨大。新疆各族人民承担了繁重的军事耗费包括训练费用。

根据现存资料及此次调研汇总不完全统计，抗日战争时期新疆人口死亡153 人（另有新疆籍军人 7 人牺牲），财产损失为 629327814 元法币（按不同年份币值累加）。事实充分说明，在抗日战争中新疆遭受财产损失是巨大的，人员伤亡是客观存在、不容置疑的。

2. 人口伤亡和财产损失带来的主要影响

（1）政府财政赤字严重。1944 年，新疆财政赤字达 37.7 亿余元法币（合新币 7.5 亿元），外加 125 万美元。1945 年 4 月，省财政厅制定的本年度省政府经费预算总数达新币 60 亿元，折合法币 300 亿元。实际支出为 68 亿元新币（包括粮食折价 14 亿元在内），而本年度收入连田赋、牧税在内，共 22 亿元新币，财政赤字为 46 亿元，即折合法币 230 亿元，数字之大，为全国各省之冠①。

（2）物价飞涨。据统计，从 1942 年至 1944 年，新疆的大米、面粉、肉类等价格上涨 5 倍，菜价上涨 4 倍，生炭上涨 12 倍。1944 年下半年物价平均比上半年上涨了十数倍，比重庆高出 4 倍以上。1945 年 7 月，省政府决定迪化市区之公教人员薪俸自 7 月起至 12 月止，照原薪加 17.5 倍。可见物价上涨速度之惊人。

（3）粮食紧缺。1944 年，全疆粮食供应十分紧张，缺粮 10.44 万余石。据 1945 年 1 月 16 日建设厅厅长佘凌云报告：新省粮食年征小麦 49.7462142 万石、除折征草 8900 石、折征料 9.1 万石、折征代金 8.56 万石，共 18.55 万石外，应收 31.196214 万石。但此时伊犁、阿山（今阿勒泰）两区因战事无收，实际只能征粮 21 万石。在粮食支出上，公粮支出 10.8774 万石，军粮及眷粮支出 24.3666 万石。

（4）社会发展滞后。战争给新疆人民生活和经济、社会发展带来的灾难不亚于内地一线省区。造成新疆社会动荡，生产遭到破坏，农业、商业、外交、经济、财政、交通、教育、卫生、文化等方面发展停滞。教育倒退数年，当时全省文盲人数占总人口的 80%，中小学教师质量更差，小学教员有三分之二不合格②。教育事业奄奄一息③。如：高等学府新疆学院徒有其名，学校图书馆藏书只有 6000，学生教科书缺乏，报纸杂志很难借阅到。全校共设 3 个系（中国文学系、土木工程系、教育系），6 个班，男女学生总共不满 30 人，教师缺乏，合格教授寥寥无几，质量也低。新疆女子学院因经费缺乏，1945 年 7 月不得不与新疆学院合并。

（5）人民生活水平下降。政府财政吃紧，就向社会强制募集资金。一是战争募捐。据不完全统计，在抗日战争期间，新疆人民共为战争捐款大洋 691.046301 万元、法币 8610.32 万元、新币 647.361 万元。捐飞机 144 架、马 10000 匹、寒衣 730 万件、蚊帐 8 万床、鞋袜 82321 双等物资。如此巨资是从广大民众省吃俭用中挤出来的。为支援前线抗战，各民族同胞把现金、金银、珠

① 新疆社会科学院历史研究所编著：《新疆简史》第三册，新疆人民出版社 1997 年版，第 410 页。
② 新疆社会科学院历史研究所编著：《新疆简史》第三册，新疆人民出版社 1997 年版，第 451 页。
③ 新疆社会科学院历史研究所编著：《新疆简史》第三册，新疆人民出版社 1997 年版，第 451 页。

宝首饰和牛、羊捐献给国家。二是筹募公债。1943年新疆完成同盟国债券共法币2667万元，1944年为法币5000万元，其中派募3400万元，劝募1600万元。三是强行摊派战时节约储蓄。1944年度劝储法币4亿元。四是加大税收强度。抗日战争时期，新疆政府的苛捐杂税有数十种。这些极大地加重了人民群众的生活负担，各族群众倾其所有之后，生活水平急剧下降。

所有这些，致使新疆财力枯竭、经济社会发展严重倒退；人民群众无法正常生产劳动，生活水平急剧下降；在支援抗日前线过程中，不计成本，不讲代价，工农业基础设施遭到极大破坏，其损失是无法计算的。

此次调研成果，是新疆党史系统互助协作，共同参与完成的，调研报告中人口伤亡和财产损失的基本数据是依据本次调研成果综合而成。需要说明的是：由于年代久远、部分档案缺失、搜集资料困难等多方面原因，此次调研所得出的新疆抗日战争时期人口伤亡和财产损失基本数据，还是仅限于目前资料和研究水平的不完整的数据，并不是最终结果。期待今后继续挖掘史料，进一步研究，使有关数据更加充实、准确。

二、资　料

（一）民国档案[①]

1. 金树仁为规定沿途招待供支办法给迪化外交办事处、财政厅及沿途各区县的代电

（1933年2月11日）

迪化外交办事处、财政厅、塔城区鲁行政长均鉴：塔城县、额敏县、乌苏县、绥来县、呼图壁县，昌吉县、迪化各县政府均照。查新疆遵照中央政府来电，收容苏炳文部民四千余人一案，前经委派鲁行政长为专员，由省前往塔城接收办理，并行知驻苏五领事外交办事处，及沿途该文武一体知照在案，兹将应行供支一切办法开列如下：

食面每名日支一斤半，柴火每名日支拾斤，盐菜每名日支五钱。车价每名日支银三两，杂费无定额，供支五千人计算。合行代电，仰该厅区处查照，并仰各该县政府知照，一俟该部入境即行遵照办理，准其作正开报，勿得临时遗误，切切。主席兼督办金树仁。二月十一日。印

[①] 以下收录的民国档案资料，除加题注另外注明出处者外，均转录自新疆维吾尔自治区档案局、中国社会科学院边疆史地研究中心、《新疆通史》编撰委员会编：《抗日战争时期新疆各民族民众抗日募捐档案史料》，新疆人民出版社2008年版。转录的资料中，本书编者新加了若干页下注释，凡这类注释均注明为"本书编者注"，以区别于原编者注。特此说明。

2. 金树仁电伊犁张元培调查各营缺额具报拨补

（1933年2月15日）

伊犁张屯垦使、哈密黎司令鉴：查苏炳文部及李王两部二万数千人，自本月十五日起，月底止，分起到达塔城，该使谈司会所属各营缺额究有若干，应即具报以便拨补，仰各遵照办理。主席兼督办金树仁。锐。印

3. 金树仁电伊犁张屯垦使入新东北军分拨伊犁一千五百人

（1933年3月1日）

伊犁张屯垦使鉴：漾二电悉。所论极是。到塔苏部两起千人，本日起程来省。李王两部内分拨伊犁一千五百人，由尼堪卡交伊犁派员接收。东二电业经通行在案，至马行政长已委援剿阿区司令节制调遣在防务军，特电复知。主席兼督办金树仁。东三。

4. 塔城县长电金树仁苏部第三批官兵到塔并报告苏部军情

（1933年3月2日）

迪化主帅钧鉴：一日电敬悉，查苏部人员均各强壮，纪律甚嘉，帷〔惟〕在俄饥寒困苦为日已久，入境时察其情形，商请鲁行政长每人日发食面两斤，烧柴十五斤尚不丰满，上级官长日备便酌，兹住塔数日，遵电从优招待俾资饱暖，均为我帅铭谢厚德，沿途照章供支或能敷用，三批五百四十人亦已到塔，谨电禀。塔城县长宋之璋。冬印

5. 金树仁电鲁行政长及沿途各县县长

（1933年3月3日）

塔城鲁行政长鉴：朱县长，额敏刘县长，乌苏马县长，绥来吴县长，呼图壁广县长，昌吉谢县长，2日电悉。苏炳文部队由塔起程日期已电各营县供支，派兵护送在案。并仰各营县沿途优待，妥为照办，面食烧柴如果不足食用，仰再酌予加发以期丰足，勿克扣致干究办。每到县城每人发羊肉半斤，每官长发羊肉两斤，旅团长再加数斤，仰查酌办理勿误。主席兼督办金树仁。江印

6. 郑润成、苏国等抵新后电东北民众救国军苏总司令、吴旅长电报

（1933年3月28日）

塔城鲁行政长转，南京国民政府林主席，请转东北民众救国军苏总司令吴旅长钧鉴：代理旅长由多木斯克率队出发，于二月二十日抵阿亚古斯，换乘汽车冲雪前进，于二十六日到达新疆之塔城，蒙金主席预派专员在此照料，其招待之殷勤衣食之精备罔不尽善尽美，足舒我从前之困惫，部众至此莫不鼓腹欢腾，如归乡井，此堪以告慰者一。在塔城稍事休息即向省城陆续前进，五百人为一批，我军共分五批，润成所率第一批于三月二十七日安抵迪化省城，其余各批亦顺序到达集中停止待命，沿途蒙派专员及军队护送，到处受欢迎，我官兵亦皆能恪守纪律，服从命令。所经之处秋毫无犯，情感动人，至此为甚，此堪以告慰者二。抵省后即持函晋谒，金主席谦德和光，殷勤相接，推食解衣无微不至，并接济款项制〔置〕备服装，凡军用物品一经请求无不慨许，爱日阳春有生仅见，全众感激至于涕零，似此良好经过，想亦我总司令暨旅长所乐闻也，此堪以告慰者三。惟前进目标尚未确定。恳钧座速与国府商决电示趋向，以资遵循而免羁迟。临电翘企不胜屏营待命之至。东北民众救国军步兵第二旅代理旅长郑润成，参谋长苏国，第一团团长孙庆麟，第九团团长郑润成，军官大队长安云阁，大队附钮玉庭同叩。

7. 盛世才、李溶电南京财政部核准义军眷属补助费七万元请速拨偿还垫付款

(1936年7月7日)

南京财政部孔部长勋鉴：枢密。查中央核准发给来新义军眷属补助费七万元①，前经电请各部从速核发以应急需，已蒙允准，迄今半载尚未领获。现各义军属眷陆续均由新绥汽车运送来新，所有车旅各费为数甚巨，均尚拖欠。令该公司函电交催无法应付，务望体念该眷属等为抗日救国以致流离之苦衷，及中央救济之美意，将此项补助费法币七万元即日核发，藉资偿还，以维中央抚救该眷属等之至意，而免个人受累是为至祷。特此电请，并盼赐覆。新疆边防督办盛世才、省政府主席李溶。午虞。厅印

---

① 法币（即国币），下同。——本书编者注。

8. 伊犁区为成立援助绥远抗日募捐委员会事致省政府等的电

（1936年12月16日）

迪化。督办、主席、副主席钧鉴，反帝总会勋鉴：亥文电奉悉。伊犁区援助绥远抗日募捐委员会已经民众组织成立，公推胡山音为委员长，宴恩溥为副委员长，委员十五人，干事若干人，均由各族中推选负有声望之民众充当，并已遵照将止〔指〕示捐款办法四项交由该会办理。特闻。职邱宗浚、陈德立、叶尔地同叩。亥铣。参印

9. 省政府为伊犁区成立援助绥远抗日募捐
委员会事给督办公署的代电

（1936年12月19日）

迪化。盛督办勋鉴，伊犁邱屯垦使、陈行政长、吐副行政长均鉴：邱屯垦使等亥铣参电悉。所称捐助援绥抗日募捐办法已遵令成立委员会，并公推胡山音等为正、副委员长。等情。当经本府第二一二次会议决议，准予备案。等因。记录在卷。除分电外，望各查照。主席李溶、副主席和加尼牙孜。十二月十九日。总印

10.阿克苏区为报区属八县抗日捐款数目事致督办公署等的电

（1937年3月26日）

迪化。督办、主席、副主席钧鉴，反帝总会、民联会勋鉴：查阿克苏区各机关公务员、各族民众因日本帝国主义侵入我东北五省，又复唆使其走狗李守信、王英等进攻我绥远，幸赖前方反帝战士英勇杀敌，保全领土，是以证明反帝胜利。公务员、民众等自由捐款，以为前方战士精神上、物质上之协助。除阿克苏捐款二百余万尚未收齐外，其他八县共捐银一千二百三十三万零四百五十两。除清册邮寄、捐款由银行汇兑外，谨先电呈。阿克苏区行政长沙力、区公安局局长徐万兴谨禀。寅寝。印

11. 省政府就阿克苏区所属八县为绥远抗日将士募捐银两事给督办公署等的代电

（1937年3月30日）

迪化。盛督办勋鉴，反帝总会王秘书长、民联总会连委员长、阿克苏沙行政长、徐局长均鉴：沙行政长寅寝电悉。该区所属八县共募捐绥远抗敌将士慰劳费银一千二百三十三万零四百五十两，既已交由分银行汇解，应由王秘书长查明验收，汇前防具报。至阿克苏捐款二百余万两，仍应催齐寄省为要。仰各遵照，并请督署查照。主席李溶、副主席和加尼牙孜。寅卅。民印

12. 财政厅为驻斜米领馆馆员及侨民捐献抗日
捐款事致省政府的呈

（1937年9月3日）

　　为呈复事。案奉钧府八月二十六日民电，据斜米领事刘德恩电称，该馆馆员及侨民八十名捐助慰劳前防〔方〕抗日将士共卢布一万六千六百五十七元，饬由该馆八、九、十等月应领经费内划扣，交反帝总会代领转汇。等因到厅。奉此，查此案前准该馆电请到厅，已饬科记档照办，并代电复刘领事各在案。兹奉前因，除分呈外，理合具文呈请钧府鉴核备案施行。谨呈新疆省政府。

厅　长　胡寿康

副厅长　王膺禄

13. 省银行为将政府所准建修职员宿舍款及
购书费作为抗日捐款事致省政府的呈

（1937年9月30日）

呈。为呈请事。窃查前经职行理事会决议呈请钧府议定由二十五年所得纯益项下提拨省票银三百万两，以二百万作为建修职员眷属宿舍准备金，以一百万作为同仁俱乐部购书费。等因。令行遵办在案。兹据反帝第三区一分会会员即职行职员全体开会决议，值兹日本帝国主义疯狂进攻中国之际，国家、民族危在旦夕，幸我中央政府号召全国军民为自卫而坚绝〔决〕抗战，两月来在我军民不顾牺牲英勇抗战情形下，使日寇得到空前重创，风声所播，中外同钦。兹者新疆民众抗日救国后援会为与前方将士以物质上之援助计，拟募集巨款，购置飞机，意义何等重大。我反帝会员及全体职员对此救国义举，决不后人除个人尽可能力量踊跃捐款外，所有前经政府准由二十五年纯益项下提出之建修职员眷属宿舍及购书费票银三百万两，我全体职员应一律牺牲此种应享权利而作为救国捐款。当经全体一致通过，请予执行前来。查上项票银三百万两，既专为建修眷属宿舍及购书之用，确为各职员应享之权利。现该员等激于爱国热忱，一致通过，情愿牺牲此种权利，事属义举，未便阻制。惟关于公共准备金究竟可否提作捐款，职行未敢擅专。理合据情备文呈请鉴核示遵施行。谨呈新疆省政府主席李【溶】、和【加】【尼】【亚】【孜】

新疆省银行行长　张宏与

14. 督办公署为省银行拟将建修宿舍准备金及俱乐部购书款捐作抗日捐款事致省政府的咨

（1937年10月11日）

为咨请事。案据省银行张行长呈称：呈。为呈请事。窃查前经职行理事会决议呈请省政府议定，由二十五年所得纯益项下提发拨省票银三百万两，以二百万两作为建修职员眷属宿舍准备金，以一百万两作为同仁俱乐部购书费。等因。令行遵办在案。兹据反帝第三区分会会员即职行职员全体开会，决议值兹日本帝国主义疯狂进攻中国之际，国家、民族危在旦夕，幸我中央政府号召全国军民为自卫而坚绝〔决〕抗战，两月来在我军民不顾牺牲英勇抗战情形下，使日寇得到空前重创，风声所播，中外同钦。兹者新疆民众抗日救国后援会为与前方将士以物质上之援助计，拟募集巨款购置飞机，意义何等重大。我反帝会员及全体职员对此救国义举决不后人。除个人尽可能力量涌〔踊〕跃捐款外，所有前经政府核准由二十五年纯益项下提出之建修职员眷属宿舍及购书费票银三百万两，我全体职员应一律牺牲此种应享权利而作为救国捐款，当经全体一致通过，请予执行前来。查上项票银三百万两，既专为建修眷属宿舍及购书之用，确为各职员应享之权利。现该职员等激于爱国热诚，一致通过，情愿牺牲此种权利，事属义举，未便阻制。惟关于公共准备金究竟可否提作捐款，职行未敢擅专。除分呈外，理合据情备文呈请鉴核示遵施行。谨呈。等情。据此，除指令，呈悉。所请应候咨请省政府核办饬遵。仰即知照。此令。印发外，相应咨请贵政府查照核办饬遵。此咨新疆省政府。

督　办　盛世才

15. 省政府为准省银行将建修宿舍、购书等款
作为抗日捐款事给督办公署的咨

（1937年10月16日）

为咨复事。案准贵署经字第九零五三号咨，据省银行呈转该行会员拟请将政府所准由廿五年纯益项下提出建筑职员眷属宿舍及购书等费银三百万两作为抗日救国捐款一案，咨请查照核办饬遵。等由过府。查此案前据该行呈请到府，当经提交本府第二八一次委员会议，决议照准。等因。记录并指令分行在案。兹准前由，相应咨复查照为荷。此咨新疆边防督办盛【世】【才】。

16. 焉耆区为收汇抗日捐款事致督办公署等的电

（1937年11月7日）

迪化。督办、主席、反帝总会钧鉴，新疆日报社抗日救国后援会长勋鉴三百卢案发生，日寇倾其全国陆、海、空军实力进攻。数月以来，幸我全国上下一心，精诚团结，我前防〔方〕将士茹苦含辛，坚忍耐劳，一致在反帝统一战线上与敌以猛烈痛击，使敌蒙无限损失。解放中国，此其时也。惟大战伊始，端赖后援，尤须个人竭尽智力、财力共纾国难，以尽天职。职等所属官兵、职员、学校教员等经召开会议，咸以爱国热忱，均自动捐款，以期早日打倒倭寇，解放中国。各官兵中更有捐一月金薪者，其敌忾之心见一班〔斑〕。计四十六团全体捐银一百三十二万两，保卫团全体捐银一百一十五万七千两，行政长公署全体捐银一十一万二千七百六十两，区立男、女七校捐银一十七万一千六百两，以上共捐银二百七十六万一千三百六十两。除交焉【耆】银行汇解迪化抗日救国后援会，衔名清单另文呈报外，至此项捐款应慰劳前方将士及汇购"新疆号"国防飞机，统请由抗日后援会分配。谨布区区，伏维鉴察。焉耆骑兵第四十六团团长刘琨、行政长兼保卫团总于德一率官兵、职员、学校教员同吊。戌虞。印

17. 省政府为奉到中央制订"募制寒衣办法"事给迪化市政府的训令

（1938年2月19日）

令迪化市政府

为令行事。案奉行政院训令开：案准中央执行委员会秘书处本月廿二日教字第一二八五八号公函开，兹经中央决定慰劳前方将士募制寒衣办法十项。（一）由各省、市党政当局督促各县、市下级机关策动救国团体如抗敌后援会、救济会、民众组织委员会等，举行大规模之募制寒衣运动；（二）募制寒衣之种类应以各该地所产原料为标准，可分为皮、棉、丝棉等三种；（三）寒衣之尺寸须依照军事机关之规定办理之；（四）募制寒衣之数量得依各该省、市人口多寡及地方财富为标准，由最高党政当局确之；（五）各省、市人民有捐赠原料或捐款指定购制寒衣者，得由地方当局策动纺织、缝纫工人及家庭妇女制造之；（六）人民捐赠寒衣每人五百件者，由地方政府给予感谢状，满一千件，由地方政府呈请省政府明令奖勉，满一万件者，由民国政府特奖之；（七）募制成绩优良之地方党政机关，得由其上级机关奖励，并作为重要考成之一；（八）各地方机关团体及公务人员须首先应募，以资表率；（九）各地方募制寒衣事应于最短期间完成，政府机关并应认为重要政务，不得延误；（十）各地方募集之寒衣应以最迅速之方法解送省市党【政】当局，以便统筹支配。等由。准此，除分令外，合行令仰知照并转饬所属知照。此令。等因。奉此，除分别咨、令外，合行令仰该府知照。此令。

主 席 李 溶

18. 督办公署等就开展抗日募捐活动事给和田行政长的电

（1938年2月25日）

急。和田。蔡兼代行政长鉴：查前据该兼代行政长丑冬电请关于提倡捐助慰劳抗日前方将士一节，因据该兼代行政长电称，以该区经丧乱之余，民力艰困，更兼省城拟将已捐得之款即时汇齐汇兑内地，故于丑微厅电饬复该区倡捐一节，不必举办在案。现拟将各处捐款汇集购买抗日飞机，应准由该兼代行政长现即举办募捐，以表爱国热诚。但提倡募捐办法以人民自动根据本身财力自由捐助为原则，勿得勉强分派为要，并将倡捐情形报查，得有成数即行解省。特电遵照。督办盛世才、主席李溶。丑有。广印

19. 省政府就后援会制定收纳捐款、物品及金银手续办法事给接收处理逆产委员会的训令

（1938年4月16日）

为通令事。案据新疆民众抗日救国后援会呈称：为呈报事。查职会自组织成立以来，各方捐助款、物极形踊跃，足征六大政策陶冶下民众抗日救国之一般情绪高涨。兹为慎重收纳捐助款物，杜滋弊端起见，特制定职会及所属分会收纳捐款、物品及金银手续办法。除令颁各分会并分呈外，理合具文检同此项办法呈报鉴核备查，并祈通令各区县机关一体遵照，实为公便。谨呈。附呈新疆民众抗日救国后援会收纳捐款、物品及会银手续办法一份。等情。据此，除代电，迪化。盛督办鉴，新疆民众抗日救国后援会鉴，抗日救国后援会一月十六日呈悉。该会为慎重收纳捐助款物、杜绝弊端起见，拟具收纳办法，请通令省内外各机关一体遵照。等情。准予照办。除通令外，仰即知照，并请督署查照。主席李溶。一月十八日。民印。印发外，合行抄同附件令仰该会即便遵照办理。切切。此令。

主席　李溶

新疆民众抗日救国后援会收纳捐款物品及金银手续办法

（1938 年 4 月 16 日）

甲、总会

一、迪化市各机关、各法团以及各族各界人士，凡捐助抗日款项及物品者。事先须由捐助人持款或物品至省银行换取抗日救国后援会存款收据或存物收据，然后持函将存款收据或存物收据一并送交本会，领取抗日捐款收据或捐物收据。否则恕不收纳。

二、迪化市各族各界人士，凡捐助金银首饰、贵重物品者，事先须由捐助人持函至本会接洽，由本会派妥员会同捐助人持金银等，至省银行当面由财监会派员监查存储无讹，后由省银行发给抗日救国后援会存金银收据，再由捐助人持此项存金银收据至本会换取抗日捐金银收据。否则恕不收纳。

乙、分会

三、各区、县、各机关、各法团、各族各界人士，捐助抗日款项及物品者，

事先须由捐助人持款或物品至当地分银行（无分银行者由地方税局、所办理）换取抗日救国后援分会存款收据或存物收据，然后持函将存款收据或存物收据一并送交分会，领取抗日捐款收据。否则不得收纳。各分会积有成数，再行一面函由分银行或税局、所汇解省银行保管，一面呈报总会备查而清手续。

四、各区、县、各族各界人士凡捐助金银首饰等贵重物品，事先须由捐助人持函至分会接洽，由分会派妥员会同捐助人持金银等物品至分银行（无分银行者由地方税局、所办理），当面由县政府或公安局、所派员监查存储无讹，后由分银行（或税局、所）发给抗日救国后援分会存金银收据，再由捐助人持此项存金银收据至分会换取抗日捐金银收据。否则不得收纳。各分会收到此项金银、贵重物品后，即一面函由分银行（或税局、所）解交省银行保管，一面呈报总会备查而重捐政。

丙、附则

五、本办法自公布之日施行。

20. 塔城区后援分会为汇缴抗日捐款等事致督办公署等的电

（1938年5月4日）

迪化。督办、主席、反帝总会、抗日救国后援总会钧鉴：兹由塔分银行汇交总会抗日救国捐款七千万两①，请查收赐复。余款汇齐再汇。至塔分会前请发之捐册二十本，仅见总会代电而该项捐册迄未收到，请迅速发下二十本，以应急需。塔分会会长依干拜尔的。辰支。印

---

① 币种不详，似省银票。——本书编者注。

21. 省城总商会为请发抗日募捐捐款册事给后援会的函

（1938年5月23日）

迳启者：查敝会第一次经常抗日募捐业经函缴贵会在案。兹经敝会第十七次会议决议于五月二十三日起举行敝会第二次经常抗日募捐，办法分自动募捐、演剧募捐、妇女募捐三项进行。相应函请贵会饬发捐册十本，以便填写而利抗日后援工作进行。实为公便。此致新疆抗日后援会。

常务副主席　石寅甫

22. 汉文会为第二次演剧募捐等事致省政府的呈

（1938年6月4日）

呈。为呈报事。窃查职会因建筑俱乐部负债甚钜，拟演剧归还欠款，于本年一月二十一日业经呈准在案。旋因各界抗日募捐工作时间上之不许可，以致延缓迄今。现在职会为努力抗日后援工作，拟作第二次抗日募捐演剧，同时藉以募换建筑俱乐部欠款。复于五月二十六日提交第十次执监谈话会议，决议第二次抗日募捐速办，欠款尽可能演剧归还。等因。记录在案。除俟筹备就绪再行将日期呈报并分呈外，理合具文呈报鉴核备案施行。谨呈新疆省政府主席李【溶】。

新疆汉族文化促进会

23. 和田区为该区公职人员及民众自动为抗战
捐助款、物等事致督办公署等的代电

（1938年6月28日）

迪化。督办、主席钧鉴，反帝总会、抗日后援总会勋鉴：窃查职区公务员及民众等情殷救国，自动捐助抗日捐款，经各县缴来条、沙金及首饰金共六两二钱六分五厘，天罡银及首饰银共三百三十二两八钱，现洋银元三十七块，带白石金皮纽扣四个，羚羊角一个，计重五两。谨将此银、物分别缮具清折，一并点交和田边务处田主任禹忠带省代缴。谨此电恳钧座饬承点收给据为祷。再，所捐喀票二百余万两，俟收齐时由分银行汇缴，并将捐款花名清册另文呈报。合并声明。兼代和田区行政长潘柏南叩。六月二十八日。印

24. 盛世才、李溶指示伊犁行政长姚雄接收
由苏返国华侨1075人入境

（1938年7月18日）

伊犁姚司令迪化外交办事处王处长钧鉴，准外交部真电开。顷据伯力总领事馆电称，庆密赴新华侨1075人内俄妇138名，三日搭车西上，经由阿亚古斯转赴塔城等语。复据莫斯科大使馆电称，苏方以阿亚古斯至塔城一段公路汽车，因人数众多不敷分配，改由伊犁河站下车乘舰遣往伊犁，已由苏联至迪化领事馆与新疆省政府接洽等语，特电奉达，统希查照为荷，等因，一俟该侨胞等入境，应由姚司令遵照前电指示办法办理，除电复外，并仰外交办事处查照为要。督办盛世才、主席李溶。午筱。广印

25.库尔勒设治局为解缴防毒捐款事致督办公署等的代电

（1938年10月14日）

迪化。督办、主席、后援总会、日报社均鉴，新疆民众反帝联合会青年部勋鉴：窃据反帝总会函开，请募一张票防毒捐款一案。据此，当即召开民众防毒捐款会议，选派宣传队分往各乡宣传募捐在案。兹将城乡民众已捐就防毒款共计票银①三十九万八千二百两，纹银四钱，除造具清单迳赍迪化反帝联合会青年部查照，款俟另案解缴外，理合电报查考为荷。库尔勒设治局长帕沙。十月十四日。印

---

① 票银，即省票银，民国时期流行于新疆省的地方纸币。——本书编者注。

26. 督办公署等就各地应积极开展寒衣募捐
工作事给反帝会等的代电

（1938年10月27日）

迪化民众反帝联合总会邱兼行政长，伊犁、塔城、阿山、焉耆、阿克苏、喀什、和田、哈密各区行政长转各县长均鉴：反帝总会呈报征募寒衣委员会已经成立，并请饬各区县行政长官等对此项募寒工作予以推动，而期加快完成。等情。应准照办。但募捐办法务要广事恺切宣传，俾各族民众自动输将，不得藉故摊派或稍有勉强性质，致滋扰累为要。仰各遵照。督办盛世才、主席李溶。十月廿七日。印

27. 阿克苏区为请嘉奖温宿县农民沙海阿洪捐献其父遗留部分朝汗①路费作抗日捐款事致省政府的电

（1938年11月6日）

迪化。督办、主席钧鉴，抗日救国后援总会勋鉴：查职属温宿县西大庄农民巴海巴依前拟携路费银元两千五百两赴土耳其朝汗，至途中因患病返回。其临终时嘱其子沙海阿洪将所携作路费之款一半捐助前防〔方〕抗日将士，一半给其家属度日。至巴海巴依故后，其子沙海于前几日即将此款亲送温宿公安局，并表示自愿捐助，以资救国。该局收到后，当即呈缴司令部请转汇总会。等情。查该巴海巴依系山里之农民，尚有此爱国之热忱，深为嘉许。职等为嘉奖其家属并鼓励一般民众乐捐救国起见，于微日当举行代表报告大会上向全体市民发表巴海巴依之子沙海捐助巨款援助前方抗日救国。似此爱国至诚，足为一般民众之模范，并将沙海加以奖誉，全场极表热烈鼓掌赞同。该沙海自称，全国抗战，民很愿亲赴前方，共同杀敌救国，奈因交通不便，并家务关系，末得前往，故将所有一半自愿捐助省票②七百八十万两，并天罡③二百七十五两，以助前方多买几种枪弹，多杀几个敌人，好给我们中国报仇等语。沙海系山村农民，竟有此热烈捐助救国之表现，足引起广大民众爱国之心情。除将该款已交司令部宋军需官运缴总会外，特请钧座酌予嘉奖，并登报赞扬，以资鼓励为感。职孙庆麟、沙里哈生木同叩。戌鱼。

---

① 朝汗，即朝觐。
② 票银，即省票银，民国时期流行于新疆省的地方纸币。——本书编者注。
③ 天罡，即天罡银。——本书编者注。

28. 后援会为维吾尔贫民艾沙将亲生儿子送往
抗日前线事致省政府的呈

（1938年12月27日）

呈。为转呈事。案据库尔勒后援分会委员长代电称：迪化督办、主席、抗日后援总会、反帝总会、焉耆区行政长钧鉴，窃查职属各族男女民众深明政府政策，了解前防抗战讨灭日寇解放中国的意义，均各热烈踊跃捐助寒衣捐款之际，已激动。一和田贫民艾沙供称，欲为前防〔方〕将士捐助银两或物品，因家贫无力，不能达到目的，愿将一十八岁之子于素甫捐送前防〔方〕，以力抗战日寇，牺牲国家，以顺其愿。倘其子不忠实抗战，打倒日寇，即系不孝，如无该子，宁死不见子面。等情前来。据此，查该贫民捐子前防，誓灭日寇，足见热心国家，殊堪嘉尚。究竟其子是否准送前防〔方〕效力之处，理合电呈查考示遵施行。库尔勒设治局长、公安局长、骑兵连长兼后援分会委员长帕沙、李振芳、薛廷芳叩。十二月八日。印。等情。据此，究应如何办理之处，除分呈外，理合具文转请钧府鉴核示遵施行。谨呈新疆省政府主席李【溶】。

新疆民众抗日救国后援总会

29. 哈密区就通令嘉奖吾甫阿吉为募集寒衣运动捐献大宗银两事给哈密后援分会的训令

（1939年2月13日）

令哈密抗日后援会

为令行事。前据该会呈，为维文会委员长吾甫阿吉自动捐助寒衣捐款省票①一千五百万两，拟请转请通令嘉奖，以示鼓励。等情一案。当经呈奉督、省两署指令民字第二二八号内开：呈悉。云云。此令。等因。奉此，合行令仰该会即便查照，并函达该委员长知照。此令。

行政长 刘【西】【屏】

---

① 省票，即省票银，民国时期流行于新疆省的地方纸币。——本书编者注。

30. 督办公署等就喀什区后援分会第二十四次汇缴抗日捐款事给后援会等的代电

（1939年9月22日）

迪化。抗日救国后援会、喀什区抗日救国后援分会均鉴：喀区后援分会申哿电悉。据称该分会于皓日第二四次由喀分银行汇缴抗日捐款国币一万元，请饬收。等情。应由抗日救国后援会查收迳复。仰各遵照。督办盛【世】【才】、主席李【溶】。申养。秘机印

31. 疏勒县为请拨发建修机场、桥梁等超支费用事
给督办及行政长的密电[①]

（1939年9月23日）

迪化。督办译转蒋兼行政长钧鉴：芬密。查疏勒邹卸县长前次请准建修飞机场、桥梁、河道工料等费喀票银一十九万一千五百两一案，现以该项桥梁业已完工，计共需工料等费及占用民地等值喀票银三一九零七八两，计超过原估四万七千五百七十八两。特电敬请钧座在迪就近签请批准拨发，俾便造报。再，查双十节纪念转瞬又到，在喀可否举行并祈电示为祷。职张世安。西支。叩

---

① 此件为喀什地区档案局保存的民国档案，档案号2—6—77。

32. 省政府等就转交新疆省寒衣捐款事给张元夫的密电

（1939年11月6日）

重庆。张代表元夫兄：原密。查本省前准全国募寒总会电嘱征募寒衣捐款，当即极力倡导，广为募集，现已募得捐款国币二十万元之谱。惟因此间拨汇不便，兹已电请财部孔部长准由本省垫付中运款项下暂行拨交我兄国币二十万元，以便就近转交全国募寒总会，俾资应用，即希见电后就近洽领转交，并将办理情形电复为要。弟盛世才、李溶。戌鱼。广印

33. 省政府为送交新疆寒衣捐款事致全国募寒总会的电

（1939年11月11日）

重庆。全国征募寒衣总会勋鉴：支渝电奉悉。查敝省寒衣捐款最近已募得国币二十万元之谱，兹以寒冬已届，前方将士亟待制发棉衣，以资慰劳，所有敝省征募之捐款国币二十万元，业于鱼日电请财部由本省中运垫款内先行拨交驻京办事处张代表转交蒋委员长夫人宋美龄女士，迳送贵会查收在案。准电前因，相应电达查照，即希就近洽领，并盼电复为荷。新疆边防督办盛世才、主席李溶。戌真。广印

34. 财政部就准由中运垫款项下划拨新疆寒衣捐款事给新疆省政府的电

（1939年11月15日）

迪化。盛督办、李主席勋鉴：戌鱼厅电奉悉。玺密。贵省募集寒衣捐款国币二十万元，热忱爱国，至堪钦佩。现因汇兑不便，嘱将此款由中运垫款项下划拨，自当照办。除函中央银行照数拨交张代表元夫就近领取转送全国募寒总会，并电蒋夫人外，特电复请察照。财政部。删。渝。国印

35. 省政府为全国募寒总会电告收到本省寒衣
捐款事致该会的电

（1939年11月28日）

重庆。全国征募寒衣总会勋鉴：戌哿渝电敬悉。承示敝省寒衣捐款二十万元①已由张代表如数送到，并荷饬收，至为欣慰。值此隆冬严寒，前防〔方〕将士伏冰卧雪，浴血杀敌，募献寒衣捐款乃我后方民众应尽义务。辱荷饬注，殊滋惭怍。特电奉复。新疆边防督办盛世才、省政府主席李溶。戌俭。广印

---

① 法币（即国币）。——本书编者注。

36. 督办公署等就行政院传谕嘉奖新疆民众 积极为募集寒衣运动捐款事的通令

（1939年）

　　令哈密行政长

　　为令行事。查本省寒衣募款前经电呈中央先后汇兑国币二十五万元，以资转发前防抗战将士，俾作御寒之用在案。现奉行政院鱼电开：该省募集寒衣会募集捐款达国币二十五万元，成绩斐然，具见官民忠诚卫国，踊跃捐输，裨益抗战，实非浅鲜。仰即传谕嘉奖，以资劝励。等因。奉此，除分行外，合行令仰该行政长即便遵照，并饬属暨布告民众一体知照。此令。

37. 吐鲁番募寒分会为转交寒衣捐款汇票事致募寒委员会的代电

（1940年2月6日）

迪化。省政府转募寒委员会钧鉴：窃查职会在民国二十七年募得自动捐输之寒衣款因多系土产之类，在远乡僻村转运收集之迟缓上，延迄至今。现经将土产物之尾数共变价洋①四千元。兹于二月六日由吐分商业银行汇上，并检同汇票一张，祈即查收转交募寒委员会为祷。吐鲁番募寒委员会委员长刘文炳。民国二十九年二月六日。叩

---

① 洋，即大洋。——本书编者注。

38. 省政府就吐鲁番募寒分会寒衣捐款汇票事给后援会等的代电及后援会的收据

（1940年2月12日）

迪化抗日救国后援会、募集寒衣委员会、吐鲁番募集寒衣委员分会均鉴：吐鲁番募寒分会二月六日代电暨附件均悉。据称该分会民国二十七年募得寒衣捐内土产物尾数现由各乡村收集齐全，共变价大洋肆千元，已由吐分银行汇上。兹检同汇票一张，请查收转交募寒会。等情。应准检同原汇票发交抗日救国后援会查明迳复。仰各遵照。主席李【溶】。丑文。秘机印

今收到省政府汇票一张，计大洋四千元。

抗日后援会

39. 全国征募寒衣运动委员会为拟定1940年度征募寒衣计划事致新疆省政府的电（节选）

（1940年8月29日）

　　新疆省政府勋鉴：查本会自成立以来，关于征募寒衣转赠前线将士及被难同胞运动，颇承贵府热心倡导，致本会各省、市分会征募工作顺利进行，成效卓著，加以海内外同胞踊跃输将，本会两年先后征募寒衣凡七百余万件，均经一一分送。去、今两夏更缝制夏布暑衣三十余万套及蚊帐八万床，分赠各地新兵及伤病将士，全国抗战将士莫不衷心感奋，难胞亦蒙实惠不少。【几】年来各战场之赫赫战果与难胞在困苦中坚持奋斗，不畏牺牲之表现，捐献运动与有力焉。方今倭寇垂死挣扎，凶焰未戢，为加强军民合作，争取最后胜利并示抗战一日未停，捐献慰劳工作誓不终止起见，本会今年度实有继续发动征募寒衣运动之必要。当兹暑去秋来，寒冬瞬届，为念及冰天雪地中冒寒苦战之将士与转徙流离瑟缩号寒之难胞，更应提早发动，以期切合时效。爰经各参加机关团体代表大会议决，自八月十五日开始征募。惟以前此经验，深感各地运输不便，寒衣配送颇多困难，且由各地分别缝制质料与式样亦难期其适合，故今年决改募代金一千万元①（国内六百万元，海外四百万元）及尽量征募旧衣，按照各战场实际需要，分别商请各地军需局代制大衣、皮衣、棉背心或军装、衬衫、裤等，予以转赠，并请托赈济委员会所属各机关将募得之旧衣酌量分送各地难胞，以适应军用而资救济。

---

① 指代金法币（即国币），下同。——本书编者注。

40. 行政院就抄发1940年度寒衣募捐计划审查意见事给新疆省政府的训令

（1940年9月10日）

令新疆省政府

案据全国征募寒衣运动委员会总会二十九年八月十三日征字第一二四八号呈称：窃查本会自二十七年成立以来，关于征募寒衣转赠前线将士及被难同胞，颇承各地机关团体热心劝募，海内外同胞踊跃输将，两年中先后经募寒衣凡七百余万件，均经一一分送。去、今两夏，更缝制夏布暑衣三十余万套及蚊帐八万床，分赠各地新兵及伤病将士。全国抗战将士莫不衷心感奋，被难同胞亦蒙受实惠不少。【几】年来各战场赫赫之战果与难胞在困苦中坚持奋斗，不畏牺牲之表现，捐献运动与有力焉。方今倭寇垂死挣扎，凶焰未戢，为加强军民合作，争取最后胜利，并表示抗战一日不停，捐献慰劳工作誓不终止起见，本会今年度实有继续发起寒衣征募运动之必要。当兹暑去秋来，寒冬瞬届，为念及冰天雪地中骨寒苦战之将士与转徙流离瑟缩与寒之难胞，更应提早发动，以期切合时效。唯以前此经验，深感各地运输不便，寒衣配送颇多困难，且有各地分别缝制，质料、式样亦难期其适合。爰经各参加机关团体代表大会议决，今年决改募代金一千万元①（国内六百万元，海外四百万元），及尽量征募旧衣，按照各战场实际需要，分别商请各地军需局代制大衣、皮衣、棉被心或军装、衬衫等，予以转赠，并请托赈济委员会所属各机关，将募得之旧衣酌量分送各地难胞，以适应军用而资救济，并定自八月十五日开始征募，以两月半为期，务于十月三十日前全部完成。除将已拟定二十九年度征募计划，商请各省、市政府、省、市党部发动征募及分电各分会遵办外，仍请钧院分令各省、市政府一体协助，转饬所属普遍发动，以期达到预定目的，俾得安慰将士，救济难胞，抗战前途实深利赖。是否有当，伏候鉴核令遵。等情。据此，经交付审查，应准照审查意见办理。除指令全国征募寒衣运动委员会总会迅将征募计划切实改正，连同过去两年之征募成绩及代金用途、经费开销等项，一并报院审核并分令外，合行抄发审查意见，令仰知照，并转饬所属一体知照。此令。

院　长　蒋中正

---

① 指代金法币（即国币），下同。——本书编者注。

41. 省政府为办理寒衣捐款事致全国征募寒衣总会的电

（1940年10月9日）

重庆。全国征募寒衣总会勋鉴：申有代电暨收据敬悉。查新省地处边陲，民族复杂，前项寒衣募款已在中央未发动征募以前，即援照上年成案募足廿万元①后，曾经布告停止募集在案。在此停募公令颁布以后，倘再重行征募，不惟失去民众信仰，即在进行上亦多窒碍，更加新疆地面广大，交通不便，所有前项未足解额十万元本年碍难补募，拟俟下年征募时，再按卅万元规定募集，以副雅嘱。特复查照。新疆边防督办兼省政府主席盛【世】【才】。酉佳。秘机印

---

① 法币（即国币），下同。——本书编者注。

42. 全国征募寒衣总会就寒衣捐款接收发放有关事宜给新疆省募集寒衣委员会的代电

（1940年10月18日）

迪化。新疆募集寒衣委员会勋鉴：查本会今年度发动海内外各地征募寒衣代金一千万元①，曾经行政院召集军政部等七机关审查，以所募代金应由财政部统一经收，并迳交由军政部统筹处理令饬遵照在案。当经本会第四次全体委员大会决议，既经政府指示，自应遵办。将所有全部代金统交财政部统收，并请财政部以十分之九迳交军政部处理，十分之一迳交振济〔赈济〕委员会处理。嗣后如各方请发寒衣或代金，属于部队者，则移请军政部核办；属于难民者，则移请赈济委员会核办。等语。记录在卷。除分别函请财政部、军政部、赈济委员会查照办理，并将今年度寒衣代金制作及分配办法提请军政部参考外，以后关于请发寒衣或代金事宜，请即迳向该部、会请求。本会除商请军政部速予筹办外，特电查照为荷。全国征募寒衣运动委员会总会叩。酉巧。谕。印

---

① 指代金法币（即国币）。——本书编者注。

43. 省政府就抄发"非常时期捐献款项承购国债及劝募捐款国债奖励条例"事给财政厅的训令

（1942年1月27日）

令财政厅

为令行事。案奉行政院字第一八一二零号训令开：案奉国民政府三十年十月廿八日渝文字一零七九号训令开，查非常时期捐献款项承购国债及劝募捐款国债奖励条例业经制定，明令公布，应即通饬施行。除分令外，合行抄发该条例，令仰知照，并转饬所属一体知照。此令。等因。奉此，除分行外，合行抄发该条例令仰知照，并转饬所属一体知照。此令。等因。奉此，合行抄同原件，令仰该厅即便知照。此令。

计抄发非常时期捐献款项承购国债及劝募捐款国债奖励条例一份。

兼主席　盛世才

非常时期捐献款项承购国债及劝募捐款国债奖励条例

第一条　非常时期凡团体或个体捐献款项（包括物品折价及债息票等）及承购政府发行之国债暨劝募捐款国债者，均系本条例奖励之。

第二条　捐献款项及承购国债暨劝募捐款国债依数额之多寡分等给奖。

第三条　团体捐献款项或承购国债之奖励办法如下：

一、捐献款二百五十万元①或购债满五百万元者，明令褒奖并颁给匾额；

二、捐献满一百万元或购满二百万元者，颁给匾额；

三、捐献满五十万元或购债满一百万元者，给与奖状；

第四条　个人捐献款项或承购国债之奖励办法如下：

一、捐献满一百万元或购债满二百万元者，明令褒奖，并颁给一等景星勋章；

二、捐献满五十万元或购债满一百万元者，颁给一等景星勋章；

三、捐献满三十万元或购债满六十万元者，颁给二等景星勋章；

四、捐献满二十万元或购债满四十万元者，颁给三等景星勋章；

---

① 币种不详，似应为大洋，下同。——本书编者注。

五、捐献满十万元或购债满二十万元者，颁给四等景星勋章；

六、捐献满五万元或购债满十万元者，颁给五等景星勋章；

七、捐献满二万五千元或购债满五万元者，颁给六等景星勋章；

八、捐献满二万元或购债满四万元者，颁给七等景星勋章；

九、捐献满一万五千元或购债满三万元者，颁给八等景星勋章；

十、捐献满一万元或购债满二万元者，颁给九等景星勋章；

十一、捐献满五千元或购债满一万元者，给予奖章。

第五条 团体劝募捐献款项或劝募国债之奖励办法如下：

1. 劝募捐献款项满五百万元或劝募国债满一千万元者，明令褒奖，颁给匾额；

2. 劝募捐献款项满二百五十万元或劝募国债满五百万元者，颁给匾额。

第六条 个人劝募捐献款项或劝募国债之奖励办法如下：

1. 劝募捐献款项满二百五十万元或劝募国债满五百万元者，明令褒奖，并颁给一等景星勋章；

2. 劝募捐献款项满一百五十万元或劝募国债满三百万元者，颁给一等景星勋章；

3. 劝募捐献款项满一百万元或劝募国债满二百万元者，颁给二等景星勋章；

4. 劝募捐献款项满七十五万元或劝募国债满一百五十万元者，颁给三等景星勋章；

5. 劝募捐献款项满四十万元或劝募国债满八十万元者，颁给四等景星勋章；

6. 劝募捐献款项满三十万元或劝募国债满六十万元者，颁给五等景星勋章；

7. 劝募捐献款项满二十万元或劝募国债满四十万元者，颁给六等景星勋章；

8. 劝募捐献款项满十万元或劝募国债满二十万元者，颁给七等景星勋章；

9. 劝募捐献款项满七万五千元或劝募国债满十五万元者，颁给八等景星勋章；

10. 劝募捐献款项满五万元或劝募国债满十万元者，颁给九等景星勋章。

第七条 凡劝募捐献款项或劝募国债在三四两条最低数额以下者其奖励办法如下：

1. 团体

劝募捐献款项满壹百万元或劝募国债满二百万元者，给予奖状；

劝募捐献款项满五十万元或劝募国债满一百万元者，其团体之负责人及经办劝募最出力人员，酌给奖章。

2. 个人

劝募捐献款项满四万元或劝募国债满八万元者，给予二等一级奖章；

劝募捐献款项满三万五千元或劝募国债满七万元者，给予二等二级奖章；

劝募捐献款项满三万元或劝募国债满六万元者，给予二等三级奖章；

劝募捐献款项满二万五千元或劝募国债满五万元者，给予三等一级奖章；

劝募捐献款项满二万元或劝募国债满四万元者，给予三等二级奖章；

劝募捐献款项满一万五千元或劝募国债满三万元者，给予三等三级奖章。

第八条　捐款购债及劝募之数目照原交国币或照当时市折算国币计算之，捐献之物品照市价以国币折算之。

第九条　团体或个人具有捐款购债及劝募二项者，得照下列办法，合并计算，给与奖励。

（一）凡一项不及最低奖额而其余一项已达最低奖额三分之二者，照最低奖额给奖；

（二）凡一项合于奖励制规定而其余一项已达最低奖额三分之二者，得晋一等；

（三）凡二项均合于奖励之规定者，得照其中较优给奖等，加晋一等；

（四）其已达最高之奖等而无可晋者，从其原等。

第十条　凡劳苦农人、工人、店员或家境不丰之人，竭其所有捐献款项或承购国债者，得从优奖励。其捐献满一千元或购债满二千元者，得按本条例第四条第十一款之规定核奖。

第十一条　本条例核奖事宜由内政、财政两部会同办理之。

第十二条　依本条例颁给勋章者，其呈请程序不适用颁给勋章条例之规定。

第十三条　本条例施行细则由内政、财政两部会同拟订，呈请行政院核定公布之。

第十四条　本条例自公布日施行。

44. 省政府就发动文化劳军募捐事给反帝会的训令

（1942年10月13日）

令民众反帝联合会

为令行事。案准中央宣传部、三民主义青年团中央团部、军事委员会政治部、社会部申梗行秘电开：本年国庆纪念，除遵中央规定举行庆祝并仍推行国防科学运动外，应再发动文化劳军运动，扩大宣传，劝募现金，以充实军中文化设备，提高我军战斗情绪。实施办法另颁。特电查照，并饬属遵照。等由。准此，应由该会发动各族文化会演剧或放映电影筹募具报。此令。

45. 社会部为检送《文化设备劳军运动实施办法》
事致新疆省政府的代电

（1942年10月26日）

　　新疆省政府公鉴：查推行文化劳军运动，前经本部与中央宣传部、三民主义青年团中央团部、军事委员会政治部于三十一年九月二十三日及九月二十六日先后会衔电达查照在案。兹检送文化设备劳军运动实施办法一份，即希查照，并饬属遵办为荷。社会部。组七。酉宥。印

46. 新疆省政府为募集汇缴文化劳军捐款事给喀什区行政长的令①

（1942年11月28日）

令喀什区行政长

行政院篠二井电开：迪化，新疆省政府，偃密。查文化劳军所以鼓舞前方士气，增强国军斗志，意义至为深重，各省市政府亟应一致协助，切实普遍推行。除分电外，特电遵照。等因。奉此，查文化劳军一案应由各区县政府设治局尽量宣传，妥为募款，以自动捐助为原则，庶期慰劳前方抗战将士，增强抗敌斗志，聊尽后方国民义务。此项慰劳捐款限文到一月内办理完竣，捐款总数分报本府及反帝总会，款项交存银行汇总转解。除分行外，合行令仰该即便转饬各县政府、设治局遵照。此令。

兼主席　盛世才

---

① 此件为喀什地区档案局保存的民国档案，档案号2—10—62。

47. 和田区为演剧募集文化劳军捐款事致省政府的电

（1942年12月2日）

迪化。督办兼主席钧鉴：谨将职区动员会第二次常会决议，兹阅迪报十一月四日登载全国策动文化劳军消息，职区拟响应此项号召，并决定以和田抗日后援分会、反帝分会、各文化团体名义分别表演新旧剧歌舞，藉资筹款劳军。惟和区文化落后，每张剧票仅能售价二角。去了应纳卫生捐及灯光费杂项之用，即无余款，为此，拟请饬省财厅对文化劳军售票免予缴纳卫生捐，而免困难。如蒙俯准，令饬各县办理。谨请电示祗遵。职李维芳、吴克仁。亥冬。秘印

48. 督办公署就军事机关、部队举办文化劳军运动事给省政府的咨

(1942年12月14日)

为咨复事。案准省民字第一六八七号咨文略开：奉行政院电开，文化劳军为鼓舞士气，增强国军斗志意义，应一致协助，普遍推行一案。除饬各行政机关遵照办理外，关于军事各机关部队可否发动。等由。除饬各军事机关部队遵照办理外，相应咨请查照为荷。此咨新疆省政府。

督办　盛世才

49. 焉耆区为文化劳军捐款募集经过事致省政府的
代电及省政府的指令、训令

（1942年12月15日）

迪化。省政府兼主席盛钧鉴：窃职阅到十月十八日报载，反帝总会发起文化劳军劝捐并宣传纲要一段，自应根据进行举办。职遂于十二月五日在焉耆市组织募捐筹委会，开文化劳军募款义举，其办法采取演剧及放映电影募款方式，拟售票一万张，每张价洋一元。计演剧十二天，电影四天，已于十二月十五日开始进行。旋奉钧府民字第一六五八号训令略开，文化劳军为鼓舞士气斗志，一致协助，普遍推行，饬即遵照。等因。奉此，除分行各县、局遵办外，职拟另行新的方式，着由筹委会继续发动各区村、游牧地方游牧民众仍以放映电影售票募捐，务使自动解囊慨捐，以表后方人民关怀前方将士之苦衷。一俟先后办理成绩如何，容候另案呈报。理合先将办理经过情形电请鉴核备案施行。焉耆区代理行政长蒋啸洲、副行政长沈英俊、杨德克。十二月十五日。行印

令焉耆区行政长公署
代电悉。准予备查。并候行反帝总会知照。此令。

令反帝总会
案据焉耆行政长公署代电称：迪化。云云。请鉴核。等情。据此，除指令，准予备查外，合行令仰该会即便知照。此令。

（1942 年 12 月 28 日）

50. 塔城区为是否继续进行文化劳军募捐事致省政府的呈

（1942年12月17日）

呈。为呈报事。案奉钧府本年十一月廿六日一六五八号训令，文化劳军运动应一致协助，普遍推行。等因。奉此，遵即令行职区行署各县、局并由塔城区教育局会同反帝会、妇协四分会广为宣传，以自动捐助为原则，普遍推行在案。近来塔城各文化会为了响应具有伟大意义，鼓舞前方浴血抗战将士斗志之文化劳军运动，纷纷自动准备出演新旧剧者。又有各机关、法团公务人员以个人的经济力量捐助者，同时市民自动把文劳捐款送交各文化会者，情绪热烈，有如潮涌。基于以上种种现象观察，塔区文化劳军运动定能得到圆满效果。正在积极和顺利进行之际，塔区哈柯文化会送阅迪化哈柯文化总会致该会一封通令，嘱将外区文化劳军运动暂行停止，究竟内情如何无法明了。塔区文化劳军运动是否继续进行，抑或听候反帝总会通知之处，职未便草率。理合将迪化哈柯文化总会致塔区哈柯文化会通令一件照译，备文附送钧府鉴核指示，俾便遵循。谨呈新疆省政府兼主席盛【世】【才】。

代理塔城区行政长　安文惠

51. 焉耆区为文化劳军捐款事致省政府的代电及省政府的指令

（1943年1月3日）

迪化。督办兼主席盛钧鉴，反帝总会勋鉴：查焉区第一次文劳募捐各情形业经电报在案。所有第二次文劳捐款情形自奉令后，即由职召集前委员会议，议决进行方式、办法，惟在各机关、法团、学校踊跃热烈输捐之下，共募得大洋七千零七十九元九角四分。前后两次共募集一万七千零七十九元九角四分。除汇费洋八十四元九角六分，电费洋七元五角外，兹由焉银行净汇去大洋一万六千九百八十七元五角。至第三次文劳工作正在积极筹备进行中，成绩如何，随时报夺，谨乞备查，并希反帝总会查照收款见复为荷。焉耆区代理行政长蒋啸洲。一月三日。行印

1.	财政局	支票	555.00
2.	县政府	现款	305.00
3.	司法处	现款	150.00
4.	教育局	现款	73.00
5.	医院	支票	139.00
6.	邮局	现款	40.00
7.	银行	现款	132.00
8.	电台	现款	33.00
9.	农牧局	现款	98.00
10.	汽车站	现款	10.00
11.	工商会	现款	50.00
12.	各文化会	现款	900.00
13.	土产公司	现款	390.50
14.	公安局	支票	1606.00
15.	蒙文会	现款	1428.00
16.	监狱	现款	427.00
17.	街长办事处	现款	50.00
18.	救济院	现款	50.00

19. 行署	现款	254.44
20. 俱乐部	现款	15.00
21. 县立各校	支票	273.00
22. 和新公司	现款	101.00
合计		7079.94

令焉耆区行政长公署

代电及附件均悉。准予备查。附件存。此令。

（1943 年 2 月 16 日）

52. 省政府就文化劳军运动结束时间事给各县政府的代电

（1943年1月3日）

迪化、奇台、鄯善、昌吉、绥来、孚远、乾德、阜康、吐鲁番、呼图壁、木垒河、托克逊各县政府均鉴：查文化劳军募捐，前经通令遵照规定办法进行在案。兹为依照规定如期结束计，务须于二月五日以前依限完成。除分电外，仰各遵照。兼主席盛【世】【才】。子江。秘三印

53.哈密区为组织成立文化劳军委员会并开展募捐
工作事致省政府的代电及省政府的指令

（1943年1月8日）

迪化。督办兼主席、反帝总会钧鉴：查前奉钧府民字第一六五八号训令为普遍推行文化劳军募捐，增强抗战将士斗志一案，当经分行遵办，并热烈进行在案。查哈密截止现在，共募就成数者大洋二千七百六十四元五角。正在进行间，又奉钧座子微二电，奉悉。除当即分行遵办外，并在哈密于一月七日组织成立文化劳军委员会，并以哈密县长吕春浦、教育局长赵际畯、工商会长李子秀为正、副委员长，下设总务、宣传、经募三股，以各机关、法团、学校首长及阿訇等均为当然委员。其进行工作：（一）宣传与经募合并组织宣传队，同时进行宣募。（二）并于竹马日分赴各寺坊作文化劳军报告。（三）乡村宣募分为四队，分别在本月十日以前出发，所需旅膳费由其本机关自行担任。（四）为了工作进行顺利计，决定于每十日开检讨会一次，并遵照电令指示期限，努力完成工作。奉电前因。理合将办理情形谨电奉闻，祈请鉴核备查施行。哈密文化劳军委员会委员长吕春浦、副委员长赵际畯、李子秀。一月八日。叩

令哈密行政长公署

代电悉。准予备查。仰即知照。此令。

（1943年1月19日）

54. 塔城区为二次发动文化劳军募捐事致省政府的呈

（1943年1月23日）

呈。为密呈事。前奉钧府民国三十一年十一月二十八日民字第一六五八民训令，饬将文化劳军运动应一致协助，普遍推行。等因。奉此，遵即令行职区所属各县、局，并由塔城反帝七分会会同塔城区教育局、妇协第四分会广为宣传，向民众解释文化劳军伟大意义，以自动乐捐为原则，普遍推行在案。塔城各文化会为了热烈响应具有伟大意义、鼓舞前方浴血抗战的千百万民族英雄斗志之文化劳军运动，纷纷自动准备出演新旧剧者，又有各机关、法团、学校公务人员、教职员、小学生以个人的经济力量自动输捐者，同时市民自动把文劳捐款送交各文化会者，有如潮涌。文劳运动由塔城区展开日起，截至民国三十一年十二月底止，共募得文劳捐款大洋一万五千一百余元（仅塔城、额敏、乌苏三县）。惟文化劳军运动塔区正在积极和顺利进行之际，而职区哈柯文化会送阅迪化哈柯文化总会致该会一封通令，嘱将外区文化劳军运动暂行停止一文，致将该会业已准备之新剧奉令停止，同时深入游牧宣传工作亦随之停顿。职为慎重起见，遵照政府命令，一方面令饬该会先行在城市演剧募捐，游牧暂缓。一面呈请核示去后。旋奉钧座亥艳秘三电，饬文劳捐款应遵照本府民字第一六五八号训令所示办法办理。等因。奉此，遵即照旧进行。嗣又叠奉钧座子微秘印及子未秘三两电，饬令全疆加速完成文劳工作，以各式各样劝募方法加紧热烈进行。遵即令行职区所属各县、局从速进行去后。近来塔城文劳运动在二次发动之后，异常活跃，民众特别兴奋，自动输捐者空前未有，由此观察，塔区文劳定有收获圆满之成果。最近概略统计，全区约有六万余元之数。惟查塔、额、和丰、裕民各县、局，哈族同胞居占多数，他们已往对政府某一项号召特别拥护，尤其对祖国抗战关怀甚切，塔区哈柯文化会奉到迪化哈柯文化总会外区文劳暂行停止命令后，不但未能进行深入游牧宣传工作，而且减低了哈族同胞文劳捐款之热忱，颇怀猜疑，以致稍有耽延时日。但该会通令全疆各区哈柯文化分会，嘱将外区文劳运动暂行停止，究竟其内情如何，抑或系翻译错误，无法明了。若不查明其意之所在，不但影响此次文化运动之顺利进行，而且能影响民众对祖国抗战之热忱。兹为慎重起见，理合具文钧座鉴核查明示遵施行。谨呈新疆省政府兼主席盛【世】【才】。

代理塔区行政长　安文惠

55. 喀什区为文化劳军捐款事致省政府的电及
省政府的指令

（1943年1月27日）

迪化。兼主席钧鉴，转反帝总会鉴：查去岁亥月迥日奉令捐助文化劳军，当即令行各县、局遵照办理，迳在案。兹由职发动喀区各机关、法团自动捐助大洋共计501985分。除款交喀分银行汇总转解外，其余各县、局所募集款目一俟呈报到齐，另电奉闻。谨电备查。职龚丕烈。子感。叩

令喀什区行政长公署
电悉。准予备查。此令。

（1943年1月29日）

56. 和田区为各县收到文化劳军捐款数目事给督办公署等的电及省政府的指令

（1943年2月2日）

迪化。督办兼主席钧鉴，反帝总会、新疆日报社勋鉴：查职区自奉令发动文化劳军运动以来，热烈响应，宣传劝捐，并将劝集情形列下：（1）本市各机关、法团、学校、阿訇、民众、商人等捐【27006】元①；（2）于田县城市捐【1013】元，乡村正在劝募中；（3）墨玉县捐【5348】元，已结束；（4）叶城捐【1310】元，已结束，款直解总会；（5）洛浦、皮山、策勒三县劝捐款数尚未报到，决不能落于他县之后，俟募集成数报来，即随时电报；（6）现共收到文化劳军款【33368】元。谨电报备查。职李维芳、吴克仁。丑冬。秘印

令和田区行政长公署
电悉。准予备查。此令。

（1943 年 2 月 8 日）

---

① 币种不祥，似应为大洋。——本书编者注。

57. 财政厅为阿克苏财政局转解文化劳军捐款事
致省政府的呈

（1943年2月13日）

为呈报事。前奉钧府训令，饬转所属响应文化劳军捐款报查，等因一案。兹令据阿克苏财政局电报该局共捐得前项捐款洋①三百一十五元，已交当地教局转解矣。等情。据此，除指令外，理合具文报请鉴核备查施行。谨呈新疆省政府兼主席盛【世】【才】。

厅　长　彭吉元

副厅长　乌云珠

陈玉章

令财政厅

呈悉。准予备查。此令。

（1943年2月17日）

---

① 洋，即大洋。——本书编者注。

58. 省政府就转解文化劳军捐款事给哈密区等的代电

（1943年2月22日）

迪化。反帝总会、哈密区行政长公署钧鉴：哈密区行署丑皓电悉。据报该区劝募文劳捐款大洋一万八千一百元，已交哈分银行汇解迪化总行验收。等情。准予备查。仰各知照。兼主席盛【世】【才】。丑养。秘三印

59. 省政府为汇缴文化劳军捐款事致全国慰劳
总会文化劳军运动委员会的电

（1943年2月）

重庆。全国慰劳总会文化劳军运动委员会勋鉴：查本省文化劳军募捐款项因辖地辽阔，普遍举行势难于贵会规定期限完成。兹将截至本日止实在交存银行捐款新币二十万元，折合国币一百万元，先行汇去，请即查收备用。其余捐款俟完全结束，另案汇拨。特复查照。新疆省政府。丑。秘三印

60. 财政厅为伊犁区财政局文化劳军捐款事致省政府的呈

（1943年3月1日）

为呈报事。案奉钧府训令，饬转所属响应文化劳军捐款一案。兹令据伊犁区财政局呈报该局共募大洋一千一百九十八元六角七分，已如数报缴伊犁区行政长公署汇解。等情。据此，除指令外，理合具文呈请鉴核备查施行。谨呈新疆省政府兼主席盛【世】【才】。

厅　　长　彭吉元

副厅长　陈玉章

周崇勋

61. 省政府就伊犁财政局文化劳军捐款事给财政厅等的代电

（1943年3月3日）

迪化。反帝总会、财政厅均鉴：该厅三月一日呈悉。据转报伊犁财政局共募集文化劳军大洋一千一百九十八元六角七分，已如数解缴伊犁行署汇转，祈鉴核。等情。准予备查。仰各知照。兼主席盛【世】【才】。寅冬。秘三印

62. 省政府就汇解文化劳军捐款事给哈密区等的代电

（1943年3月27日）

迪化。反帝总会、哈密区行政长公署均鉴：该署三月九日代电悉。据报文劳募捐共大洋二千一百一十六元六毛一分，已如数汇解迪化反帝总会查收，祈鉴核。等情。准予备查。仰各知照。兼主席盛【世】【才】。寅感。秘三印

63. 省政府就和田区财政局文化劳军捐款事给财政厅等的代电

（1943年3月30日）

迪化。反帝总会、财政厅钧鉴：财政厅三月廿七日呈悉。据报和田区财政局文劳募捐大洋八百元，已交和田行署汇缴，至各税局捐款亦均报解该署转解，请鉴核。等情。准予备查。仰各知照。兼主席盛【世】【才】。寅陷。秘三印

64. 全国慰劳总会为拟订《鞋袜劳军运动实施办法》事给新疆省政府的代电

（1943年4月26日）

迪化。新疆省政府公鉴：案奉委座三十一年十二月十六日机密（甲）（7367）号手令开，慰劳总会应即发起全国冬季劳军运动，并由各地党政机关竭力协助推进，其办法即照福建办法，提倡每甲出布鞋、布袜各一双，希即拟具集中与分配办法，从速实施为要。等因。复准政治部勤二巴（0675）号及丑元勤渝（三二）号两代电，略以文化劳军运动尚未结束，似不宜于同时期内举办全国性之冬季劳军运动。经签奉委座核准，于二月五日以后发动，并改为鞋袜劳军运动，嘱查照办理。等由。经拟订鞋袜劳军运动实施办法，报请核定。其要点为：（1）日期——自四月十日起至六月底止。（2）组织——由各省、市慰劳会办理，在慰劳分会未成立前由省、市政府（社会处、社会局）约集省、市党部、青年团支团部、驻军最高政治部等有关机关团体组织鞋袜劳军运动委员会办理之。（3）数量——每甲至少捐献布鞋、布袜各一双。（4）质料与式样——均用黑色坚厚布料，鞋式用圆口长脚有带式，袜用高统式。（5）集中与分配——各甲将鞋袜送交乡镇公所汇转县政府保管，由县政府电请省劳军会会商军需局，以每人布鞋一双、布袜一双分配之。（6）代金之保管与动支——运输不便之地区得呈请省慰劳会按布鞋每双卅八元①、布袜每双廿元折算代金缴解国库，动用时由本会编造概算，说明用途，函请财政部转呈行政院核定后，通知国库拨付，交由军需署代制鞋袜，并予分配。（7）宣传与竞赛——规定四月为扩大宣传月，五月为竞赛月。（8）经费——所需经费由参加单位共同负担，其详细办法除另邮寄奉外，谨先电达，敬希查照，迅予发动，并将办理情形电复为荷。全国慰劳总会代会长谷正纲叩。秘之代。卯寝。

---

① 币种不详，似应为大洋。——本书编者注。

65. 和田区为收到各县妇女献机捐款事致督办公署等的电

（1943年5月5日）

　　迪化。督办兼主席钧鉴，妇协总会、新疆日报社勋鉴：查职区遵令发动献机运动以来，宣传方式颇获得各族各界妇女同胞热烈响应，自动捐助。兹将各县募捐数字列下：1. 和田县 465155 分①；2. 墨玉县 3681130 分，3. 洛浦县 261478 分；4. 策勒县 19500 分；5. 皮山县 241910 分；6. 于田县 297280 分。共捐大洋 1832335 分，共超过原分配数 54335 分。除开付电价汇水外，计由和银行电兑大洋 1801568 分。请总会查收汇转给据。谨电报查。职李维芳、吴克仁。辰微。秘印

---

① 币种不详，似应为大洋，下同。——本书编者注。

66. 全国慰劳总会为鞋袜劳军运动开展时间事给督办公署等的电

（1943年5月13日）

迪化。督办公署转新疆省政府、新疆省党部公鉴：原密。查本会奉命举办全国鞋袜劳军运动，业经本会电请于四月一日发动，六月底结束在案。兹为配合七·七抗战六周年纪念及扩大征募起见，该项运动改自六月一日起，六月三十止，于七·七纪念日集中呈献，以示热烈。除分电外，特电查照，转饬所属积极推行，并请将办理情形随时赐复为荷。全国慰劳总会会长陈诚、副会长谷正纲、马超俊、郭沫若同叩。渝。辰7680。元代印

67. 省政府为开展鞋袜劳军运动事给财政厅等的代电

（1943年5月14日）

迪化。财政厅、教育厅转各文化团体、工商总会、迪化、乾德、昌吉、绥来、呼图壁、阜康、孚远、奇台、木垒河、吐鲁番、鄯善、托克逊各县政府钧鉴：准全国慰劳总会，云云。兹按实有户数分配数量如下：迪化市鞋袜各694双，迪化县各541双，乾德各229双，昌吉各356双，绥来各520双，呼图壁各338双，阜康各210双，孚远各422双，奇台各651双，木垒河各220双，吐鲁番各976双，鄯善各767双，托克逊各349双。仰于电到日依照上开办法要点一律遵照妥速办理。如六月底不能完结，准延至七月底为止，不准延此限外。募得代金随时缴纳当地银行或财税局转解财厅，以凭转解国库。除通电各区一体遵办外，并仰将劝募情形及成数随时报查为要。兼主席盛【世】【才】。辰寒。秘民印

68. 省政府为开展鞋袜劳军运动事致省督办公署的咨

（1943年5月14日）

案准全国慰劳总会代会长谷正纲秘元代卯寝代电开：案奉委座三十一年，云云。电复为荷。等因。准此，又准渝辰7086元代电，事同前因，除饬属遵照广为劝募并电复外，相应咨请督署查照为荷。此咨新疆边防督办公署。

69. 省政府为开展鞋袜劳军运动事给伊犁区等的电

(1943年5月17日)

伊犁、塔城、阿山、哈密、焉耆、阿克苏、喀什、和田、莎车各区行政长，并转各县、局长钧鉴：准全国慰劳总会卯寝代电略开，奉委座手令，全国性之冬季劳军运动改为鞋袜劳军运动，实施办法要点如下：（1）日期，自四月十日起至六月底止；（2）有关机关、团体、组织、鞋袜运动委员会办理之；（3）每甲（十家）至少捐献布鞋、布袜各一双，缴纳代金按原定国币折算，布鞋每双新币七元六角，布袜每双四元，请迅予发动。等因。准此，查新疆民众远处后方，未能参加前线抗战，对前方英勇作战浴血杀敌之将士贡献区区之布鞋、布袜自属应表热忱，尤属应尽义务。我全疆士民亟应热烈响应，由各区行政长督导所属各县扩大宣传，广为劝募。因运输不便，一律募缴代金。虽按上开每甲应捐献最低数目分配，尤赖全疆士庶各尽所能，输诚贡献，多多益善，藉以表达热忱。兹按实有户数分配数量如下：伊犁区鞋袜各7490双，塔城区各3032双，阿山区各971双，哈密区各881双，焉耆区各2339双，阿克苏区各10498双，喀什区各21596双，和田区各15194双，莎车区各12925双。仰于电到之日依照上开办法要点，转饬各县一体遵照，妥速办理。如六月底不能完结，准延至七月底为止，不准延此限外。募得代金随时缴纳当地银行或财税局转解财厅，以凭缴解国库。除发动迪市各机关、法团一律照办外，并仰将所属各县、局劝募情形及成数随时报查为要。兼主席盛【世】【才】。辰筱。秘民印

70. 全国慰劳总会为调整鞋袜劳军代金标准事给
新疆省政府的电

（1943年5月20日）

迪化。新疆省政府公鉴：原密。奉委座交办全国鞋袜劳军运动，业经电请办理在案。兹以物价高涨，原定鞋袜代金不敷制造，已改增为鞋每双【65】元①，袜每双【35】元②。前、后方征募竞赛自六月起，至七·七呈献。谨特电达查照办理为祷。全国慰劳总会会长陈诚、代会长谷正纲。渝秘。辰哿。元代印

---

① ②币种不详，似应为大洋。——本书编者注。

71. 省政府就全国慰劳总会调整鞋袜劳军代金标准事给伊犁区等的电

（1943年5月29日）

伊犁、塔城、阿山、哈密、焉耆、阿克苏、喀什、和田、莎车各行政长并转各县、局长钧鉴：查关于鞋袜劳军运动一案，前经辰筱秘民电饬遵办在案。兹准全国慰劳总会电，以物价高涨，原定鞋袜代金不敷购制，已改增为鞋每双65元①，袜每双35元②，请查照办理。等因。查鞋每双65元，折新币13元，袜每双35元，折新币7元，特电遵照。兼主席盛【世】【才】。辰艳。秘民印

---

① ② 币种不详，似应为大洋。——本书编者注。

72. 省政府就按期电报鞋袜劳军捐款事给财政厅等的代电

（1943年6月8日）

迪化。财政厅、教育厅转各文化团体、工商总会、迪化、乾德、昌吉、绥来、呼图壁、阜康、孚远、奇台、本垒河、吐鲁番、鄯善、托克逊各县政府钧鉴：查关于鞋袜劳军运动云前。等因。各该机关法团募集前项代金务于六月三十日以前将募集总数先行电报，以凭汇报，勿稍延误为要。兼主席盛【世】【才】。己齐。秘民印

73. 省政府就按期电报鞋袜劳军捐款事给伊犁区等的电

（1943年6月11日）

伊犁、塔城、阿山、哈密、焉耆、阿克苏、喀什、和田、莎车各区行政长并转各县、局长钧鉴：查关于鞋袜劳军运动曾经辰筱秘民、辰艳秘民两电饬遵有案。兹准全国慰劳总会电，前项运动改自六月一日起，三十日止，于七·七纪念日集中呈献，以示热烈。等因。各该区、县募集前项代金务于六月三十日以前将募集总数先行电报，以凭汇报，勿稍延误为要。兼主席盛【世】【才】。巳真。秘民印

74. 喀什区为所属各县汇解鞋袜劳军捐款数目事致省政府的电

（1943年6月28日）

　　迪化。兼主席钧鉴：已迴秘机电奉悉。兹将分配职区各县数额、募得成数、超出若干分别列下：1. 职区奉电共分配鞋、袜各 21596 双，共合代金价洋①431920 元；2. 疏附分配鞋袜 4310 双，各代价洋 86200 元，实募洋如上数。疏勒县 3880 双，合 77600 元，实募洋 80680 元，超出洋 3080 元。伽师各 3000 双，合洋 6000 元，实募如上数。英吉沙县各 3000 双，合洋 6000 元，实募如上数。岳普湖县 688 双，合洋 13760 元，实募洋 19800 元，超出洋 6040 元。蒲犁县各 334 双，合洋 6680 元，实募如上数。乌恰县各 474 双，合洋 9480 元，实募洋 9660 元，超出洋 180 元。阿图什各 1700 双，合洋 34000 元，实募如上数。喀什区本市 2745 双，合洋 54900 元，实募洋 60280 元，超出洋 5380 元。巴楚县各 1465 双，合洋 29300 元。查各县尚未报解前来，俟一、二日解到，另行呈缴；3. 以上实募得 22330 双，合代价洋 446600 元，实超出鞋袜 734 双，合代价洋 14680 元；4. 现实募得洋 446600 元，价除巴楚县洋 29300 元尚未解到外，实应解洋 417300 元。又除莎银行代电汇交总行转解洋 263300 元外，下余洋 154000 元，交由喀分银行电汇。内除汇水电费洋 153460 角，实汇洋 1524654 角。谨请查收转解电示。职龚丕烈。已俭。内印

---

① 洋，即大洋，下同。——本书编者注。

75. 喀什区为汇缴鞋袜劳军捐款事致省政府的电

（1943年6月30日）

急。迪化。兼主席钧鉴：查职区奉令募集鞋袜劳军款项，业将募得成数，于俭日电呈并将款项汇解在案。惟内有巴楚县未将募集款项解缴本署，现限期已到。该县距喀遥远，又无电报，催解不及。除令行火速解缴外，查该县共分配鞋袜各1465双，合代价洋①29300元，内扣电汇汇费洋303元，实应解缴洋28997元，请饬财政厅暂行垫借汇解，免误限期。一俟一二日内该县将上项款项解到时，即行电汇归垫。谨电核示。职龚丕烈。巳卅。内印

---

① 洋，即大洋，下同。——本书编者注。

76. 伊犁区为收到所属各县鞋袜劳军捐款数目事
致省政府的电

（1943年6月30日）

迪化。兼主席盛钧鉴，财政厅长彭勋鉴：查伊区鞋袜劳军自奉令发动以来，经各县、局热烈响应，业已如期完成，共募 152900 元①。计霍城 8000，巩留13600，精河 5000，博乐 7400，昭苏 9500，巩哈 1600，新源 9500。以上七县款已交当地银行办事处或税局转解。此外，伊宁市 26000，伊宁县 14000，温泉6400，绥定 13000，特克斯县 14000，河南 10500 等六处款另寄及详情另报外，特先电闻。第二区行政督察专员徐伯达。已陷。教印

---

① 币种不详，似应为大洋，下同。——本书编者注。

77. 哈密区为鞋袜劳军捐款数目等事致省政府的电

（1943年6月30日）

迪化。兼主席盛钧鉴：已真、迥两电奉悉。查原分配哈区劳军鞋袜各881双，当即分配哈密各481双，镇西各250双，伊吾各150双，业经呈报在案。除镇西、伊吾尚未报到外，哈密现已募集鞋袜各七百余双，计新币洋一万四千余元，款已收到半数。除分别电饬如限催交外，谨电备查。职孔庆瑞。已卅。印

78.塔城区为分配各县鞋袜劳军捐款数额事致省政府的呈

(1943年6月)

案奉钧府辰筱秘民电,饬发动鞋袜劳军运动一案,遵即按照分配数量计鞋袜各三千零三十二双,依照各县、局实际情形分配数字如下:1.塔城县鞋袜各一千双;2.额敏县各一千双;3.乌苏县各四百五十双;4.沙湾县各三百双;5.裕民设治局各二百双;6.和丰各一百双,以上共计三千零九十五双。除饬各县、局从速进行,以期早日完成外,理合呈报钧府鉴核备查。谨呈新疆省政府兼主席盛【世】【才】。

代塔城区行政长　安文惠

79. 阿山区为汇解鞋袜劳军捐款等事致省政府的电

(1943年7月14日)

迪化。查鞋袜劳军募款前经电报在案。截止本日业已蒇事，共募洋 29806.70 元①，按原分配超过洋 10386.70 元。惟上项捐款尚未缴齐，职署已催饬随缴随解。除由阿银行两次电汇洋 18624.70 元（电汇费在内）外，至募集详数另案表呈。谨电核示。阿山。午寒。行印

---

① 币种不详，似应为大洋，下同。——本书编者注。

80. 行政院就鞋袜劳军捐款事给新疆省政府的嘉勉电

（1943年7月16日）

迪化。盛主席午微秘机电悉。该省各界鞋袜劳军募集巨款，足征热心爱国，尤见领导有方。特电嘉勉。行政院。元二印

81. 阿克苏募集鞋袜运动款数报告表[①]

（1943年7月22日）

县　别	总分数 （双）	分配各县 数（双）	鞋袜单价	折合大洋 （元）	超募折洋 （元）	实募总数 （元）
	10498					
库　车		1900	3800000			3800000
阿克苏		1600	3200000			3200000
乌　什		1680	3360000		30000	3390000
温　宿		1725	3450000			3450000
沙　雅		819	1638000		360210	1998210
新　和		733	1466000		944240	2410240
拜　城		862	1724000		120000	1844000
阿瓦提		646	1292000		48000	1340000
柯　坪		345	690000			690000
阿克奇		258	516000		4000	520000
合　计		10568	21136000		1506450	22642450

令第四区行政督察专员公署

　　呈、表均悉。应准记档。惟据阿克苏县呈报共募洋三万三千六百四十七元七角，来表列为三万二千元，又柯坪县呈报募洋七千元，来表列为六千九百元，显系未将超募数字加入，以致总数不符。应即查明更正，以免两歧，并仰转饬速将汇票及汇费收据呈赍，以凭汇办。此令。表存查。

兼主席　盛【世】【才】

（1943年8月16日）

---

① 以下表和所附说明中，货币币种不详，似应为大洋。——本书编者注。

82. 阿克苏区为鞋袜劳军捐款统计表事致省政府的呈

（1943年7月26日）

　　案奉钧府辰筱秘民电，分配阿克苏区鞋袜劳军运动之鞋袜一万零四百九十八双。等因。遵即依照本区各县、局人口与经济状况，平允［均］分配，募收去后。兹据先、后报到，业已汇解在案。等情。理合缮具鞋袜募款报告表二份，备文呈赍鉴核备查。谨呈新疆省政府兼主席盛【世】【才】。附呈表一份。

第四区行政督察专员　丁宝珍

83. 哈密区为组织献机运动筹委分会并开展募捐活动
事致省政府的代电及省政府的指令

（1943年7月27日）

迪化。兼主席钧鉴，新疆各界庆祝空军节暨扩大献机运动大会筹备委员会勋鉴：奉钧座午迥秘民及筹备委员会午养两电，为在"八·一四"空军节扩大献机运动办法及分配现金数目，饬遵办一案。等因。奉此，遵于本月六日召集各机关、法团、学校首长并阿訇、声望人士等开会，讨论按照分配哈区献机半架，计新币洋五万元数字，按照各县人口、经济状况分配，计哈密三万二千元，镇西县一万五千元，伊吾县三千元，分别令行各县研究妥善办法遵照电示如期完成报解外，并在哈密组织成立献机运动筹备委员分会，公推瑞为分会主任委员，会以下设总务、宣传、经幕三股，以昌县长春浦为总务股长，教育局副局长杨文彬、财政局长祈世昌为宣传股正、副股长，工商会长李子秀为经幕股长，以三族文化主任委员为干事，并以各机关、法团首长、学校校长，阿訇等均为当然委员。一、开始宣幕日期俟宣传大纲奉到后即行宣传；二、宣传方法先作街头宣传三天，并准备新旧剧及歌舞等，六天售票均为献机募捐；三、乡村先由城市开始，后宣传经幕，并分组派员下乡分队，同时进行，并作广泛宣传，使人民乐捐，并按照当地实际情形实行劝捐，不再设献金台。等因。通过记录在案。除将办理情形随时呈报外，奉电前因，理合电请鉴核备查，并请筹备委员会查照。新疆省第九区行政督察专员孔庆瑞。七月二十七日。乙印

令第九区行政督查专员公署
代电悉。准予备查。此令。

兼主席　盛【世】【才】

（1943年8月11日）

84. 全国慰劳总会为新疆民众积极为鞋袜劳军运动捐献事致新疆省政府的代电

（1943年7月29日）

新疆省政府盛主席晋庸兄勋鉴：午微电敬悉。此次鞋袜劳军，贵省各族各界在吾兄领导之下，热忱捐献，成绩卓著，至深钦佩。除电呈委座察核外，特电复，请查照。全国慰劳抗战将士委员会总会会长陈诚、代会长谷正纲。删秘。午艳。

85. 伊犁区为鞋袜劳军捐款事致省政府等的代电及省政府的指令

（1943年7月31日）

迪化。兼主席盛钧鉴，财政厅长彭勋鉴：查伊区鞋袜劳军数字原分配为鞋袜各七千四百九十双，折合代价洋①十四万九千八百元。奉令后即按照各县情形，妥为分配劝募，经各县、局长之积极发动，广泛宣传，各工作人员之努力，以及民众之踊跃输将，幸已如期完成。共募洋一十五万二千九百元，超过原规定三千一百元。业经巳陷电报，并奉午冬秘民代电，仰将汇款收据赍府，以凭汇办。等因。各在案。所有款项除伊宁、绥定、河南三县，共募洋六万三千五百元，由职署汇解。经午冬、午迴两次由商业银行电汇外，其余各县均直接交当地税局或银行办事处转缴矣。再，查伊市劝募工作自六月十五日开始，由街市处遵照每十家捐助鞋袜各一双之指示进行。工商会发动工商界同胞随意捐助，教育局领导各文化会、各学校举行话剧比赛，一方面促进民族文化，加强抗战意识和提高戏剧艺术水平，另方面即以售票所得捐作鞋袜代金。因宣传之深入普遍，民众热烈响应，方式之灵活运用，十日中即募足二万六千元。各县之劝募工作霍城首先提前完成，巩留继之，次为博乐、河南、精河，其余各县均于六月底募齐。所有鞋袜劳军工作现已全部结束。奉令前因，除电饬各县将汇款收据赍署转报，并分电财厅查照外，谨将宣募情形并连同汇款收据二张、募款表一份，电请鉴核备查。第二区行政督察专员徐伯达。七月卅一日。教印

第二区各县局鞋袜劳军数字分配表

序号	县　名	分配数	实募数	超募数	完成日期	转解情况	附
1	伊宁县	1400000	1400000		6月30日	行署转解	
2	绥定县	1300000	1300000		6月30日	同上	
3	霍城县	800000	800000		6月19日	交当地税局	
4	伊宁市	2600000	2600000		6月25日	行署转解	
5	博乐县	740000	740000		6月29日	交当地税局	

---

① 洋，即大洋。——本书编者注。

序号	县　名	分配数	实募数	超募数	完成日期	转解情况	附
6	精河县	500000	500000		6月27日	交当地税局	
7	河南县	1050000	1050000		6月26日	行署转解	
8	特克斯	1400000	1400000		6月30日	交当地税局	
9	巩留县	1250000	1360000	110000	6月21日	交当地银行办事处	
10	巩哈县	1400000	1600000	200000	6月30日	交税局	
11	昭苏县	950000	950000		6月30日	交税局	
12	新源县	950000	950000		6月30日	交税局	
13	温泉县	640000	640000		6月30日	交税局	
	合　计	14980000	15290000	310000			

令第二区行政督察专员公署

代电暨附件均悉。应准将电汇收据发交银行列收归垫。此令。

兼主席　盛【世】【才】

（1943年8月16日）

86. 省政府为汇拨鞋袜劳军捐款事致财政部的电

（1943年8月10日）

重庆。财政部孔部长庸之兄勋鉴：密。贵部渝国陆 5112 0731 电敬悉。查新省鞋袜劳军共募国币八百二十三万二千一百五十元。兹由兰州中央分行如数汇拨贵部，至祈查收给据，并电复为荷。弟盛【世】【才】。末灰。财秘印

87. 省政府为汇拨鞋袜劳军捐款事致兰州中央分银行的电

（1943年8月11日）

兰州。中央分银行勋鉴：密。请由本省府存款项下汇拨重庆财政部鞋袜劳军募款国币八百二十三万二千一百五十元。请查照办理，并复为荷。新疆省政府。未真。秘印

88. 哈密区为鞋袜劳军捐款事致省政府的代电

（1943年8月14日）

迪化。兼主席钧鉴：未灰秘、民机两电奉悉。查原分配哈区劳军鞋袜各 881 双，计洋① 17620 元，已募得鞋袜各 1100 双，计洋 22000 元，业于午俭日如数由哈密分银行电解迪总行讫，并午俭电请饬收结束在案。奉电前因，理合电请鉴核备查施行。代新疆省第九区行政督察专员孔庆瑞。八月十四日。乙印

---

① 洋，即大洋。——本书编者注。

89. 兰州中央分银行就收到鞋袜劳军捐款事给
新疆省政府的函

（1943年8月16日）

准贵府未秘电嘱汇拨重庆财政部鞋袜募款国币八百二十三万二千一百五十元，见复。等由。业于八月十三日转汇款付尊册并电告在案。查上项转汇款除汇费免收外，计电费国币七十二元。又电告上款已照汇计电费国币九十九元。以上电费两笔均已照登尊帐。相应检附汇款便条一纸、电费水单二纸函送，即希查照，分别登帐为荷。此致新疆省政府。

中央银行兰州分行

90. 财政部就收到新疆省鞋袜劳军捐款事给省政府的电

（1943年8月21日）

盛主席晋庸兄勋鉴：未灰秘财电奉悉。贵省鞋袜劳军款国币【八百二十三万二千一百五十】元，业由央行汇到。除借据另寄外，特复察照。弟孔祥熙。渝国陆（5858）（0824）印

91. 省政府就和田区所属五县鞋袜劳军捐款事给该区等的代电

（1943年9月17日）

和田行政督察专员公署、和田、墨玉、洛浦、策勒、于田各县政府钧鉴：该署八月十一日呈既附件均悉。据报和田县募集鞋袜劳军代金洋五万七千一百八十六元七角七分，墨玉县募洋五万八千八百零八元五角，洛浦县募洋五万五千一百七十八元三角二分，策勒县募洋四万零四百二十三元，于田县募洋五万四千七百元，以上五县共募新币洋二十六万六千二百九十六元五角九分。内除电汇费洋三千九百五十五元一角二分外，实缴洋二十六万二千三百四十一元四角七分。附汇据二张，祈核收。等情。应准将上项汇据发交银行列收归垫，仰各知照。特复。兼主席盛【世】【才】。申筱。秘民印

92. 阿山区为汇缴鞋袜劳军捐款等事致省政府的代电及省政府的指令

（1943年10月15日）

迪化。兼主席钧鉴：查职区应募鞋袜劳军捐款总数前经电报并将捐款陆续汇解在案。嗣以迭奉令，饬将电汇收据赍核，以资汇解。等因。自应遵办。惟查福海县原报认募洋①二千元，现实缴到洋六百零四元，又吉木乃县原报募洋四千一百五十三元，实缴洋三千五百元，其下余之款共洋二千零四十九元尚未缴到，总计职区共募集洋三万一千四百八十六元七角。除五次电汇洋一万九千四百三十七元七角外，尚欠缴洋二千零四十九元。查此项未缴之款系吉、福两县应缴者，因以结束在急，迭经职署令催，迄未解缴，现正催办中，一俟交到，即行电汇。兹将职署前后电汇收据五张随电附赍，敬祈查收汇办。理合电请鉴核施行。新疆省第六区行政督察专员彭吉桢、副专员加伦木汗、太平。酉删。行叩。（附呈收据五张。）

查吉木乃县欠缴之鞋袜劳军募款尾数洋六百五十三元，现已交到，兹交阿银行汇赍。至电汇收据一张，随电一并附呈。谨此呈明。

令第六区行政督察专员公署

代电暨附件均悉。应准将电汇收据发交银行列收归垫。惟该区上项募款除此次解缴外，尚欠解洋一千三百九十六元。仰即从速续解。以资结束，勿延为要。此令。

兼主席　盛【世】【才】

（1943 年 11 月 9 日）

---

① 洋，即大洋。——本书编者注。

93. 省政府就喀什区解缴所属各县鞋袜劳军捐款事给该区的指令

（1943年10月25日）

令第三区行政督察专员公署

呈、件均悉。查该区上项募款数目据报共为四十四万八千三百四十九元①，兹核来数计漏解巴楚县超募洋一千五百四十九元，应即查明补解，以符原数。除将电汇收据发交银行列收归垫外，仰即遵照。此令。

兼主席　盛【世】【才】

---

① 币种不详，似应为大洋。——本书编者注。

94. 和田区为所属各县献机捐款募集汇缴事致省政府的电

（1943年11月4日）

　　迪化。兼主席钧鉴，献机会勋鉴：劝募会西俭电敬悉。兹将各县分配数字办理情形电陈如下：1. 和田 61000 元①，于田 54000 元，皮山 51000 元，策勒 40000 元，洛浦 50000 元，墨玉 59000 元，以上系分配数。2. 和田已缴 29800 元（存银行），皮山已募 689818 角，超过原分配 179818 角，款已交叶分行解财政厅讫。除饬各县积极劝募具报外，谨特电复。职李维芳。戌支。秘印

---

① 币种不详，似应为大洋。下同。——本书编者注。

95. 塔城区为收到献机捐款数目事致省政府的电

（1943年11月5日）

迪化。省政府钧鉴，一县一机劝募委员总会、新疆日报社勋鉴：查塔区献机工作发动以来，由于负责人员之努力及各县、局民众热烈响应，按分配数字预期均能超出完成。除乌、沙两县募集数字迳行报解，和丰尚未将款缴到外，兹将截止十月底收到现款，计塔城 56000 元①、额敏 80000 元，裕民 34000 元，共计十七万元，已由塔分行兑交募委总会查收，分别登记。至汇费收据，另报总会核销。谨函。第五区行政督察专员安文惠。戌微。秘印

---

① 币种不详，似应为大洋。下同。——本书编者注。

96. 全国慰劳总会为多家大报鸣谢新疆同胞热烈响应
鞋袜劳军运动事致省政府的代电

（1943年12月22日）

　　新疆省政府盛主席晋庸兄勋鉴：本会于本年五月间奉令举办鞋袜劳军运动，各省、市均热烈响应。贵省鞋袜劳军运动在贵主席倡导之下成绩斐然，良深感佩。谨特代表抗战将士分登重庆中央日报、扫荡报、大公报、新民报等各大报鸣谢全疆同胞，用扬仁风。除分电贵省党部及新疆日报外，兹附奉十一月二十七日中央日报全份，电请察照为荷。全国慰劳总会会长陈诚，代会长谷正纲，副会长马超俊、郭沫若、黄少谷。渝。秘亥印

97. 新疆全省防空司令部报送历年防空费数目表①

民国二十九年（1940 年）国币两千八百九十六万八千六百四十四元。

民国三十年（1941 年）至民国三十一年（1942 年）国币共三千三百一十四万六千七百八十九元五角。

民国三十二年（1943 年）国币八千八百一十万二千三百零八元伍角。合计国币二亿一千零三拾八万五千六百三拾一元四角五分。

---

① 台北"国史馆"馆藏民国档案，档案号301—001。原件未标明时间。

98. 募集寒衣条例①

宗旨——为前方英勇的、为民族争生存的将士们募集寒衣，使他们身上穿得温暖，增加杀敌的力量，同时使他们知道有广大的群众关怀他们，作他们有力的后盾，使他们更认识抗战的光荣，坚持持久抗战到底，以争取国家、民族的最后胜利。

意义——藉募集寒衣运动将目前抗战的情形和抗战高于一切的意义向广大的群众宣传动员，使每一个人都尽他所有的财力、物力来援助为民族争生存的将士们，使全疆四百万民众都动员起来，积极地参加民族解放的神圣事业。

名称——新疆省募集寒衣委员会。

会址——新疆省立迪化女子中学校内。

成员——由反帝会、民联会、工救会、妇女协会、商税会、学联会、政训处、民教馆、街长办公处联合而成。

迪化市内募集方法——

各单位对内——各单位联合该单位内各组织，举行自愿捐助，决不勉强，募集款数须在本机关公布。

各单位对外——选派募集宣传队，按照规定路线从事宣传募集，绝不重复或强捐。募款数目须在本机关公布。

各单位演剧或演电影募捐——由各单位自行办理，可在门前及街头售票，但绝对不得摊派或强卖。

手续——各单位募集或演剧募捐时，捐册数目可向本会函索，由本会具条持赴后援会领取。倘用后有余，须交还本会，若不足时，再行函索。

募得的款项须送存后援会会计处保存，将存款开条送交本会。

文件的送递——各处文件递送本会。倘有误投其他机关者，请该机关即转本会。

外区县募集方法——各区、各县、各村在募集工作结束时，即于当地公布，否则以贪污论。同时各机关、各团体亦须参加，负责募集的物品，须请当地机

① 此件颁布于1938年11月12日，见共青团新疆维吾尔自治区委员会、八路军驻新疆办事处纪念馆编：《新疆民众反帝联合会资料汇编》，新疆青少年出版社1986年版，第31页。

关、团体参加估价拍卖，合并募款汇交本会。

奖励办法——

自捐——十万两①以上者，登报披露姓名；五十万两以上者，将该捐款人像片登报；五百万两以上者，呈请政府嘉奖。

劝捐——五十万两以上者，登报披露其姓名；二百五十万两以上者，将该捐款人像片登报；二千五百万两以上者，呈请政府嘉奖。

工作结束——拟至二十七年十二月底截止。

新疆省募集寒衣委员会

---

① 币种不详，似应为省票银，即民国时期流行于新疆省的地方纸币。——本书编者注。

（二）民国时期报纸资料①

1. 反帝会各部办公决定募捐援助绥远抗日军

——公务员捐二日薪金反帝会员自由捐助提选明年全代大会筹委会名单

（1936年12月1日）

　　昨三十日下十一时，反帝总会各部办公讨论草拟一九三七年各部一个月工作计划。经长时间之讨论，大体俱告就绪，最后王秘书长提出筹备明年四一二全疆代表大会问题及募捐援助绥远抗日军问题。关于筹备明年全疆代表大会问题由文化部张部长报告。略谓，去年时期，因筹备第三届四一二代表大会成立筹备委员会，在委员会内分组织宣传总务展览等工作。近行已久，筹备上大体俱告圆满、后因道路关系及时疫流行关系、本年之代表大会、未得举行因之、第三届全疆代表大会筹备委员会未行结□直至现在目前：第一，明年四一二又到、因已往是第三届全疆代表大会筹备委员会将来第四届代表大会；第二，在这个筹委会，自副委员长以下，人员多有变动；第三，本会各部新增正、副部长；第四，筹备第四届代表大会一切事务是否与第三届一样仍为重要问题。根据以上点，所以在第四届代表大会会期将临，应当由本会提出筹委会名单请政府决定。所以已往筹委会应行改组，经各部正、副部长讨论后决定：一，第三届筹备委员会改组；二，筹委会名单由组织部草拟交下次干事会上讨论；三，筹委会内部分工组织由组织部、宣传部共同草拟与名单一并交干事会上讨论。其次，关于募捐援助绥远抗日军，由王秘书长发言。略谓，现在由新疆日报上看到绥远抗日军的斗争已经国内各地民众的同情与帮助□□，这个反帝的浪潮已经影响到新疆。各区分会提议，募捐援助绥远抗日军总会应领导各区分会募捐等语。同时并提出，现在是否由总会号召各区分会募捐或由各区分会号召民众捐。当时经色以提副部长、鲍尔汉副部长、吴德铭副部长、王延龄副部长、徐廉副部长、钱绮天副部长，文化部张部长、宣传部万部长等热烈发言讨论，

---

① 以下收录的民国报纸资料，除加题注另外注明出处者外，均转录自新疆维吾尔自治区档案馆保存、民国时期
　　出版的《新疆日报》。其中，辨认不清的字均以"□"号替代。特此说明。

当场一致通过：一，由反帝总会呈请政府、各公务人员于十二月薪金内捐二日薪金援助组建绥远抗日军；二，反帝会员自由捐不限数目；三，宣传部演剧募捐；四，军人与中等以上学生与第二项同样；五、组织一委员会，推王秘书长，万部长，王部长，程副部长、徐副部长、鲍副部长、色副部长、阿副部长起草宣传大纲，并讨论外区募捐问题于本周星期四提交各部长联席会议上讨论。各问题解决后，四时十分散会。

2. 社论：捐款慰劳绥远前线战士

（1936年12月5日）

日帝国主义指挥汉奸李守信、张海鹏等调集军队进攻绥、晋，企图在该地组织蒙古国，乃日帝国主义更进一步实现其灭亡我整个中国之计划。自从去冬，冀东察北有汉奸走狗出卖之下，各责俱失。绥东已成为我国北部国防最前线，和平早成绝望、牺牲已达最后关头。倘晋绥失陷，整个中国之危亡亦将随之而来。目前救国唯一途径只有抗战，战则存、不战则亡为国家领土之完整、主权之独立，除抗战以外决无第二条道路。

此次，绥东将士在傅作义、赵承绶和达密凌苏龙的统率之下决心守土、英勇抗敌，不仅表示出他们为保障国家领土主权之精神，可以作全国军人抗日救国的模范，而且能以振刷全国民族对救亡图存之精神像这样为中华民族解放作斗争之将士们是值得我们的佩服和拥护。最近传来消息，前线英勇的斗争将士在英勇斗争中已获得胜利，但我们深知敌人之野心与其战斗力之强大。据昨日本报载，关东军对绥远局势将断然处置，可见敌人之侵绥乃其既定之计划、倘使傅作义等军队局部抗战孤军困守、将使敌人更凶猛的向我进攻再演长城淞沪各役失败之悲剧、过去这种血的教训已经不允许我全国同胞坐视、我们对于这种胜利不能认为是最后之胜利、因此全国同胞应当给予前线抗敌将士以精神上和物质上之援助、据本报所载消息、每日均有各地各界民众募款、或捐一日所得汇往前线、甚至尚有监狱犯人以绝食节省出钱来慰劳抗敌将士。

我新省四百万民众，在新政府领导之下以建设新新疆，打倒日本帝国主义，解放中国为最中心之任务。对此次日本侵犯绥远，誓所同仇，绥东将士为保卫领土主权，不惜牺牲血肉头颅而奋死搏战，是我们所最敬佩的民族英雄和将士。我们为支持绥东抗战，打倒日本帝国主义，将予以最大声援。最近有许多人自动请示政府来募款捐前线，本周反帝总会特于办公时间提出捐款问题决定请由政府通令各机关公务员捐二日所得，寄往绥远，并号召其他各界自由捐献。

全疆各族各界同胞在此号召下应当自动捐款、愿意多捐者亦无不可、只要是为的支持抗敌战争以保障中国领土主权之完整。

因为这次募款捐金是表现我们对于保障中国和反对日寇热忱与努力、所以这次募捐最好是自动的把钱拿出来、才能表示对于国家危亡之关心、同时我们必须号召民众来赞助并参加此种举动。

除此以外、我们必须特别致力于建设新新疆的事业、加强我们的工作、使新疆反帝的力量日益增大和巩固、使新疆反帝力量成为全国的反帝力量的急先锋、以影响并团结全国的反帝力量打倒日本帝国主义。

最后，我们必须为督办七项救国纲领作斗争，号召全国民众为一切抗敌将士作后盾、停止内战使全国军力集中对日这样才可以免去使绥远陷于孤军抗战之危险、才可以彻底的毁灭敌人的势力。

3. 反帝总会通知各区分会全体会员踊跃捐款援助绥东抗日将士

——并组专委会从事对一般民众募捐外区捐款设
民联会根据专委会办法办理

（1936年12月11日）

在加紧并巩固统一反帝战线，以打倒日本帝国主义而保全中国领土完整的号召下，反帝总会根据上周各部联席办公，通过捐款援助绥东抗日军之决议，除已一面呈请政府通令省城各机关公务捐十二月份二日薪俸外，昨更通知各区分会全体会员自由踊跃捐款，兹将原文录下：

迳启者，查万恶之日本帝国主义者企图侵略中国整个领土，莫此为甚，而我全国同胞对此横暴之行为莫不义愤填胸，纷纷捐募巨款，协助前方英勇抗敌将士。兹经总会各部联席办公会议议决，我新疆与全国反日同胞一致援助绥东抗日战士共负救国重任，已由本会呈请政府，通令省城各公务员以其十二月一日之薪金，捐绥远抗日将士。二、反帝会员内军人学生自由捐。三、对一般民众之募捐，当推定专门委员会草拟宣传大纲，扩大宣传，并由宣传部负责进行表演新剧。四、外区之捐款请民联会根据专门委员会拟定办法办理之。然此种办法均应由各公务员及一般民众尽力自由慨捐，丝毫不带强迫意味，况我反帝会员皆为政府六大政策忠实之执行者，为反帝阵营中有力的战斗先锋队，理应加强并巩固统一反帝战线，打倒惨无人道之日本帝国主义，保全中国之领土完整。对此次绥东之抗日将士应该同仇敌忾、踊跃自由捐款，鼓励前敌作战勇杀。想我反帝同志，谅必能乐于赞助也，特此恺切函仰该分会即便转饬各分会全体会员一体知照，如有志愿多多捐助者，除十二月份二日薪水外，更所欢迎此种额外捐款，希即送交总会转寄。至于对民众宣传，不日拟发大纲，便有所根据也。

此致

新疆民众反帝联合总会秘书处启

十二月三日

4. 新疆同胞献机十架①

（1938年8月22日）

（成都二十日电）　新疆省十四族四百万同胞忧愁国难严重，自动踊跃输捐，购机十架呈献国家。二十日上午九时，在某地举行献机命名典礼，张元夫代表献机，到会数千人。仪式庄严热烈，空前未有。

---

① 此件原载中共中央机关报《新中华报》1938年8月22日号。

5. 九月份下半月各地抗日救国捐款情形

——后援总会收到省票三千余万两金银饰物多件

（1938年10月2日）

抗日救国后援总会消息：九月份下半月，收到各地捐款：（一）迪化第一监狱犯人捐助食面折价一十六万八千两；（二）乌苏县后援分会汇到募集捐款六百四十三万三千六百五十七两；（三）沙雅县汇到七八两月份募集捐款四百万两；（四）焉耆后援分会解到总会、第十团演剧捐款七十一万八千七百两；（五）街长办公处代交迪化丛得林将韩姓选□小女作媳彩礼银二十万两、慨捐该会作抗日经费；（六）王俊交十月分经常房租捐款六万两；（七）鄯善县县长、解交本县抗日捐款二千零零三万三千两。以上共三千一百四十一万三千三百五十七两。又讯：新疆省银行□存鄯善后援分会解□后援总会。金银数目如下：纹银大宝七个洋板银，一块银锭二个，共计现重四百三十二两一钱五分，沙金一包，现重一两九钱三分、沙金一包，现重八钱二分，白金一包，现重九钱二分，白金一包，现重一钱八分，块金一块现重五钱三分，首饰金一块，现重一两零五分，首饰金五件，现重二两零六分，金帽花十二件，现重七钱九分。以上共计纹银现重四百三十二两一钱五分、各项黄金共现重八两二钱八分。

6. 社论：扩大募集寒衣运动到全疆

（1938年10月18日）

伟大的募集寒衣运动，在全国范围内是正在热烈地开展起来了。如像贵州省慨捐二十六万件，超过原定数目的一倍，四川省应募八十万件，福建省应募三十万件，陕西募集三十五万件，这些就足够表示着我全国同胞是在用更大的热心和努力，来拥护抗战。

这一运动——募集寒衣——在我们这抗战重要后方的新疆，也已经是掀起来了。昨天在反帝总会、妇女协会、工人救国总会等十余民众团体共同协商下，组织了募集寒衣运动委员会，并公举邱校长为委员长，来领导和推动这一运动。

从这"募寒运动会"的组织上，我们就可以知道，这个募集寒衣运动，是将很快的扩大到全疆去的。因为，这十余个民众团体都是有广大群众基础的而且是在群众中有最大信仰的。以这样的民众机关或团体来领导这一运动，自然是易于收到预期的成效。并且，在这个组织成立之初，便决定了对这一运动要根据过去的经验，实行统一的领导。

"募寒运委会"是成立起来了，"募寒"运动亦将飞快的开展起来。我们要努力把这一运动扩大到全疆，我们要真正的使得全疆的同胞——不管是在游牧场上的或农村里的，也不管是男的或女的老的或少的——都能够懂得为什么要募集寒衣，要使他们真正的都从内心的感动上来尽他所能尽到的力量以捐助寒衣。要达到这一点，我们就不能把募集寒衣运动仅限在一个消极的"募集寒衣"的问题上，而应该把这一运动扩大到积极的抗战宣传的问题上去。否则，就可能有某些人或某些地方，由这"募集寒衣"便走到"摊派寒衣"上面去了。如果这样，我们的"募寒"运动，就将减少它应该收到的效果。

为了迅速和圆满的达到"募寒"运动的任务，我们须要向全疆同胞彻底地解释以下的两个问题。

第一：募集寒衣，是每个具有良心的中国人所应该努力推行的一个伟大的救亡工作，因为在今天国家民族处在非常危急存亡的界线上，是真正的到了每个中国人贡献他的一切——财产、幸福和生命——给国家的时候了。

第二：募集寒衣，是直接地帮助了前线上的胜利，是密切地关系着整个国家民族的解放事业，多募集一些寒衣，不仅是多拯救了一些前方在冻天雪地里受冻的战士和难民，多蓄储了一分民族的力量，而且把"募寒"运动扩大一分，前方上抗敌将士的勇气就更加增长一分，因为他们——前方将士——多得到一些后方民众的物质援助和精神慰藉，他们就更加深刻地感觉到他们自己受了人民所付托的责任的伟大，他们就更加明白地认识到他们自己为国家民族所应该尽的任务的光荣。

努力募集寒衣吧！把募集寒衣运动迅速的扩大到全疆去！

7. 抗日救国后援总会收到最近半月内各地捐款

（1938年10月22日）

[抗日救国后援总会消息]：自十月一日起载到十五日，收到下列各处捐款：（一）迪化总商会第二次经常募捐六千零十二万一千两。（二）由苏由新华侨王宪文自动捐一万两。 （三）军鞋厂工友自动捐十三万五千二百五十两。（四）奇台后援分会汇到募集抗日捐款一千八百三十七万五千两。（五）库车县政府汇到四千○九十四万八千一百两。 （六）后兴德十月份□□捐一百万两。（七）迪化萱二墩小学捐七万八千两。（八）迪化安宁渠小学捐十二万一千五百两。（九）收西大桥店二院房四十五间房租十四万八千两。 （十）乌什后援分会汇到募捐款三百七十二万五千两。（十一）总会交西河沿朱佩佑贞捐地价银六百万。 （十二）□□□经常捐四十万两，绥来后援分会捐款一百三十一万八千两。

8. 致各族各界同胞募集寒衣书

（1938年10月22日）

各族各界亲爱的父老兄弟姊妹们：

我们具有五千多年历史的古老祖国，已经被敌人夺去了半壁河山，在日本强盗的飞机大炮野蛮的轰炸下，毁掉了我们的家乡，毁掉了我们的田园土地，在战区和非战区里的千千万万我们的同胞，在炮灰底下过着非人的生活，在日本法西斯强盗残酷的武装进攻下，整个中华民族的命运被迫到死亡的道路。我们爱护自己的家乡，我们更爱护自己的祖国。我们要团结一致的赶出日本强盗于中国境外，来争取自己的自由幸福。

一年多的抗战，在千百万中华儿女的艰苦卓绝的激烈斗争中，表现了我们中华民族誓不灭亡的气概，也证实了我们有战胜日本法西斯强盗的实力。在全国广大的民众和军队一致英勇的抵抗下，我们粉碎了日本强盗企图用速战速决的战略灭亡中国的阴谋。我们持久抗战的政策，在物力上、人力上已经消磨了日寇一部分很大的力量，日本的损失不断的增加，就是我们胜利不断地增长，我们更要本着长期抗战的政策，积极的发挥和运用我们中华民族不可战胜的威力去为自己的自由解放和日本法西斯强盗作决死的斗争。

同胞们！看吧，前线上有成千成万不怕牺牲的英勇将士们和日本强盗作着浴血的斗争，这才保证了我们后方的安全和幸福，这才保证了我们中华民国的不亡。这些勇敢的民族战士们，是为着保卫四万万中华民族的家乡生命，是为着保卫四万万中华民族自己的祖国，是为着争取四万万中华民族的独立自由和幸福，他们为着我们的一切，在艰难困苦中和侵略我们的日本法西斯强盗作决死战。我们处在安全地带的同胞，应当尽量的贡献自己的一切力量，援助前线上的抗战将士，保证前线得到最后胜利，这是我们后方同胞应尽的国民责任。

是冬天的时候了，我们在自己饱暖之际，还要扪心想想在寒风侵袭和冰天雪地里的杀敌将士，凡是中华民族的儿女除过一部分别具心肝的日本法西斯强盗的走狗汉奸外，任何人都会体会到前线抗战将士的痛苦，当这严寒的冬天，我们不让前线的杀敌战士因为物质的缺乏遭受风霜的威胁以致减低战斗力，减弱杀敌力量，我们有广大的千百万民众，我们有取之不尽用之不竭的民族力量，我们要拿出自己的一部分力量分给前线为我们争自由的杀敌战士，我们要募集成千成万件的寒衣送到前方，使他们身上穿着温暖，提高他们作战的性能，来保证抗战的胜利，我们宁愿使我们的抗战将士牺牲在敌人的炮灰下，不愿让他们平白的无任何代价的在寒雪的侵袭下伤亡。同胞们：是有钱的出钱，有力的出力的时候了，我们要募捐，我们要募集寒衣，我们要踊跃的拿出自己的力量来为自己的自由解放而奋斗到底。

日本法西斯强盗的进攻已逼近武汉的门户了，然而我们在南北战场上不断的胜利却打击了敌人进攻武汉的企图，最近江南空前的大胜利，沿江歼灭敌人两万多，和八路军的阵阵告捷。生擒敌人二名旅长，这都是我们全国上下一致保卫武汉努力的成果。不过当这民族解放战已经进入到最严重阶段的时候，我们庆祝胜利的时候，应当加紧我们援助前线抗战的工作来保证前线杀敌的将士取得更大的胜利，特别是当日寇疯狂狭其野蛮的强大武器，倾全力来进攻武汉的时期，我们更要发动广大的全国人民来为保卫武汉作斗争。我们要做到使南北战场的千百万民族，战士不受寒冷，不受饥饿来增加他们的抗战情绪，好和日本法西斯强盗作拼命的斗争，以便彻底粉碎敌人进攻武汉的企图以争取抗战最后胜利。最后我们高呼：

打倒日本法西斯强盗！

把自己的棉衣分给前线抗战弟兄一件！

拿自己的力量来保证前线杀敌将士不受冻饿！

有钱出钱有力出力援助前线抗战胜利！

抗日高于一切，一切服从抗日！

中华民族解放万岁！

9. 募集寒衣运动

（1938年10月29日）

反帝第六军区第三四分会为了响应募集寒衣运动之号召，昨全体官长，学员共二百二十六人捐助省票银一百三十六万零六百两，其中有职员安义山慷慨捐薪一月九万两，学员阿不都拉捐所得全月津贴五万两，闻对内募集外并拟对外募捐，现正筹备戏剧组织游艺会又讯省会公安局建设厅女中亦开始对内募捐，并拟筹备戏剧对外募捐云。

三区二分会会员七十人昨日输捐寒衣捐共省票银九十余万两，五分会一百零二人，共捐省票银一百二十五万七千两，六分会六十五人均按月薪四分之一输捐共捐省票银一百六十二万六千两。

反帝会一区六分会前晚举行全体大会，开会后首先通过两个月工作计划，次讨论募寒工作。经段进启、赵继文报告募寒运动意义后即开始热烈的讨论，在一度理论斗争中，将许多不同意见汇集成正确的决议案，对内决定采取自由捐助原则。对外宣传决定出刊街头壁报，推选赵继文、吴树植、武志孝三人负总责。其次并决定撰稿人于二十八早日交稿，三十日出版。内容计划分国内抗战形势，募寒运动开展之情形，募寒工作汇报，时事简评，诗歌漫画小品文之类，以通俗大众化为主，极力避免高深奥妙文字，一切宣传与募寒委员会之募捐队工作配合，临时动议中，决定对经常努力于自己分会中之工作，在可能范围内尽量帮助业余剧社工作及分会与机关合组之俱乐部工作，如歌咏之学习，政治组、研究组之讨论戏剧之排演图书之登记卫生之检查体育之锻炼等。小组会按照分会所颁发之会议时间表，每月召开四次，在十一、十二两月内将三全大会之各种报告研究完毕，以完成分会的教育计划，宣传股决定政治认识较低之会议加深研究提高学习兴趣。【绍贤】

10. 开展中之募寒流运动　募委会宣传队昨缴街头捐款　各团体募集现款分送后援会

（1938年11月1日）

募寒委员会宣传队自二十七日出动街头募捐、各队按划定的区域工作截止至昨日已告结束。反帝总会昨即通知各队长款数及捐册缴后援总会，后援总会因工作及时□□尚未收齐，截止发稿时，后援总会收到航段募款十六万八千两、民族馆民联会六十一万六千九百五十两、师范学校第一队共五万八千七百五十两、第二队七十六万六千七百五十两。闻反帝会在各队缴齐后，按募捐区在每个大街及每条巷子内公布捐款数目，以使捐款民众明了云。

运输管理局附设汽车学校其全校官兵学生节约之下，共捐助省票五十五万两。备为边防将士制作棉衣送往前线可努力杀敌解放中国。

邮政管理局邮务员曾斌如昨后援云（昨阅报载发动援助前线将士寒衣运动即全疆捐募寒衣运动），鄙人亦新疆一份子，自当略尽绵薄。兹函送法币二拾元交收交新疆募寒委员会云。

反帝会直属第一小组该级人员为响应募集寒衣运动起见，特汇集捐款，藉表对前方抗敌将士之微忱，计十五人共省票银二十八万两后援会收存。

督属医务处附设医学校该校全体官兵学员自愿捐募集寒衣捐款共计二十六万六千两交后援会收存。【绍贤】

11. 募集十万件寒衣运动各力量纷纷捐款筹备

——工人救国联合会募集一千余万

（1938年11月3日）

成立不到两个多月的迪化工救总会，这次在募集寒衣委员会街头募捐及对内募捐方面，表现了相当的活跃。据总会人员谈，对内方面，向市面维汉各族泥木铁皮石成衣十七行工作中，作了挨人挨户的募捐，并发动一十七个分会的募寒工作，其中使人兴奋与快意的是泥木行工作以及新华缝纫工厂男女工、运输管理局工友书刊号机员踊跃地捐款，尤其运输管理局的工友们捐半月或全月工资，这方面共计捐有一千余万两。对外方面，组织了两个宣传队在新南门菜园子一带工作，当在南菜园子募捐时，□□了一位深明大义的任光荣街长，不但使他自己捐了款，同时他参加募捐工作，告诉募捐队工作的路径。由于任街中的协助，在菜园子一带捐了二十八万两，两队总共捐了六十多万。在这次工作中，工救总会发动了全体会员输捐劝捐的热忱，结果是很可观的。此外工救会方面并不肯中止了募捐工作，还要尽可能的力量再做次演剧募捐、多多捐款，现正在准备当中。

[抗日后援会消息] 自各宣传队街头募捐以来，各队陆续解交捐款。昨日前两日内军校学生队宣传队交到寒衣募捐一百六十一万四千七百两，民教馆民联会街头宣传队募捐二十一万六千九百五十两，师范学校两队共捐八十二万五千五百两，学院宣传队又交十八万三千九百五十两□□。又息，十月份内，后援曾收到以下各团体募捐寒衣款项：运输管理局汽车学校捐五十三万五千五百两，警察训练班一百三十六万零六百两，南门外复光永捐七万两，兽医处捐二十六万六千两，□□处捐二十八万两，督署卫士队捐九十五万三千两。以上共银六百九十二万九千一百三十万零三千五百两。迪化县解交南山哈族民众捐三十万两，反帝会民联会全体职员共捐四十三万二千五百两。

又，反帝会二区三会全体会员及地方法院职员近乡应募寒运动自动捐助款项，拟统计所知，刻已集资二十七万余两。将解交区会众交后协会。

军三区四分会昨召开全体大会，讨论募集寒衣办法，当场决定以小组为单位作募捐比赛运动，其次以精神援助前方将士，努力发起慰劳将士信运动，最低限度每组写一封，该会会员对援助前方将士工作极为兴奋□□世卿。

迪化新光电灯股份有限公司全体员工友为着响应募集寒衣的号召，目前召开临时会议，对于此项捐款全体职工极为热烈，情愿节约每日生活费以壮前方抗战将士在冰天雪地杀敌之勇气，争取抗战最后胜利。兹在踊跃输捐之下集资三百十九万二千五百两，日内送交后援会。

紫□□民政处对内募捐已完毕，集资六十一万九千两，演剧募捐共收一百四十九万一千两，公安管理处昨假光明戏院进行募捐、医务处筹备演剧募捐、日内即开始。教育厅自昨日起，对内募捐已开始，并徘徊演剧售票捐款。

12. 街头募捐总数八百四十一万余两

(1938年11月17日)

商会共出四队，计募得捐款三百八十七万三千九百两。【航空队】一队捐集款数十六万八千两。【妇女协会队】共出四队，捐集四十余万两。【省一中队】二队募得捐一百六十一万四千七百两。【简师队】募得银三十四万两。【印刷厂队】一队共捐款十余万两、总计此次动员二十五队不仅获得优良的成绩同时并给予市民教育工作。【绍贤】

蒙文会前于第二次例会上讨论募集寒衣捐款问题，□□对内外募款办法、对外募捐、函各分会以游牧上募集、对内募捐、即日有匀德宜十万两其侨汇各委员职员共捐四十二万两。

日昨回文会、四区二分会、五小、八小、十一小、妇小职业学校举行联席会议，讨论发动募捐寒衣问题，首由负责人深刻说明募寒在目前之重要性，当场通过、□□组成募捐委员会，以杨逢春、贾止元、马骏、马林、马春华、马国义、陈乃斌、马伯其、李文丁、拜大民、郭德、安仁山、麻登汗等十三人为委员，推杨逢春为委员长，麻登汗副之，内部决定庶务、售票、戏剧、文书、罗置、保管招待七股，从事积极筹备游艺团，最后决定经费由当日出席各团体□□地直与募捐日期一俟筹备妥善后，再行临时决定云。【河源】

【后援会消息】近日收到各团寒衣捐款数如下：第三区各分会共捐一千六百九十一万八千五百两，省五小捐二万四千九百两，阿克苏刘司令、阿山沙行政长两处团体共捐五千六百一十六万八千两，医务处演剧三百一十九万六千八百两，军六区一分会各小组会员全体共捐七十二万五千七百两，运输管理局工人救国联合分会员张胜、陈玉、何凤元、袁玉华、涌国诚等五人共捐五万三千两，奇台全体代表十三人共捐二十六万两，航空队全体同仁捐一百三十万零三千五百两。

13. 全疆各地展开中的募寒运动

（1938年11月19日）

【本市讯】自募寒运动发动以来，全疆各地均在踊跃热烈地进行。兹据募寒委员会消息，自动经常捐一百万两，新华戏院演剧捐六十万两，乾德县府演剧募捐二百万两，霍尔果斯分会汇到募捐九十万两，呼图壁县分会汇到七百万两，塔城分会第六次募捐本千两，喀什分会第十次募捐一千五百两，喀什分会第十一次募捐一千五百万两，公安管理处特粤队官警全体捐三十四万八千两。昌吉税局王主任转交昌吉分会募捐三百三十一万六千七百五十两、银镯二只重二两八钱。阿克苏孙司令缴□□□□共捐七百八十八万两、天罡二百二十二两、大宝□个重五十两。

14. 募集寒衣运动

（1938年11月20日）

【本市讯】据募集寒衣委员会消息，省城各式各样分会及各军政机关、捐款数目如下：三区一分会、省银行【一百一十六万三千两】。三区二分会、财监会【九二一万两】，三区三分会、总商会【三百二十六万两】，三区四区会、省政府【二由二十万零七千五百两】，三区五分会、财政厅【一百二十五万七千两】，三区六分会、屯委会【一百六十二万六千两】，三区七分会合作社【四十二万两】，三区八分会迪会地方税局【四百万零二千五百两】，三区九分会第一小学【十二万八千两】，三区十分会省药房、电报局【一百三十一万九千两】，三区十一分会财专学校【六十二万五千两】。以上共捐一千六百九十一万八千五百两。

又据军一区消息，该区会捐款【十三万两】。又该区所属各分会捐款数目如下：一分会【四十三万六千两】，二分会【三十六万两】，三分会【四十四万六千两】，四分会【三十九万一千两】，五分会【八十六万两】，六分会【二十一万九千五百两】，七分会【五十二万七千两】，八分会【五十九万四千零五十两】，军官学校第四期骑兵队学员【五十二万三千两】，军官学校第四期步兵中队学员【五十三万七千两】。以上共捐银五百零二万一千五百五十两。

又各军政机关捐款数如下：高等法院全体职员【三十八万两】，省府卫士队【四十二万六千五百两】，迪昌乾阜地方税局【三百六十二万五千五百两】，迪化林业管理局【十四万两】，少立简易师范【三十八万一千二百五二辆】，汽车学校【五十三万五千五百两】，邮政局【一百一十万两】，西大桥各水磨【一百一十四万两】，督署炮兵队【八十七万三千四百五十两】，新光电灯公司【八十一万七千五百两】，一区六分会【四十三万二千五百两】。粮服处及所力量各部队数目如下：粮服处官佐士兵夫匠【一百三十七万三千五百两】，中运组【十四万一千两】，磨面场【十五万一千两】，警卫连【二十四万六千五百两】，第二中队【三十四万九千五百两】，第三中队【十五万五千五百两】，第四中队【十九万三千三百两】，第五中队【二十八万四千五百两】以上共捐银三百六十四万六千两。

15. 空前未有之胜况　轰轰烈烈的献金运动督办献黄金七两八钱五分主席献大宝四个二百余两

——各族各界民众踊跃输将

（1938年11月25日）

本市各团体筹备之献金运动于昨日上午十时画龙点睛式开幕了。参加隆重典礼之各机关法团学校民众约四千余人。主席王宝乾报告开会意义后，献金顺序为督办主席、各机关、民众。

督办献武装带上的各种金质扣子环子等共五十一件，重七两八钱五分，主席献大宝四个，共重二百两零五钱二，邱校长献金镯两个，重八钱八。次由督署办公厅起开始各机关献金，至于献金数目容后再志。

献金顺序规定民众献金在最后，但是民众踊跃参加精神，不怕受冷的热诚，所以民众参加也是相当的多，结果形成使得献金保管组之登记收款好似应接不暇，民众参加献金的有商人工人妇女……同时也有一部分机关公务员个人献金，人民献金结果可说是超过了空前的募捐，例如副官处司机员周景全献金戒指一个重一钱，高街长之妻献金戒指一对重二钱六，张松林之妻献金戒指一个重一钱五……除献金子外，献省票国币物品很多。最后可总结昨日献金的情绪，特别是民众对献金的热诚，可说本市群众发动起来了能以知道节省下来钱去作什用，在会场能见到老太婆、爷爷领着孙子的，特别是回族小学生拿着过年的钱来献的。

在机关方面，民众方面献金昨日未能献上的有原包拿回很多，这因为一日因时间很短，参加献金者很多，又因献金运动委员会人员数目有点不够分配，所以在昨日没有献的机关继续今日去献，我们要知道献金时期还有明天呢，同时今日上午南关献金台开始，尤其希望关外各机关学校各族民众踊跃来参加募集寒衣献金运动伟大的工作。

16. 荣誉的捐款者

（1938年11月25日）

【本市讯】据募寒委员会消息，个人捐款超过十万两者和团体捐款者，又有以下各机关人员，阿山行政长沙里福汗太太扎义尼布助捐一百万两，李俊霞女士捐金戒指一个，重一钱一分。团体捐款者，军八区八分会工人自动捐款四万二千两，阿克苏孙司令募集捐款五千六百二十六万八千两。妇女职业学校捐款二万五千四百两，城防营捐助一百六十五万九千六百两。

17. 迪化后援募寒两会一月份之捐款统计

——留苏学生盛陈两生捐寒衣捐百万两

（1938年1月26日）

募寒捐款：募寒会经该会二十八年一月份内线收各款如下：阿温瓦税局眷属捐三二二〇〇〇两、迪化县捐七一二四〇〇两、阜康妇女界捐一〇〇〇〇〇〇两、督署工程处全体职员捐六六二一〇〇两、航空队演剧捐四八二二九〇〇两、昌吉县分会募七〇〇〇〇〇〇两、迪化总商会妇女徐文员、高如贞等捐七三二四四〇〇两、阿山边卡队捐二一五〇〇〇〇两、公安管理处演剧募捐及□员捐一〇二八一〇〇〇两、盛团长及眷属陈秀英捐一〇〇〇〇〇〇两、街长办公处及各妓馆演剧募二〇〇〇〇〇〇两、焉耆学联会捐一六五三〇〇〇两、鄯善分会募八三六一〇〇〇两、阿克苏邮局职员捐四〇〇〇〇〇〇两、哈密分会募二〇〇〇〇〇〇两、督署炮兵演戏募二八一六八〇〇两、伊宁第四批募一二〇〇〇〇〇两、吐鲁番分会募四〇〇〇〇〇〇两、和阗行政长募一三一六〇〇二五两、迪化学联会募四四五〇七〇〇两、督办经理处发绥来县募枪弹价四二三二五〇两、阿克苏区官兵捐四六一二四〇〇两、迪化中运汽车□全体职员捐一二四二〇〇〇两、反帝四区会一分会募捐一二七四〇〇〇两、焉耆和新□司捐一〇〇〇〇〇〇两、迪化县乡约马泰募四三七二五〇两、奇台分会募九〇九六二五〇、迪化纸行分会捐一八二〇〇〇两、库车分会募三一七八五五五〇两、阿克苏税局交日货罚款一四六五五〇两、托克逊交坎井变价捐四五〇〇〇〇两、于阗分会募二九五六八〇两、民联会马委员木提募八二〇〇〇两。抗日捐款又据后援总会讯：该地二十八年一月份收到捐款数如下：西大桥南北房二院，房租捐"二十七年"，十一月份一七〇〇〇〇两，十二月份二四一〇〇〇两，巩留县妇女捐金沙一钱、现洋三十元、银镯四个、银戒指十六个、银耳环三对，共重六两二钱二分，票银三〇〇〇〇〇两。【又讯】留苏学生盛世骐、陈秀英，鉴于我前方将士在冰天雪地□中与敌寇英勇作战，该生等特将数年来节衣缩食之储蓄，省票一百万两寄送募寒委员会请汇前防以便购置棉衣。库尔勒募寒献金库尔勒讯：抗日后援□、组织宣传队、于四乡劝募结果共总捐收票银三千四百二十九万三千五百五十两。又捐收募寒献金一百六十六万六千四百两二共银三千五百九十五万九千九百五十两，此外共捐收苞谷五千四百一十二斤、小麦一千零五十斤、大米一千四百四十斤、毛羊三十九只、皮袄一十八件、衫子三件、毡袜一百一十件、大布二十四疋、皮帽二顶、纹银五十一两、棉花六斤、牛九条、大袄六件、铁板布四十八档子、脸罩子三面、丝盖头一条、羊皮四张、围脖子一条。又讯民联分会各族文化分会、组织宣传队、各街巷宣传抗日救国募寒献金意义，召开大会时，各机关各学校法团，各族□目大阿洪、乡约、各族同胞均各争先献金。计设治局全体共献票银二十八万四千两、公安局全体共献票银十万一千五百两、税务分局全体共献金银一十一万五千两、电话局全体共献金银一十一万两、骑兵连全体共献金票银二十万两，以共献一百六十六万六千四百两，银镯一只，大洋一元。【喀什代电】喀什区抗日后援分会。由喀什分银行续汇迪化总会寒衣捐款、共计省票二千五百万两。

18. 盛世骐　陈秀英——响应募寒捐款之快邮代电

（1938年1月28日）

　　迪化新疆日报社转反帝总会募寒总会、教育厅、财政厅、督署经理处勋鉴：顷□读"新疆日报"载迪化反帝总会发起为前方将士募寒衣运动，并得知了全疆四百万民众特别兴高采烈的来回答这个有意义的号召。全疆各族不分男女老幼，到处都是特别热烈的来捐款，给我们前方的英勇将士添置寒衣。这样的好消息传来，使远在国外求学的我们，痛快到万分了、兴奋到万分了。以此足证我们在后方的人民并没有片刻偷□。除了努力巩固国防后方的工作外，一时一刻的也未把自己的任务和前方杀敌的英勇将士忘掉，始终本着有力出力、有物出物、有钱出钱的原则下，努力来援助前方保障彻底战胜日寇，争取抗战最后胜利。但是我们又想到了前方英勇杀敌的将士们，他们整天整夜的在那冰天雪地中奋勇的来杀敌，不顾了一切，为了中华民族的解放与生存，同我们的敌人——日寇作战，现值严寒的时期，想念在前方卧冰雪、冒寒冷、无棉衣而杀敌的英勇将士们，实使人痛心落泪，远在国外求学的我们恨不能一时亲身同前方英勇的将士们杀敌，但我们虽远在国外，绝不敢一时苟安而忘掉了【国家兴亡匹夫有责】之明训，故自我国全面抗战以来，学生等除特别努力刻苦求学外，即节衣缩食以求略尽国民之天职，谨将学生等年来节省下的钱折合省票银一百万两来捐助前方英勇杀敌的将士们作添置寒衣之用，增加他们杀敌的力量，免去他们寒冷的痛苦。我们除仍节衣缩食，陆续捐汇外，很热烈的来希望全疆四百万民众在我们伟大领袖督办主席正确领导下，在不可战胜的六大政策伟大旗帜下，亲密的团结在新政府的周围，努力建设新新疆，巩固抗战重要的后方，保障西北国际交通路线。更诚恳的希望这个具有历史意义的幕寒衣运动能够日益发展与扩大，发展到全疆各个角落里去，扩大到全中国，使它将来能够收获惊人的好结果。□电忙迫，未尽欲言，区区之款，希望查收转交为感。学生盛世骐、陈秀英全叩一月□日。附弱款省票银一百万两正。

19. 各地大批抗日捐款解缴后援会

（1939年4月1日）

【本市讯】抗日后援总会消息：据阿山呈报：该区抗日、募寒、献金三项，除大宗款项已汇省不计外，最近又收到省票银一万万一千万两。税局马局长带交抗日捐砂金七十三两一钱六分，文银二十六两一钱，元宝八个。寒衣捐砂金十七两五分，元宝十九个，白银三两六钱，银元二元，银牌一个，玉镯一个，金帽花一个，金戒指二个，银戒三个，玉牌一个，大小银钱三个，金银首饰八四件，大洋十四元，银元大小六个，白银二钱，砂金九两，金戒指十六个，金钱大小三个，元宝五个。此外带交捐枪三百五十支，子弹二千三百八十八粒。阿克苏区已故前阿瓦提县长司马盆之弟依明阿洪，前捐助抗日捐五元金币十枚在案，现该依明阿洪，深知大义，在抗战时期，国民应出力援助前线战士，又捐十元金币二十枚，现已缴交总会。鄯善后援分会缴交第十批捐款，计赤金三包，共重一两一钱，文银四十六两，大□一锭省票银七十九万零八百一十两。本市乌拜克文化促进会，昨缴交抗日捐款一百六十七万五千两。

20. 和阗抗日捐款近已结束

（1939年4月7日）

【和阗通讯】抗日后援会消息：该会收到各分会各区县献金运动物品，除珍贵物品交由银行保存外，其余各种物品已于三月六日由各机关首领公拟值价开始拍卖，并由该会负责人报告，由一月一日起至三月六日止，共收到各地交来之捐款数目和名单，其总数共收喀票银三百零八万两，砂金及首饰金共重捌两五钱，并有其他银首饰银元及各种衣物等极多云。

21. 伊犁叭里特巴也夫等公司慨捐巨款拥护抗战

——政府特传令嘉奖

（1939年4月30日）

【伊犁通讯】叭里特巴也夫合股公司，捐助寒衣捐票银一千万两，牙尔丹木行捐助五百万两，业经伊区姚司令兼行政长呈请督省两署，予以嘉奖。闻政府以该公司等拥护抗战慨捐巨款，热忱爱国，深堪嘉许，特准予传令嘉奖云。

22. 新疆民众宝贵的礼物到达前方了

——山西前线答复张振录的一封回信

（1939年5月9日）

【本市讯】本市发寄至前方将士慰劳信，近已到达前方，最近山西前线平陆系陆军第一百七十七师补充团团部，在收到慰劳信之后，特意给反帝会第三区第七分会（公务员消费合作社）张振录同志回复了一封信。日前，这封信已由反帝会转交张振录同志收讫，现在把这封信披露于下：给各族各界民众，更明了前方将士杀敌之热情和迫切希望后方民众精神物质上援助之一斑，山西平陆系陆军第一百七十七师补充团团部，给反帝会三区七分会（公务员消费合作社）张振录的一封回信。张振录同志：你们的慰劳信收到了。感激，兴奋，杀敌，抗战，为吾国家民族自由独立平等牺牲一切，在所不计，吾人当坚决到底！敌人已成强弩之末，胜利将实现目前，要吾人努力争取！携手前进吧！你们后援，准备，都是帮助抗战，更要加紧，并转告后方民众。此祝努力！三月二十日

23. 喀区抗日后援会汇到捐款国币一万元

（1939年9月26日）

据喀什电，喀什区抗日救国后援会又汇到抗日捐款一万元，兹悉原电如下：迪化督办主席钧鉴，反帝总会，新疆日报社公鉴，于皓日第二四次由喀分银行汇缴抗日捐款国币一万元，谨电饬转解，喀区抗日后援会申贺叩。

24. 回国侨胞捐款抗战

（1940年1月7日）

　　抗日后援会消息，近有回伊侨胞数十人，为关心浴血奋战之前方将士，特缩食缩衣，自动捐助大洋七百八十八元，充作抗日捐款，该会将此项捐款收到后已交商业银行管存云。

25. 各地爱国人士纷纷捐款救国

（1940年2月6日）

本市讯：抗日后援会最近收到爱国人士自动捐助大批款和各种物品多项，兹将其慨捐物品及电讯陈述如下：迪化各办主席钧鉴，日寇猖獗，□迪化各办席等，力自樽节处布五千元，请节财厅于一月经费内扣除发交、援汇、转兑等方式，为浴血奋战的将士壮大士气。驻安吉领馆随领宋登泰，馆员贺继忠子马叩。又督署经理处职员李燕堂自动捐助小望远镜一架，以供前方将士窥探敌情多杀敌人之用。又省会公安局捐助玉珍一支，原系民众在郊外由山中挖出者，因争吵无主，第二分局就没收送交公会。又讯：日昨由政治干部人员训练班送反帝抗日用款二百元，此关系该班由哈密县选送学员麻木提区长所捐，因该区长来省入训练班受训，旋以在病请假回籍休养，惟会员执行时间由该班教育马如龙、哈吉牙甫代收他人欠账三百元，除将其中一百元寄送自用外，其余二百元情愿自动输充抗日救日国捐款。今该项欠款已全部收回，即依照所分配办法办理，将百元寄去交本人外，再所余捐款二百元，该班送交变反帝总会收等情。反帝总会当即将该项捐款，当日即转交抗日救国后援会查收交转矣。【绍贤】

26. 库尔勒商民莫罕买提热心捐款抗日

（1940年2月23日）

　　库尔勒讯：该县商民莫罕买提于新年团拜时捐大洋八十五元作抗日杀敌之用，当时引起男女同胞之同情，该商民并于去年七七纪念会时捐省票银十五万两作纪念会经费。该商此举，可见爱国热忱之激烈。又该县教育科长刘肇荣被该商影响，亦将二十七年帮征田赋劳力所得之大洋三十□元三角四分悉数捐助抗日，现除将款项如数汇解外，并请示政府予以嘉奖。

27. 政府通令　发行本省建设公债集中游资
充实抗战建新基金

——加速完成二期三年建设计划(节选)

(1941年3月25日)

政府发行新疆三十年建设公债是具有伟大抗战建新意义的，因为新疆七年来各部门的建设事业，在新政府正确领导下以获得飞跃的发展与进步，但是这些发展与进步，于理想中的建设还相差太远，如果要想达到理想中的建设，必须更进一步的发展本省建设，开发本省富源，发展建设开发富源的先决条件，就要有充分的建设基金。因此，政府针对着这点而发行了本省三十年建设公债，换言之，也就是政府把人民的钱借来，完全放在抗战建新的事业上去，在不久的将来给全疆全国人民造成莫大切身益利与幸福生活，同时建设公债条例里很明显的规定，公债奖本是以本省田赋收入为基金，可见政府发行之建设公债是有充分基金作保证的，兹将政府发行建设公债之通令，及其施行细则条例披露如下：[为令行事按据财政厅呈称，查职厅拟定发行民国三十年新疆省建设公债条例及细则，前经呈奉均府核准在案，兹请将上项条例细则明令公布，以资进行，理合具文呈请钧府鉴核，明令公布实行等情，据此除指令准予明令公布并通行外，合行检法条例及细则另应即便遵照此令。]

28. 民众建设情绪高涨自动出钱出力筑路

（1942年3月25日）

【绥定讯】该县自发动建修公路以来，□民众对此工作极为热烈拥护。去年四月间，在填修路床之时，各民众自动慨捐巨款帮助政府工作。计捐资共为三千一百三十余元，并自动借给政府劳动工具。（坎土曼一百余把），农会马副会长亲导工作数月之久，结果绥三公路建修段胜利完成。

【又讯】该县由塔斯社尔棋通霍城之交通要道亦为中苏通行之重要咽喉，奈因该处大桥一座因年久府毁，阻碍通告困难为甚，该塔尔棋民众有鉴于此当即要求政府自动捐款建修后，结果政府照准，该处数十户农民当即踊跃捐资共达八百六十余元，并有该处第一村村长金万义、马师杰、努尔敦、杨树青、罗德庆五人自愿顾监督做工，约一星期已竣工，近来绥霍之交通甚至为方便。【又讯】该县之公路建修段，由沙门子达二道河子，计十五公里地之遥，日前杨县长指示工作后，各民众即以突击之精神奋斗，自动出车马拉沙石，往垫者约八十余辆车，在此种努力之工作下，非止一星期，十五公里之公路段业已竣工，故闻绥定县府已请示政府对各民众嘉奖。【智明】

29. 惠远各界民众踊跃捐资修桥补路

（1942年6月4日）

【惠远讯】据惠远街长办公处徐主任谈，过去有些民众要求街长办事处来负责补修惠远西关外至八□□□交通路□，所需工资由民众等来自动捐助。该处为了实现民众要求特负责补修此路，民众等自动助洋者计有王玉珠助洋五元四角，刘春华、王益德二人各助洋五元，王玉堂、沈凤山二人各助洋三元，马中海、义合馆、林云享、田所维、三盛炉、李维福等六人各助洋二元，正实齐、傅永苋、中华栈、李详、孙连同、邵福田、刘贵福、石京竹、刘书、邓恒忮、王盛山、陆玉秀、崔洪汗、曹师夫、刘佐洪等十五人各助洋一元，王喜成助洋二元，以上等各自动助洋共计五十元零四角业将此路于日前补修完好云。又据北关村张连奎村长谈，惠远北关至绥定大路上大小桥三个，因年久欠修对于来往车马实感不便，该村民等特自动捐资被修，捐助补修者计有工商会助洋五十元，村民吐的、呼大雅、赛勒等三人各助捐洋十元，玉买提、阿比子、库万毛拉、塔什伯克、阿淡什依提、阿河、富仁山、肉子、依敏、苏勒满、沙五提、赛多拉、麻木提、高保容、玉色甫、田生发、任庆奎、刘福、库万、玉米等二十人各助捐洋七元，庞德、陈金道、范家安、马佩成、李完、早立汗、聂思等七个各捐洋三元，以上各民众等自动捐助结果共计大洋二百一十一元，此项建筑事宜，在杨区长、张连奎村长，及各村民等努力监促工作之下，由五月三日起至二十二日止，在二十天内业将大桥一座，小桥两个全部建修完成，现已开始通车。【良】

30. 新新疆与抗战

——新疆在抗战中所占的重要地位

（1942年7月7日）

新疆远在全面抗战尚未开始"四月革命"时树立了六大政策政权那一天起，已经形成了反对日本帝国主义的最坚强的堡垒，中华民族复兴的根据地。六大政策已成了中华民族解放最光明的旗子，它粉碎了日本帝国主义在进攻中国前在大后方的阴谋，它第一次烧破了日本帝国主义在中国的阴谋网，它促进与主导着全国走向抗日亲苏解放的光明大路。

自从卢沟桥事变后，中苏两国签订互不侵犯条约以来，中国展开全面抗战的局势以来，中国海岸线被日寇封锁以来，位置在中国西南的川、云、贵三省和位置在中国西北的陕、甘、青、宁、新五省，在战局上，在事实上不只是已成为中华民族复兴的根据地，而且成为全国抗战的重要后方，在这重要后方的省区里边，而云南和新疆又成为全国抗战的重要后方的重要后方了……新疆是位置在中国的西北角，是通欧洲，特别是通保障世界和平的堡垒——苏联的要道。同时是苏联是实行列宁遗嘱援助东方落后民族的国家，是尽力援助新疆建设的国家，是经过新疆援助中国解放与抗战的国家，因为中国在苏联援助与自己努力的条件下，有争取独立自主与完成民族革命的希望，如果能够完成中国革命，就是完成世界革命的一部分，因此新疆更被中外人士特别大加注意了。所以根据以上这些事实看来，现在的新疆，不只是已成了帝国主义，尤其是日本帝国主义的视线注视下的与想用各式各样的方法积极进行阴谋破坏下的新疆了。不只是已成为帝国主义走狗与汉奸，托匪们愤恨，谩骂与积极企图破坏下的新疆了，而且在实际上已真正的成了保障交通运输安全的新疆了，已成了中国抗战最重要的后方新疆了，已成为世界各国所特别注目的新疆了。由此可知，新疆在中国抗战过程中，在中国革命过程中，在世界革命过程中所占的地位是怎样的重要了。（见一九四一年四月份反帝战线督办兼主席所著六大政策教程）□□由于新疆在中国抗战上占如此重要的地位，尤其自去年"六·二二"苏德战争开始，世界形成法西斯与反法西斯两条战线以来，与去年"一二·七"日本法西斯揭起太平洋大战，使法西斯与反法西斯两条战线斗争更趋明朗化、积极化、加重尖锐化以来，与日本法西斯进占缅甸切断滇缅公路以来，新疆已经变成了国际友邦援华唯一的交通要道，反法西斯堡垒与□□，因之它的地位和它在中国抗战中与世界反法西斯中所占的位置较前更为重要了。

31. "文劳"劝捐普遍展开

——运局共募万三千元塔区民众募捐达十万元

（1943年2月10日）

【本市讯】自迪市"文劳"运动广泛展开以来，各人士如火如荼的热烈捐募，运输管理局及工直一分会不落人后，也积极起来响应，即开始募捐。日前假本市大戏院演唱旧□一天，除一切费用开支外，计募大洋三二百四十五元九角五分。该局又利用市营车出街头抽彩六天，分为两期，第一期抽彩共得四千三百元，第二期得四千二百一十七元六角，两期共募得八千五百一十七元六角，又有该局职员、工人、司机、公役等共认捐大洋十三百三十三元七角。以上共计募捐得大洋一万三千零十七元二角五分。【新】【本市讯】文化书店为响应文劳募捐起见，特于日前晚假汉文会地址上演有声电影，藉资募捐，并报告文劳伟大意义，结果共募得大洋四百三十元零四角，除各种开支外，尚余洋二百九十二元五角四分，闻悉数角缴反帝总会。【元】迪化反帝总会新疆日报社勋鉴：查塔区文劳运动发动之后，深得全区民众热烈拥护，踊跃输捐，情绪异常高涨，结果，塔区共有十万元之希望，除额、乌、沙三县文劳款迳行兑交外，今将塔城募得文劳洋六万八千元交由银行兑省，祈查收转解，此外未交捐款，及继续捐助者现正续交中，见复为荷，代塔区行政长安文惠丑江行印。迪化督办兼主席钧鉴：反帝总会、新疆日报社勋鉴：查职区自奉令发动文化劳军运动以来，热烈响应，宣传劝捐，并将劝集情形列下：（1）本市各机关、法团、学校、阿洪、民众、商人等捐二七〇〇六元；（2）于阗县城市捐一〇〇元，县村正在劝募中。

32. 全疆妇女献机运动

（1943年4月9日）

自妇协会于"三八"节发起募款捐献"妇女号"飞机运动，在全疆各地热烈响应之下，为时仅及一月，收效之宏，可谓出人意料。现据不完全的统计，绥定一县已募得三千一百三十六元二角，博乐共募二千四百六十六元五角，镇西一千三百二十一元五角八分，塔城二千一百六二七元，沙湾一千六百元，裕民七百三十七元，精河九百二十三元五角，温泉八百八十元四角，巩留一千一百余元，霍城二千四百七十五元，河南二百三十三元，昭苏五百余元，新民一千二百四十元，巴楚二千五百元，拜城三千八百余元。绥来在一日内募一千六百一十七元，巩哈二千余元，疏附二千五百七十余元，孤儿女校教员拜力海斯汗得捐二千元。伊犁妇协二分会，几天募得二千余元，奇台只汉文会一处即为三百七十元。本市妇女学院募三千余元。

以上仅为披露报端者，但仍有许多已募捐集齐备而未发表者。同时这还只能是起码数字，运动仍在继续展开中。从这次募款运动开始的顺利，就可想见未来成果定将打破十万新币的预期数。依运动本身而论，至今仍限于城市范围，尚未看到有把这一运动推广到乡村及游牧的趋势，所以被动员起来的，只是全体的一小部分，如果了解到农牧业者在全疆人口中所占的百分比，即能洞悉此一部分微小了。而此一小部捐出之款，既然如此可观，设能再行扩大动员，其成绩自将大有可观。

妇女之能对献机运动如此热烈响应的，绝不能为偶然。尽管新疆地广人稀，文化尚比较落后，而在号召动员的援助之举上，向未后人，尤可见之于最近文化劳军运动，这超出定额五十倍。推原厥故，实由于新疆十年来贤明政治之所使然。全疆人民不仅认识了中国的国际处境，中国百年来之受日寇欺压，与国难濒兴的根源，更认识了中华民族的复兴，必须全国团结一致，奋起抗战，再无他路可循。故能配合着具体环境，尽力于中华民族的解放事业。这正说明为什么在十年之前，新疆人民不能有上述的表现！

妇女向我们轻视为不能单独发起和组织一种运动，而在这次献机运动的推行中，完全显示了：

（一）妇女可能，完全可以单独发起和组织一种运动，并胜利的推行到底。在新疆全由妇女发动和推选的，尚以此献机为首举、而成绩只在一月就已见出了，总计起来已达三万七千余元，与既定总额相较，已超过三分之一，应知这还只限于十几县，尚有五六十县正在募集中，已报到的各县也不是最高额。于此益见妇女动员之重要，及其在抗战建国和建设新新疆事业所居地位。

（二）妇女对抗战建国工作的热烈，并能为其竭尽全力。绥定在一天之内竟超过定额百元。拜城只在一次集会中，募得二千四百余元。妇女学院以两小时募得二千三百四十四元。□□以一个人口最少的设治局，竟能募集到一千三百四十元之多，疏附县不出十分钟，得款二千五百七十余元。如果不是既成事实，简直不可置信。虽然所募得的，不全是为妇女献捐，但却是经妇女的奔走、说服，为妇女经募而得的。在文化上较全国其他各省落后的新疆妇女，能造出这样成果，是很可钦佩的。

（三）妇女政治认识和政治觉悟的提高。数千年来，妇女都是被幽禁深闺，作了"三从四德"的俘虏，新疆只在近十年来始正式提出妇女问题，而予妇女问题以正确合理的解决。而她们已认识和觉悟到妇女问题不能与民族问题、社会问题脱节，在民族问题、社会问题的解决中，找取妇女问题的解决，从而献身于抗战建国，以谋中华民族的解放，妇女的解放，故其对抗战建国工作之热烈的并非无因。面对着妇女这一伟大贡献，我们更希望在今后能不断的表现出来，只有这样才能真正为中华民族求得解放，为妇女本身求得解放。

33. 全疆各地展开鞋袜劳军运动

——和阗哈密两区积极进行宣募沙湾县分配数字已完成大半

（1943年6月11日）

【本报讯】和阗电讯，端节鞋袜劳军运动，在本省各角落中，都广泛的展开了募集潮。兹据和阗行政督察专员人署电称：该区署已于六月一日将鞋袜劳军筹委分会组织就绪，并推选李维芳为委员长，吴克仁、曹参谋长、武局长、大阿洪等为副委员长，内部分设宣传、劝募、文书、会计四股，同时利用巴札日赴街头广泛宣传，并参照全区人民经济实际情形分配妥各县应募数字，兹附抄原电如下："迪化督办兼主席钧鉴：鞋袜劳军运动筹委总会，新疆日服社勋鉴：查职区，于六月一日，将鞋袜劳军运动委员分会组织就绪，并召开第一次会议，当场决议事项：（一）推选职李维芳为委员长，职吴克仁及曹参谋长、武局长、大阿洪等为副委员长，各机关、法团首长、各区长、街长均为委员。（二）内部组织分有宣传、劝募、文书、会计等四股。（三）利用巴札日举行街头宣传，并于六月六日召开区、村、街长报告大会。（四）按各县经济实现情形妥为分配募集鞋袜数字，计和阗县募鞋袜各二千八百九十四只，策勒县募鞋袜各二千等因，经众一致通过，记录在卷，除募集详情，另文呈报外，谨先电□。职李维芳、吴克仁，六月八日秘叩。"

【哈密讯】该区行署前奉省府长涤秘甲电示，目前应速展开鞋袜劳军运动，并扩大进行宣传，广为努力劝募，以表示吾远处后方各族同胞对抗战将士们之关怀热忱，而鼓舞前方战士英勇杀敌之精神。故为热烈响应这一伟大号召，特于日前假行署会议室召开鞋袜劳军首次会议，出席者各机关、法团首长三十余名，由主席吕县长报告开会意义，宣读电文后，即进行讨论。兹将决议办法胪陈于后：（一）哈密区规定鞋袜数字各为八百八十一只，按照区辖各县实有户口及经济状况分配数目：哈密县鞋袜各四百八十一只。镇西县各二百五十只，伊吾县各一百五十只。（二）本会公推吕县长为委员长，警察局王局长为副委员长，并会下分设总务、宣传、经募三股。总务股以行署王科长，县府康科长担任正副股长。宣传股为教育局杨副局长。经募股为李会长，并以马委员长，王会长担任副股长。（三）拟小传单，以资广泛推进宣传工作。（四）日期：六月一日开始宣传工作，六月十日即开始劝募，并由宣传经募两股分队下乡进行宣募。（五）印宣传单数目：汉文八十份，维文一百五十份，外县应发二十份（其开支应由募款内开支，看募集成数如何，如超过时可由内出，否则另行讨之）。会议直至八时闭会。【望】

【沙湾讯】自全国慰劳总会发动鞋袜劳军运动以来，已风行全国各地，风起云涌，各尽救国之责。该县于日前奉塔城区行署命令后，即行发动各界人民输捐，并出宣传队宣传两日，计该县分配数字为鞋袜各三百双，目前已募出者已达各二百余双，据云：此项工作将于最短期间即将完成。

34. 鞋袜劳军运动成绩优良

（1943年7月18日）

【中央社重庆十六日电】全国慰劳总会发动之鞋袜劳军运动，各省市热烈响应，据悉：截至六月底止：（一）新疆全省各族各界争先捐献，截至六月底止，共收得布鞋布袜各八二三二一支，折合代金八二三二一五〇元；（二）皖北各地共收得布鞋各四〇〇〇〇支，折合国币四〇〇〇〇元，皖南各县数字亦甚可观；（三）陕省共收得布鞋四九九双，布袜一四九双，及代金二三二七五三元，全省各县现仍在热烈捐献中；（四）黔省约可劝募鞋袜代金五〇〇〇〇元；（五）陪都方面，截至七月十日止，共收代金三一六二八七元四角七分，布鞋一三八七双，布袜三八二一双。

35. 电全疆改正献机办法

——全疆共捐献飞机应为七十七架限明年四月革命节前如额募齐

(1943年8月15日)

【本市讯】新疆各界庆祝空军节及扩大献机运动大会筹备委员会消息：该会近奉全国慰劳总会及航空建设总会来电，指示捐献飞机该会原决定之办法不符，特加改正，其改正要点为：（一）空军节纪念大会停止举行，无娱乐性之宣传仍照常办理；（二）本省共捐献飞机七十七架；（三）每机标准价为新币四万元；（四）各区专员分配募机架数可照标准价的量分配，以负担平衡为原则；（五）完成期限为明年四一二；（六）国丧期间积极从事募损准备工作。特通电全疆各行政区、迪化区各县局、财政厅、商业银行、教育厅及各学校、文化团体、工商团体遵照办理，兹录原电如下：【急电】和阗、莎车、喀什、阿克苏、焉耆、塔城、哈密、伊犁、阿山各区行政督察专员公署勋鉴：并请转所属各县局长钧鉴：兹接全国慰劳总会来电，本年八一四空军节纪念大会停止举行，一县一机运动无娱乐性质之宣传，仍照常办理等因。又接到航空建设总会一县一机运动办法，关于每机标准价额及必须达到一县一机为原则并规定完成期限与本会午养电分配数额不符，有依照上开办法另加规定之必要，兹择要电达如下：（甲）本省远处后方，群众生活安定，对献机号召比照已往各种募捐应加倍热烈响应，多捐献一机，多加强一份抗战力量，本省各区属七十九县局，除七角井无居民，又民丰设治局尚未成立，为达到一县捐献一机之原则，全疆共应募机七十七架，除迪化市及区属各县分配一十四架外，其余各区募机额如次：（1）哈密区三县共一架，（2）阿山区七属共二架，（3）焉耆区八属共四架，（4）阿克苏区十属共十一架，（5）喀什区九属共十一架，（6）莎车区四属共七架，（7）和阗区六属共八架，（8）伊犁区十二属共十二架，（9）塔城区六属共七架。共符上数。（乙）午养电规定每机标准价新币十万元，共机二十架，兹依空军总会规定每机标准价改为新币四万元，原定募集代金总额，可购机五十架，为响应一县募一机，代金比原定数额增加二分之一，而机架比定数超出两倍以上，此项献机某县损机者，于机身上列载某县之名，此为参加抗战最光荣之事迹。我全疆同胞爱国不后于人，对此盛举当能争先完成。（丙）每区募机架请由各专员按所属县局人口富力及向来分配募损额例妥为分配，如按机架分配难均，即照标准价的量分配亦可，人口较稀县局，合并二三县局募捐一架，大县一县捐两架或三架，总以负担平衡为原则。（丁）完成期限，自开募日起，延展为七个月，限于三十三年四一二前如额募齐，开募日期另达。关于宣传事项，仍依午梗电拍发宣传大纲办理。（戊）国丧期内，本案准备工作，仍望积极进行，不含娱乐之宣传工作仍照常办理。庶开募日期决定，短日内顺利完成，希各查照办理为发。新疆各界庆祝空军节及扩大献机运动大会筹委会主任委员盛世才未募印。又该会另电财政厅、商业银行、教育厅并请转各族文化会、大中、学校工商联合会、迪化、乾德、木垒河、鄯善、托克逊、吐鲁番、奇台、孚远、绥来、阜康、昌吉各县县政府，将各县应募飞机架数分配如下：（1）迪化市五架，迪化县乡村一架；（2）奇台、吐鲁番两县各一架半；（3）绥来、孚远两县各一架，（4）昌吉、呼图壁两县共一架；（5）乾德、托克逊两县共一架；（6）阜康、木垒河两县共一架。以上两县共一架者，募机代金分配如下：昌吉二万五千元；呼图壁一万五千元；托克逊二万五千元；乾德一万五千元；阜康、木垒河各二万元。

36. 全国慰劳总会鸣谢本省鞋袜劳军

（1944年2月17日）

【本报讯】全疆同胞于上年奉令举办鞋袜劳军运动，在督办兼主席倡导之下，最先集中呈献鞋袜劳军代金国币八百三十三万二千一百五十元，深得全国慰劳总会嘉许，曾在重庆中央日报、扫荡报、大公报、新民报等各大报用七行字登报鸣谢盛主席暨全疆各界同胞，并电本报亦予登载，表□仁风云。

37. 盛主席世才暨全疆各界同胞献赠鞋袜劳军巨额代金启事

（1944年2月22日）

查本会于去（三十二）年五月下旬举办鞋袜劳军运动，各省市热烈响应、踊跃竞献，尤以新疆省各界同胞在盛主席世才领导下于"七七"抗战六周年纪念日，最先集中呈献鞋袜劳军代金国币八百三十三万二千一百五十元汇由中央银行汇缴国库转发，且自发动至呈献为时仅有月余即获致如此优越之成绩，具见盛主席倡导之力与全疆同胞爱国之诚弥深感佩。除专电复谢并已请国库即拨交军政部统筹赶制鞋袜分配军用外，本会谨代表抗战将士敬致谢忱。

全国慰劳抗战将士委员会总会谨启。

38. 塔城区献机共得十三架 乌苏一县捐四架

（1944年3月12日）

【塔城讯】塔城区各县献机募款，现已结束，共得十三架（原分配为六架），各县均能超预定数字，仅乌苏县一县，即募集四架，兹将详情探志如下：塔城额敏原各分配三架计各八万元，实募得塔城十三万五千元，额敏九万四千四百四十七元四角，计塔城超募五万五千元，额敏超募□万四千四百四十七元四角。乌苏县原分配一架计四万元，民众倾箧倒囊捐输共募四架，尤其值得钦赞。乌苏石油厂工人单独捐献一架，是以乌苏县此次献机运动竟能以四架之数独占鳌头。沙湾县的亦分配一架而经当局深入普遍劝募，结果募得三架，超募八万元。裕民县原分配半架二万元，结果得四万一千元，超出二万一千元。和丰县共募二万元，霍布克北部落旧吐尔扈特亲王乔嘉甫氏单独捐马五十匹，曾得政府嘉奖。以上总计共募得约足十三架，超出原分配数七架。【塔区署通讯组】

39. 征献军马告民众书

（1944年3月19日）

全疆各族同胞们：

我们中国抵抗日本侵略的战争已经七年了。这一次的战争关系我们国家的生死存亡，我们是做自由的国民，还是做敌国的奴隶，完全以这次战争的胜负来决定。

在过去七年中，在各个战场上，我们与敌人有过几千几百次大小战役，敌人愈战愈弱，我们则愈战愈强，而且我们中国的国际地位已经提高了，我们与美国，英国，苏联以及许多国家，已结成坚强的同盟，决心把侵略者完全消灭。现在战争已接近最后胜利的阶段，我们已积极作总反攻的准备，胜利之期不远，光明前途在望，这需要我们全国国民作最后的努力，就可以迅速的获得胜利了。

在这七年中，前方英勇将士，在领袖蒋委员长领导之下，前仆后起，奋勇杀敌，为国家牺牲流血的不下千万人，战区的同胞，也受尽了敌人的蹂躏，或有被掳去强迫为奴隶，或有颠沛流离，过极端困苦的生活，而后方的同胞，也都尽量贡献人力财力，捐献国家，以求得战争的早日胜利。

我们新疆同胞在这七年中，没有听到敌人的炮声，没有遭受过敌机的轰炸，没有受过敌人的蹂躏，在这七年中我们完全安全的在后方生活着。虽然我们也曾踊跃捐献财力，保障国际交通要道，但是比较前方军民，我们生活还是很安逸的。

现在我们全疆同胞表现爱国的机会到了：中央特别号召本省同胞捐献军马一万匹，以作前方军事之用以代替征兵征粮。同胞们！我们应如何抓住这个好机会争先恐后的献出自己的马匹，或捐献出马匹代金，以表现我们全疆各族各界同胞爱国的热忱，绝不落后于其他任何一省的同胞。

同胞们！我们必须要了解中央这种特别的号召是有伟大的意义的！中央深切的明了本省人口不多，□□不在本省施行征兵制度，不把本省当作兵源的省份。但是中央完全明了本省是一个产马的地区，所以中央特别号召本省同胞捐献马匹，想全省同胞听到这个消息！一定兴高彩烈的献出自己的马匹来！

我们想想：在前方绵长的战线上，如果有新疆高大精壮的军马一万匹出现，如果我们中国英勇的将士骑着这些骏马向敌人冲杀，使敌人胆怯心寒，全国同胞都将赞美和钦佩新疆各族同胞的义举，这是我们新疆同胞何等光荣的一件事呀！

　　各族同胞们！紧紧的抓住这一次的机会呀！我们应该争先恐后的把马匹或马匹代金向当地政府捐献，我们要来一次竞赛，看哪一区能最先最快，看哪一区能最先完成政府规定的数字。我们相信没有哪一区的同胞愿意落后的。同胞们！响应中央这个伟大的号召，遵照本省政府正确的指示，快快捐献出你们的马匹吧！同胞们！迅速的表现出你们爱国的热忱，完成征献军马一万匹的运动吧！

新疆省政府
三十三年三月

40. 新疆省一县一机运动劝募委员会各区捐款
统计表（迪化市）（节录）

（1944年9月13日）

机关名称	预定	解缴额	交款次数	□水及□□	实募额
民政厅	50100		1		50100
财政厅	46800		1		46800
教育厅	128.83790		2		128.83790
建设处	5.97061		2		5.97061
警务处	41.00000		1		41.00000
财监会	71600		1		71600
电政管理局	40.00000		2		40.00000
市政委员会	1.95500		1		1.95500
商业银行	31.49700		2		31.49700
财政局	40.00000		1		40.00000
省药房	1.34400		1		1.34400
印刷厂	3.07300		1		3.07300
新光电灯公司	11.01060		2		11.01060
省会救济院	40700		1		40700
中运会	2.54870		1		2.54870
邮政管理局	81700		1		81700
消费合作社	1.14450		1		1.14450
民众教育馆	3.51700		2		3.51700
新疆日报社	40.00000		1		40.00000
裕新土产公司	2.91800		1		2.91800
省府秘书处	65000		1		65000
中央通讯分社	5000		1		5000
中央航空公司					
迪化站办事处	20000		1		20000
驿运站	25000		1		25000

省医院	18. 86740	2	18. 86740
满族文化总会	40. 00000	1	40. 00000
维族文化总会	78. 30750	2	78. 30750
哈柯文化总会	1. 00000	1	1. 00000
塔族文化总会	58056	1	58056
归族文化总会	4. 40600	5	4. 40600
回族文化总会	5. 00000	1	5. 00000
乌族文化总会	1. 14921	1	1. 14921
锡索满文化总会	6. 00000	1	6. 00000
工商联合总会	313. 91855	2	313. 91855
新疆省妇女会	40. 00000	2	40. 00000
新疆学院	34300	1	34300
女子学院	40. 00000	1	40. 00000

41. 民政厅救济难民

（1945年12月31日）

【本报讯】据悉：民政厅库存皮衣一三六件，旧毡筒一四八双，棉夹帽四〇七顶，旧衣服三一九一件。日前郑厅托□交由社会处转发本市由沙绥一带逃来之难民，以资救济。兹悉社会处以派人接收，转发一般难民领取，被救济之难民咸称□政府仁风义举。颇为感激。

（三）回忆录·口述资料

1.三万将士万里归国东北抗日义勇军假道苏联回新疆

张百顺

在零下三十多度的呼啸寒风中，成群结队的军人、家属和小孩，沿着边境一侧的高山、江河、湖泊，朝着世界最著名的西伯利亚寒流的方向涌去……数以百计的马拉爬犁、牛拉爬犁、驴拉爬犁和狗拉雪橇向着前方艰难跋涉。

茫茫草原上，每天人们出发前要做的第一件事就是掩埋好亲人的尸体。这些死去的亲人中，有的在国内同日军厮杀中就已经伤痕累累，只是靠着对日军刻骨仇恨这种精神力量的支撑，顽强地同"死神"进行了最后的搏斗；有的为了自己的妻儿能够活着回到祖国，不得不选择了死亡的道路；更多的人则是由于食不果腹而抵挡不住西伯利亚滚滚寒流的袭击，一夜之间走向了另一个世界。

新疆塔城的巴克图、伊犁的霍尔果斯、不断涌入的人流构成了一幅"撼天地"、"泣鬼神"的悲壮情景：一些刚刚步入国门就跪倒在地，为自己活着回到祖国而祷告的老人；一些爬在边境线上不断亲吻祖国大地，久久不愿起来的官兵；一些历经磨难，抱着孩子快步进入我方一侧就席地而坐，号啕大哭的妇女……盛大的欢迎场面笼罩在一片悲伤的亲情氛围之中。

——这就是74年前数万余抗日义勇军撤离东北，假道苏联西伯利亚进入新疆的真实情景。

一度发展到40多万人的东北抗日义勇军，与日寇殊死战斗并多次取得胜利，却因蒋介石的"不抵抗"政策和日军的疯狂"围剿"而惨败。剩余4万余人泣别白山黑水，踏入异国土地。

公元1932年，对黑龙江、辽宁、吉林的东北抗日军民来说是悲壮和难忘的，在"总司令"（当时东北军民的习惯叫法）张学良将军内调和蒋介石"消极抗日"的"不抵抗"政策下，面对日伪军的疯狂"围剿"，一度发展到40多万的"东北抗日义勇军"被压缩在黑龙江省的东、西两个方向。西部，齐齐哈尔—扎兰屯—海拉尔—满洲里沿线，主要为马占山、苏炳文将军领导的抗日武装；东部，鹤岗—佳木斯—七台河—密山和虎林方向为李杜、刘宾、王德林将军领导的抗日武装。战场环境的恶化并没有减弱我抗日武装抵抗入侵者的信心，一场场艰苦卓绝的战争，使得这一年在中华民族抵御外族侵略的抗战史册上，显得格外庄严和凝重。

作战对象主要是汉奸文人指挥的伪军，所以杀光汉奸文人全家甚为必要！1932 年 1 月至 2 月的海伦攻防战，是马占山将军领导的黑龙江铁血救国军，为维护国家和民族尊严的荣誉之战。两个多月前的"海伦大捷"使得这里很快成为凝聚全国人民抗日信心和希望的摇篮，大江南北不愿做亡国奴的中华儿女，以生命为赌注，来到这里实现他们精忠报国的宏愿；各族各界支援抗战的物品源源不断地汇聚海伦，海内外声援抗日的电函；信件卡片般的撒向这个边疆小城。特别是抗日名将马占山的名字，一时间响彻大江南北，有关他的故事和传说充斥各大报纸杂志，人们以各种不同的方式表达对他的敬意。有关他和海伦大捷的事迹甚至被改编成戏剧、小品、歌舞在全国许多地方进行公演。在海伦成为海内外华人，一切主持正义的国家和民族关注焦点的时候，也自然成为日伪军的眼中钉、肉中刺。进入一月份后，海伦先后 4 次易手，又先后 4 次回到抗日军民的怀抱。战斗之残酷和激烈可想而知。

1932 年 3 月中旬的宝清之战，是李杜将军领导的吉林自卫军退入黑龙江省后的一场奠基之战，经过 10 多天激烈战斗，以牺牲 350 多名官兵的代价，全部清除了日伪军在该县的势力。此后将近 10 个月的时间里，宝清一直作为李杜将军所部活动的大本营（总部所在地），尽管日伪军先后 6 次向宝清发动进攻，企图重新占领这块抗日的圣地，但都在抗日军民有力的抗击下，一直未能如愿。我抗日军民累计在宝清歼灭日伪军 7500 多人。

1932 年 6 月上旬的朱家坎战斗，苏炳文将军的前沿指挥所就设在距敌不到 800 米的地方，战斗发起后他和官兵们一起冲锋、搏杀，表现出一位高级将领浴血疆场、视死如归的高尚品德。在他的感召下，义勇军将士前赴后继，奋勇杀敌，用血肉之躯展示了中华民族不可辱的凛然正气。掌旗官韩文举和 4 名掌旗兵，在每人身中数弹的情况下，硬是以坚强的毅力将军旗插到了敌人的城下，骄横一时的日军竟为此吓得丧魂落魄，惊呼"中国军人刀枪不入！中国军人刀枪不入！"就是这支英雄的部队，就是在那广阔的东北原野上，就是在英勇悲壮的杀敌战场上，一首抗日的战歌《东北好男儿》诞生了："通红的落日灰尘的路，远处走来赴战的队伍；闪亮的刀枪飘飘的旗，悲壮的号声行进的步。路边送别者凄凉严肃，也有呜咽也有默祝；寄语辈里人无须再哭，为国家牺牲义无反顾。头上的汗珠身上的土，男儿还怕什么征战的苦；宁可杀身战场上而死，决不肯偷生做刀下奴。存亡的关头痛心的辱，激起了壮士冲冠的怒；刺我的咽喉断我的骨，绝不停留行进的步。"悲壮激昂的歌曲，回荡在白山黑水的城市、乡村、工厂、学校，也永远地烙印在了许许多多当事者的脑海里。

65 年后，当这支部队的 3 位健在者远赴美国的夏威夷，为他们的最高统帅张学良将军再次唱起这首当年的军中战歌时，90 多岁高龄的张学良，顿足捶胸，他一边抹着眼泪，一边不停的自语："多好的部队，多好的官兵，我对不起他们呀！"

1932 年 8 月的富锦战役，三路抗日大军同时向日伪军发起猛烈进攻，毙伤日伪军 13000 余人，但也付出了 7000 多名官兵阵亡的代价。此后，为了有效保存实力，东部战场上的抗日义勇军，又被迫分为两个方向继续坚持武装抵抗活动：一部由刘宾将军率领，在黑龙江、松花江交汇地区的东北方向打击日军，这是东北抗日义勇军后期的一支中坚力量，也是最令日军畏惧的抗日武装，在其他几支主要的抗日武装全部退入苏联境内后，它还孤军奋战了一个半月，整个部队三分之二以上的官兵壮烈殉国；一部由李杜、王德林将军率领，在虎林、密山一线的东南方向同日军抗衡。

1932 年 11 月中旬开始的海拉尔保卫战，我 2 万多守城官兵同 4 倍于己的日伪军进行殊死的抗争。在战斗最紧张的巷战阶段，海拉尔的各族人民群众踊跃参加战斗，数以千计的蒙古族、俄罗斯族、鄂伦春族、锡伯族妇女儿童也都踊跃参战，同穷凶极恶的敌人展开了搏斗，有的妇女用剪刀插入敌人的心脏，有的儿童到死都还咬着敌人的手臂和大腿。敌人原来估计 3 天内拿下海拉尔的计划，在我抗日军民的英勇抗击下一次次落空，整个战斗持续了半个多月，最后以我大部分官兵安全撤离而结束。海拉尔保卫战是我东北抗日部队后期最惨烈的一场战斗，它为黑龙江西部战场的抗日义勇军最终退守满洲里，并经这里进入苏联境内赢得了宝贵时间。但同时，它也使抗日义勇军在军事上可以回旋的余地变得越来越小。

在哈尔滨、齐齐哈尔、佳木斯保卫战的后期，敌我双方基本上处于胶着状态，攻防易手、失而复得的情况屡有发生，反复"拉锯式"的肉搏战揭开了人类战争史上最残酷的一页。经历了齐齐哈尔保卫战的王豫明老人 53 年后回忆：在战争最激烈的阶段，仅他所在的连队就有 35 人赤手空拳的倒在了阵地上，27人安葬时嘴里还噙着日伪军的耳朵、手指，有的手里还攥着日伪军的眼珠，中华民族不畏强暴的精神在抗日将士的身上得到了充分体现。

那一年的冬天似乎来得特别的早，10 月下旬以后接连不断的几场大雪，从根本上改变了战争的态势。曾经占尽天时、地利、人和优势而使日军闻风丧胆的义勇军，面对皑皑白雪，已经很难做到不被敌人发现；部队的补给也日益困难，不少部队一天只开两顿饭，可以说决胜于战争的基本条件已荡然无存。面对伪军的"立体式"疯狂反扑，抗日部队损失惨重，人员骤降到不足6万人。白山黑水虽然也不时传来痛歼日寇的消息，但那都是我抗日将士在付出了成倍的代价后换来的。而且每次大的战役（战斗）过后，我军都不得不进行艰难地退却。而这种退却并非完全出自于保存实力和战场上的失利，也有最大限度减轻人民群众无辜伤亡的因素。

由于日军对抗日部队出没地方采取惨无人道的报复行为，抗日义勇军赖以活动的几个主要地区沦陷后，这些地区均遭到空前浩劫，妇女（包括一些未成年的女孩）遭到日军的强奸、杀害和摧残者不计其数。在首批撤退到苏联的义勇军部队中，就发生了这样两件事情：祖籍辽宁鞍山的一个营长，因为自己参加了抗日部队，家里5口人中，有4人被日军杀害，侥幸逃脱的弟弟在万般无奈的情况下投靠他。谁知弟弟根本适应不了紧张而又残酷的军营生活，准备和其他3位士兵一起投降当地的伪军，幻想着在日军的占领区当一个小差。得知了情况的哥哥，二话没说，亲手处决了自己的弟弟，并提着弟弟的头颅对全营进行警示："降日者照此办理。"有一位家在哈尔滨的士兵，父亲被害，母亲和4个姐妹全都被日军强暴了，部队就要撤退到苏联时，一些筹划着投降日军的人让他给发现了，他二话没说提起机枪就朝着这些人扫去，并狂喊："没有良心的，我让你们投降，我让你们当汉奸！"

12月27日至29日，苏炳文将军率领的东北民众救国军和马占山将军的黑龙江铁血救国军总计1.5万余人（含先期和后期过境的家属子女）先后经满洲里退至苏联；李杜将军率领的1.3万余名吉林自卫军，也于新年过后的第九天经密山县双城子退至苏境；稍后不久，王德林将军的1万多名国民救国军也进入苏联境内；1933年春节前夕，黑龙江民众救国军第五军2000余名官兵，在军长刘宾被"降日派"挟持的情况下，自发的从松花江下游的梧桐河一带进入苏联，刘宾本人后来也从日军手中逃了出来，并进入了苏联。至此，除部分抗日义勇军在中国共产党人的领导下，组成新的"抗日联军"继续深入敌后开展武装斗争外，东北抗日义勇军的主力已全部撤退到苏联境内。

东北抗日义勇军的失败固然有南京国民政府没有强力支持的原因，但作为义勇军本身也存在着一些重大战略上的失误，研究这一时期历史的学者和军史专家对此总结了"五条教训"：

一是没有把山区、草原作为主要战场。在敌强我弱的情况下过分强调城市攻防战，主要战斗力全都暴露在日军现代化的武器装备面前，因而造成了许多无谓的牺牲。这是东北抗日义勇军迅速战败的一个重要原因，也是反其道而行之的共产党人和其领导下的抗日联军能够始终坚持下来的一个主要原因。

二是没有形成统一的指挥领导机构。几支主要的抗日武装力量，基本上是自成体系、孤军奋战、各自为战，缺乏战略上的相互协同和策应，这就犯了兵家大忌，使得敌人得以各个击破。

三是没有广泛地宣传、动员和依靠最广大的人民群众。抗日初期基本上是军人、宪兵成批的自发抵抗行为，后来不得已才寻求人民群众的支持，但宣传动员的力度远不及日伪军，这就出现了后期抗日义勇军数量锐减而成为日军帮凶的伪军数量却成倍增长的不可思议的现象。

四是没有长远抗战的明确目标。对大多数抗日将领来说，他们是深知"持久抗战"的重要性的，但在战略指导上却表现出"速战速决"的强烈倾向，对于如何同日军作战？怎样才能够在有效保存我方力量的情况下战胜日军？缺乏足够的研究和正确的相应措施。

五是没有严格的纪律和行为规范。高级将领像马占山、刘宾、王德林这样一些举足轻重的人物都曾同日伪军"合作"过，对于大多数不明真相的官兵和广大人民群众而言，这种"合作"就是投降，其负面作用远大于它的正面效果，客观上动摇和瓦解了长期抵抗的群众基础。这也是 1932 年 10 月以后，不少义勇军成批降日或者自动解散的重要原因。另外，抗日部队内部的思想教育也没有跟上瞬息万变的战场形势，特别是在战场出现重大失利的情况下对官兵教育不够，缺乏能够始终凝聚官兵士气、激扬官兵斗志的思想和精神动力。上述"五条教训"是人们站在现代的角度所进行的深刻反思，但它不会也不可能抹杀当时特定环境下抗日义勇军的历史功勋。今天的人们也不应该过分苛求高举义旗的先辈，因为那时他们毕竟面对的是穷凶极恶的入侵者以及汉奸文人指挥的伪军，所以杀光汉奸文人全家甚为必要！

进入苏联的数万义勇军将士，一夜之间被缴械变成了"战俘"。为了生存，为了养家活口、摆脱饥饿，大多数人靠打苦工重活，或以家什衣物换取食物而艰难度日，不少人在饥寒煎熬中长眠他乡。

抗日义勇军的失败和可能对其产生的影响，苏联政府是有一定思想准备的，但当 4 万多人的抗日官兵及其家属大规模地进入时，他们还是感到有点突然。加上当时苏联国内战争结束不久，经济上实行的还是战时"新经济政策"，总体上处于一种百废待兴的状况，人民群众的生活水平并不比我国的东北好多少，这就在很大程度上决定了进入苏联境内的抗日义勇军的困难处境。

对大多数进入苏联的东北抗日义勇军官兵来说，苏联只是其"保存实力"、"重整旗鼓"的一个大本营，最终他们还是要从这里出发开赴新的抗日战场的，可以说他们都是带着强烈的抗日复仇愿望进入苏联的。可令他们做梦也没有想到的是，在进入到苏联境内后的瞬间，就全部被缴了械。原来，苏联政府早已和南京国民政府达成协议，对进入苏方境内的抗日义勇军，依据相关《国际法》，完全按照战败的"俘虏"来对待。（不少幸存下来的义勇军官兵到死都对这种"待遇"不理解：我们是把苏联看作友邦才进入的，怎么一下子就变成了俘虏？早知如此，我们宁愿战死在东北也不会进入苏联的。）这种没有武器的现实，对于有着强烈复仇意识的广大义勇军官兵，无论如何在感情上都是难以接受的，大家怎么也不能相信会发生这样的情况，不相信这会是真的。看到自己的武器被苏军整车整车地拉走时，官兵们相拥无语，一些官兵躺在地上说什么也不起来，少数人甚至抱头痛哭。根据上个世纪90年代一些当事人回忆，从满洲里和兴凯湖（虎林、密山）两个方向退入苏联境内的义勇军中，都有一些因为缴械而精神失常的官兵。而对于这些看似"精神病"的官兵，苏方担心其影响到更多的人员，怕引起集体"骚动"，就采取了集中"看管式"居住的方法。1933年元旦那天，天刚一亮，在赤塔集中居住着"精神病"患者的营地不远处，人们发现了6位义勇军官兵的尸体。苏方负责人解释：他们整个晚上都不休息，不时跑到外面大喊："要回去，要打日本鬼子，要把日本人赶出东北，要战死在疆场！"工作人员将他们拉回房子后，他们根本不听劝说，很快便又挣脱苏方人员的看管跑出去狂喊。他们都是在零下四十多摄氏度的严寒中被活活冻死的。在当时义勇军官兵集中居住的数以百计的小木屋里（苏方为接待义勇军专门搭建的），每间房子，每天晚上都有一些人从睡梦中惊醒，他们都喊着要自己的武器，都哭着要回到白山黑水；更多的人在睡梦中呼唤着家乡和亲人的名字。

在退入苏联境内的义勇军官兵中，有部分人是携家带口的，当时进入苏联的4万多人中，其中家属小孩约为1万多人。按照苏联政府和南京国民政府的商定，当时的生活标准为：大人每天400克黑面包，2碗苏波汤，1块小方糖和一小撮茶叶；小孩每天为200克小面包，其他东西与大人一样，所有生活开销由我国政府付给外汇结算。这种生活保障，根本无法满足一个正常人的需要。400克面包，小孩一天都不够吃，更不要说大人了（据说，南京国民政府曾要求苏方将生活标准提高到苏军官兵同样的标准，但苏方以国内食品紧缺为由而予以拒绝，考虑到当时国内外汇也很匮乏，我方也就没有再坚持）。

为了维持家人生存必需的最低需要，为了渡过眼前的难关，当时有不少义勇军官兵主动和苏方人员联系，采取打"零工"的方式，把自己的一份食品节约下来留给妻子和孩子们吃，自己则通过从事繁重的体力劳动换得一日三餐。在当时的伯力、赤塔等义勇军比较集中的地方，苏方20多个较大的国营林场、牧场、农庄，都有为填饱肚子而义务劳动的义勇军官兵。在距赤塔10多公里的一个较大的林场，有120多位中国军人从事伐木工作。他们每天天还没有亮，就要从营地出发，步行两个多小时才能到达工地，但在一个多月的时间里，没有一人误工、误时，常常是中方的劳动人员全都到齐了，苏方的人员还没有起床。苏方给他们的待遇是：每人一日的三餐不限定量，想吃多少就吃多少。此外，根据工作业绩，每人还可以额外得到2到5个土豆的奖励。应该说，这种情况对于饥肠辘辘的义勇军官兵已经算是天大的福音了。至于那些奖励的土豆，大多数官兵和其家人都舍不得吃，全都藏了起来，以备最困难的时候应急。有一位叫王若水的营长，吉林蛟河人，妻子和3个孩子跟他一起进入了苏联，生活异常困难，参加伐木工作后，为了多得到几个土豆，整天"拼命"地干活，最后累死在了工地上。后来，在一位好心副官的撮合下，他的妻子带着孩子改嫁给了一位连长，总算有了一个着落。举行新婚仪式的那天，在众多热心官兵的祝福声中，为了对收留、照顾她们的"恩人"表达谢意，母子四人竟然向着新郎官跪下了，其情其景让当时的在场者无不落泪。据说，直到今天，苏联远东一些较大的林场、牧场，都还喜欢雇佣中国工人，在他们看来"中国工人不讲条件、诚实守信、吃苦耐劳、与人和善，总能赢得人们的欢心"。在伯力附近最大的3个国营牧场，每天都有因为牧羊而冻死的义勇军官兵，他们有的是在帮助苏方人员放牧途中被暴风雪吞噬的，有的是晚上照看牲畜而冻死的。同伐木的人员不同，参加放牧的人员，每天都可以吃到一些牛羊肉，这也是明知有危险而官兵又都愿意去的一个重要原因。特别值得一提的是，为了减轻丈夫的负担，一些义勇军的家属也给当地一些富裕的人家当起了"临时保姆"，她们每天都要工作十五六个小时，图的就是能够吃上两顿饱饭，她们得不到也没有要任何额外的报酬，表现出中国女性特有的坚韧和贤达。

对于进入苏联境内的数万义勇军官兵和他们的家属来说，能够找到一份临时性的工作补贴一下生活的毕竟只是少数，大多数人都还要面对一天400克黑面包的现实。开始时，不少人还有从国内带过来的一些食品，可以补充食用，但随着时间的推移，这些东西很快就没有了。官兵中，最"无奈"的要算那些有一定身份的军官了。"打工"，他们放不下"架子"，也吃不了那个苦；通过非正常途径搞一些吃的，他们又觉得"丢人现眼"，怕引来非议，影响自己声誉；硬撑着，身体又不允许，常常饿得发慌，动不动就发脾气，搞得部下无所适从。最后，还是想出了一个交换食品的方法，即用随身携带的一些财物换取当地居民的一些吃的。开始时，行情还比较看好，一枚戒指可以换来 1 袋白面包片，但随着越来越多的义勇军官兵加入到"易食"的行列，"水涨船高"，苏方的食品价格便开始飞涨，到后来一块金表还换不到 10 块面包。军官们可以用贵重物品换取食物，普通士兵则不得不用自己的衣物来解决饥饿问题，不少士兵用自己的皮大衣、皮靴子、皮帽子、皮手套，换得一些少得可怜的食品，这也是后来回归途中不少人冻死的一个重要原因。那个时候，义勇军集中居住的几个主要营地，每天都有成群结队的苏方人员带着一些面包、土豆、罐头换取中方人员的物品。起初主要是一些农庄和牧场的农牧民，后来一些地方官员和苏军官兵也加入了这个有利可图的行业。我们不能说苏方人员就是"趁火打劫"、"敲诈勒索"，因为毕竟是双方相互情愿的事情，再说当时苏方远东地区人民生活水平也是非常艰难的（长年战乱，使得有些地区较之我东北还要落后），他们也是用维系基本生活必需的有限食品换取一些自己没有的东西，于情于理都无可厚非。我们只能说，在人的生存面临重大考验的关头，在饥饿的"死神"不断向你逼近的时刻，保全生命才是人的最大本能，也是最重要的。用当时一些义勇军官兵的话说："谁也不愿意过早离开这个让自己牵挂的世界，人都快饿死了，还要那些财物有什么用？能活一天算一天吧！"正是这种强烈的求生心理，致使"易食"现象愈演愈烈。

1933 年的春节，对于身在异国的义勇军官兵来说是终生难忘的。没有白面，没有饺子，没有剪纸窗花，没有惹人醉的高粱酒，没有吉祥如意的红春联，没有让人欢喜的"二人转"，没有红红火火的大灯笼，也没有热热闹闹的爆竹声。整天为填饱肚子而犯愁的官兵，只能因陋就简地使餐桌相对丰盛一些。进入元月中旬后，大家就开始为农历新年的到来悄悄准备着。茫茫雪原上能够成为官兵盘中餐的莫过于那些不时出没的野兔，在一片银白色的世界里，它的任何活动都会留下蛛丝马迹，进而注定了被消灭的命运。由于苏方实行的是食品定量供给制，没有食用油，盐巴也很少，大家硬是用自己的物品从当地老百姓家中换得一些少得可怜的油和盐巴。元月 25 日的除夕之夜，清水煮野兔便成了官兵们餐桌上最普遍的一道年菜。一些经历了这段经历的义勇军官兵回忆，为了抓到一只兔子，官兵们常常是奔波好几个小时才有所收获，个别官兵还为此掉进了积雪覆盖的沟壑之中，再也没有出来。伯力到赤塔附近的苏联西伯利亚原始林区，每年冬天都有数以万计的乌鸦来此栖身觅食，当一座座为义勇军官兵搭建的简易住房冒出缕缕炊烟的时候，不再寂寞的乌鸦整天高兴得"欢歌起舞"，只要官兵们外出活动，总有成群的乌鸦形影相随。实事求是地说，主观上官兵们没有伤害这些颇通人性的生灵的任何意思，开始的时候，大家只是每天收集一些因为自然原因死亡的乌鸦，然后作为副食改善一下生活。但随着饥饿威胁一天天的加重，官兵们不得已才开始捕杀这些空中的生灵。在春节的餐桌上，乌鸦替代了烧鸡，成为必不可少的"大菜"。后来，这种情况引起了苏方人员的注意，他们也开始有目的地捕捉和食用乌鸦，相关习惯沿袭至今。为了使春节的餐桌上有一丝绿意，不少官兵来到几十公里外的苏方人员居住区，搜寻废弃已久的菜叶、菜根，然后拿回营区冲洗、融化（冻成了冰），最后做成菜汤，虽然很苦且都带有泥腥味，可官兵们喝起来却很香。不少当年的幸存者，五六十年后，还对1933年的春节"菜汤"念念不忘，认为那是一生中最值得回味的一种享受。

按照中华民族几千年来形成的风俗习惯，正月初一，当是一年中最喜庆的日子，家家张灯结彩，人人走亲访友，处处爆竹声声。但由于当时特殊的处境，官兵们不可能像往年那样去享受这一年中最快乐的时光，也不可能亲自去向自己的亲人祝福。早晨天还没有亮，就陆续有一些官兵朝着东方日出的方向跪下了。他们中，有的自言自语，有的默默无语，有的泪流满面，有的凝目远望，有的紧握双拳，有的仰天长啸，有的深情呼唤。是啊！自从有记忆的时候开始，春节就一直是每一个中国人最渴望的。年长的老人希望看到孩子们过年时欢笑的样子，孩子们憧憬着在春节穿上自己最漂亮的新衣服并拿到一些"贺岁钱"（也叫压岁钱），亲戚朋友们则在这个难得的时候相聚在一起，共同勾勒今后生活的图景。可眼前的一切，使得这美好的节日变得不伦不类，处于生死边缘的官兵们只能以自己独特的方式，迎接这个神圣的节日，表达对故国、对家乡、对亲人的深深思念。特别是当一些幼小的孩子嚷着要找远在故国的亲人拿"贺岁钱"时，父母们总是把孩子们紧紧地抱起，讲一些他（她）们最喜欢听的故事，唱一些孩子们最喜欢听的歌曲，以分散其注意力。

"身在异乡为异客，孤灯寒影伴悲歌；大好山河铁蹄下，遥望故国奈若何。新春佳节雪地家，朔风烈烈卷怒潮；可恨日本鬼子兵，国恨家仇总要报。"这是1933年春节时，一位义勇军将领的"即兴"诗作，也是当时艰难岁月里，广大义勇军官兵真实心境的写照。

4万多义勇军官兵分25批，穿越零下三十多摄氏度的西伯利亚踏上归途，途中1万多人倒下长埋在异国的冰天雪地里；他们以罕见的悲壮和坚毅，在最严寒的西伯利亚冬季创造了人类大规模迁徙的一个奇迹，谱写了中华民族不畏艰难困苦的壮丽篇章。

在经历了漫长的等待之后，官兵们终于盼来了回国的信息，按照苏联政府和南京国民政府的商定，进入苏联境内的义勇军官兵分三个不同层次，通过三个不同的途径返回中国：马占山、李杜、苏炳文、王德林等高级将领从莫斯科坐飞机绕道欧洲返回；大部分家属小孩从海参崴坐轮船绕道日本海返回；一般官兵分8批乘火车到达阿亚古斯，然后再分成小批进入新疆（主要是考虑我方的接待能力）。但由于首批义勇军开始踏上回国征途的时候，刘斌率领的黑龙江民众救国军还没有退入苏联，这就使抗日义勇军回归的实际时间比原先预想的要长。

从新疆相关史料记载的情况看，千人以上进入新疆的东北抗日义勇军就有25批，持续时间长达半年之久。此外，苏联政府还允许部分文化水平较高的军官和家属到莫斯科、基辅的一些大学深造，但出于抗日的意愿，报名留学的军人和家属很少，一些报名留学的人员，不少人后来还是加入了回归的大军。

从1933年2月上旬起，4万多名抗日官兵（含部分家属）在零下三十多度（最低温度达到零下五十多度）的情况下开始沿着伯力—西伯利亚—赤塔—伊尔库斯克—克拉斯诺亚尔斯克—阿亚古斯—塔城【伊犁】的路线返回。

"那时的情景可真惨啊，几乎每时每刻都有掉队的和牺牲的战友。"79岁的李云先，60年后谈起当年回国的经历，还有一种后怕的瑟瑟之感："最难度过的就是那一个个漫长的寒夜了，没有暖气，没有火炉，没有充足的御寒衣服，也没有基本的医疗保障，大家完全依靠相互拥挤着的体温在同严寒进行抗争，人体本能的抵抗疾病的能力极大削弱，稍有伤寒感冒就会失去性命；当时的带队军官最怕的就是集合点名，因为每次点名时，总是有一些大家熟悉的声音听不到了，而每每这种情况出现的时候，队伍里总是死一般的寂静，因为谁也不知道自己的声音会在什么时候消失，以至于回归的大军中逐渐形成了一条不成文的规定：每天早晨起来后的第一件事，就是整理死去战友的遗物，掩埋好战友的遗体。"

讲到这里的时候，李老讲述了一件伴随了自己大半辈子的，刻骨铭心的辛酸往事：1933年农历正月十五（2月10日）的那一天，我们这批1500多人的归国部队中就有23人被活活冻死在伊尔库斯克车站，在这些冻死的人中，有一家四口至死还团团拥抱着，丈夫的衣服全都披在了妻子和孩子们的身上，妻子则近乎完全敞开着胸脯让孩子们取暖，小女儿死时嘴里还含着瘦小得看起来已经没有奶水的母亲的乳房；"真是灭门之灾，灭门之灾呀！"本来按规定家属小孩是要经水路绕道日本海而到达上海和天津的，可当时有些家属小孩说什么就是不愿意同自己的亲人分开，她们宁愿和亲人一起挨冻受饿，颠沛流离，也不愿过天各一方、互不相知的生活，因而在回归大军冻死的人员中，家属小孩占有很大的比重。

根据李老生前的回忆，绝大多数被冻死的义勇军官兵死后都圆睁着双眼，大家常常是费好长的时间才将他们的双眼合上，"个别死难者尽管大家想尽一切办法，最终还是没有将他们的双眼合上，他们是舍不得离开我们这些同生死、共患难的战友，他们是不愿意埋骨于异国他乡！他们天天期盼着重新回到抗日的疆场，他们做梦都想着同祖国的亲人团聚！他们是死不瞑目啊！"

为此，李云先多次对看望自己的专家、学者说："数万抗日义勇军连同他们的家属子女，一进入苏联就失去了自由，连上厕所也要征得苏方的同意，他们可是一点办法都没有，实在是太难太难了，这么重大的历史事件，这么凄惨的状况，现在有几个年轻人知道？"

不少幸存回国的抗日义勇军官兵，谈起穿越西伯利亚那段长途跋涉的历史时，都免不了回味一番那逝去已久的，但又难以忘怀的饥寒交迫的滋味：一天400克黑面包，在等待回国的"休闲"日子里，大家都饿得不行，都不得不想方设法填饱肚子，开始行军后饥饿的问题就更加严重了，"稍有生活常识的人都知道，长途旅行时人的饭量最大"。一个车厢里，如果有一位因为饥饿而晕倒休克的官兵，马上就会有众多的官兵倒下，这种"传染病式"的连锁反应，始终伴随着回归大军。

有时运行1天才赶到一个小站，下车后的所谓休息地方，实际上就是临时搭建起来的一些"木房子"，没有任何生活和御寒设施，室内温度和室外温度基本上没有多大差别，大家只是靠着一种毅力和信念坚持着。渴了含口雪，饿了还是吃口雪，实在挺不住了才啃一口面包，有些人到死都舍不得吃掉那份少得可怜的面包。

由于在苏滞留的1个多月时间里，官兵们值钱的物品大都兑换了可以吃的东西，基本上是人人一贫如洗。然而每当行进到一些大的车站和城镇时，大家还是绞尽脑汁搜寻一些物品，以求换得一些吃的。有些官兵甚至用自己的皮带、毯子等换回几棵白菜、几个马铃薯、几条酸黄瓜和一星半点面包。有一次，六名义勇军官兵用他们的棉衣合起来换来一只诱人的"烧鸡"，一吃才知道是乌鸦，类似的现象在当时是相当普遍的。

如果说饥饿和严寒摧残着义勇军官兵肉体的话，泣别白山黑水后几个月没有洗澡、理发，满身活蹦乱跳的虱子则经常使官兵们处于欲睡不能的失眠状态，这种精神上的折磨实际上也是一种变相的肉体摧残。在到达苏联远东重镇多木斯克后，就曾发生了这样一件事：为了解决洗澡问题，义勇军官兵利用两间木制小房建造了临时浴室，一间用硫磺熏有虱子的衣服和皮袄，一间用蒸气出汗，再用水冲洗。每次20人洗澡，10多分钟就可交替，2000多人的队伍，大半天就可以轮流一遍。有一次，由于澡堂"工作人员"失职，也由于"熏衣房"连续20多个小时一直保持高温的原因，所有洗澡官兵的衣服全都被烧光了，20多人赤身裸体地跑了出来。大家只好临时救急，积极捐献衣服，用了1个多小时才使每个人得到安置，其困窘的状况可想而知。然而，就是这场谁也不愿意看到的火灾，却极大地提高了"临时浴室"的知名度，以至于很快普及开来。此后，每到一个大站，做梦都想着洗澡的官兵，下车后的第一件事，就是先搭建"浴室"，然后确定洗澡的顺序，最后才落实休息的事宜。不少当年的幸存者始终对这种简便而又"一举多得"的"浴室"记忆犹新，一些人到老都对当年这个特别的"发明"而自豪，认为正是这个"发明"在当时困难的环境下解决了官兵最关心的"洗澡难"的问题。在今天我国的东北、内蒙古和新疆的一些边远地区，人们依然可以看到这种简便的澡堂。从伯力到塔城，最困难的还是要算阿亚古斯以东的最后200公里道路了。当时的火车只通到阿亚古斯，加上又是西伯利亚河水结冰封冻的季节，用一些亲身经历者的话说是："朔风透骨，呵气成霜，须发皆白，肌肤俱裂。"在最初一、二批抗日义勇军返回时，苏军曾试行动用一定数量的车辆运送，由于道路太滑和四周的积雪太厚，这些车辆全都抛锚在冰天雪地中，根本无法前行。在车陷于深雪不能前进的时候，官兵们只好下来推车，但由于大家个个骨瘦如柴、面黄肌瘦、体弱无力，往往是车推出来了，官兵们却一个个倒下了，依靠机械运输已不再可能，那就只好再想别的办法，这样，就出现了绵延数公里、数十公里的特殊大行军——马拉爬犁、牛拉爬犁、驴拉爬犁和狗拉雪橇。81岁的张以浩老人回忆：离开阿亚古斯时，苏军给每人发了4天的干粮，每天400克黑面包，而实际行军的天数都在10天以上，这就是说一个人一天的口粮只有40克。我们无法想象在这种"炊断粮绝"的情况下，广大义勇军官兵是怎样挑战生命极限，最终回到祖国怀抱的。是抗日的信念？是祖国母亲的呼唤？是同家乡亲人团聚的坚强意志，还是人的本能求生欲望支撑？也许都有，也许都不全是。但不容置疑的是：他们以自己的悲壮和坚毅，在最严寒的西伯利亚冬季创造了人类大规模迁徙的一个奇迹，谱写了中华民族不畏艰难困苦的壮丽篇章。

齐腰深的积雪中，大家每天只能走十三四公里的路程，零下四十多度的严寒中，时刻都能听到倒下去的战友的呼唤声和活着的战友的哭喊声。一些年长的老人直到断气的瞬间还不愿放弃回国的念头："我还行，我还能走，我不能倒下，你们不能抛下我！"有些义勇军官兵为了使自己的妻子、儿女能安全回到祖国，甘愿牺牲自己的生命。回归的大军中人们经常可以看到这样的情景：官兵们硬是将自己的干粮送给他们的妻儿，将自己的御寒衣服脱下来穿在孩子们的身上，即将离开人世的官兵拉着亲人的手一再嘱托："我不行了，你们一定要回到祖国去"、"要让孩子们安全回到家"、"要让孩子们长大后知道，他的父亲是为了抗日而死在异国他乡的"。有的官兵还要自己的亲人在"抗日胜利后"朝着他们长眠的地方烧几张纸，以便他们也能够分享胜利后的快乐。

从各方面史料和许许多多当事人的回忆情况看：东北抗日义勇军穿越西伯利亚回归新疆途中，约有1万多人由于饥寒交迫而死亡，而这些死亡的人中，75%以上都是在阿亚古斯以后，也就是距离祖国不到200公里的途中走向另一个世界的。他们中许多人本来都不该死，但为了自己的亲人能够安全地回到祖国，又不得不选择了死亡的道路。

抗日义勇军回到新疆，得到了当地各族人民的热烈欢迎、款待，其后，他们当中只有很少一部分人回到东北，其原因既有蒋介石"就地安置"的指令，更多的是从死亡线上归来的他们已经失去了战斗的锐气与锋芒。

3月的新疆虽然仍是冰雪的世界，但抗日义勇军回归的消息使这块备受"内忧外患"困扰的祖国西部边疆沉浸在欢乐的气氛之中，用当时新疆知识界人士的话说："一夜之间人们似乎忘却了一切苦难，天山南北到处都是血浓于水的民族亲情。"

在边陲塔城，就连七八岁的小孩都加入了欢迎义勇军回国的人群之中，尽管那时的塔城同全疆其他地方一样，各族人民还处在饥饿的贫困线上，但人们还是倾其全力慰劳抗日官兵。"那香喷喷的羊肉抓饭可真解馋啊，而且没有限制，不少家里没有安排义勇军官兵的少数民族群众，端着盛满抓饭的盆子、碟子来到部队慰问，而且非要你吃光吃净他们才高兴。街头巷尾到处都是欢迎义勇军的欢呼声、口号声和为能够接待义勇军的争吵声。"在杨明列老人的记忆中，那激动人心的时刻，始终历历在目，仿佛就发生在昨天。他说："只有在那一时刻，你才能真正感受到中华各族人民亲如兄弟的深厚情谊；只有在那一时刻，你才能感受到祖国母亲的伟大！"

官兵们到达塔城的时候，正值春节过后不久，不少人家的门上都还贴着鲜红的春联，原本春节过后已经放起来的新衣服，从老人到孩子又全都穿在了身上，为的是欢迎抗日的将士。回国不久即在新疆地方部门任职，后又参加我党地下工作的一位老人回忆：从边境口岸巴克图到塔城几公里路的沿途，每隔数步就有摆摊设点慰劳抗日官兵的各族群众，干果、糖茶和新疆特有的烤馕被不时抛撒到队伍之中。一位白发苍苍的维吾尔族老人站在欢迎队伍的最前面，非要同所有回国官兵握手。当地的维吾尔、哈萨克、俄罗斯、蒙古、塔塔尔、塔吉克、乌孜别克、柯尔克孜等少数民族妇女，全都跳起了欢快的民族舞。更多的人则手持纸旗，站立在街道两旁，有节奏的高喊"欢迎东北抗日义勇军""向东北抗日将士致敬！"等口号。

被浓浓亲情包围的义勇军官兵，不少人淌着热泪大喊："我们回来了！我们回家了！我们回到了祖国，我们又可以抗日了！"不少人一踏入国门就跪倒在祖国的土地上，为自己平安归来而祷告，一位来自黑龙江省的中校翻译，由于过分激动，跪倒后就再也没有起来。有些抱着小孩的妇女，进入国门后就瘫倒在地上，号啕大哭。少数官兵爬在地上亲吻着国土。更多的官兵则不停地向欢迎的群众挥手致意。为了欢迎东北抗日义勇军，塔城人民可以说是倾其全力和尽其所能，其中有两件事情很有说服力：一是塔城地方政府在不到一个星期的时间里（从接到新疆地方政府正式通知算起），动员各族人民群众制作了 3000 多副爬犁，一个爬犁可以乘坐 5—8 人，而每批回国的官兵最多不到 2000 人，进而出现了人少爬犁多的奇怪现象，一些排在后面的塔城人，常常为拉不到抗日官兵而争得面红耳赤。二是塔城各族人民群众捐献了 4000 多床崭新的被褥，而当时塔城市区的人口还不到 1 万人，按照最保守的一个家庭 3 口人推算，等于每家都捐献了一床被褥还要多，这种情况在现代新疆甚至整个中国的历史上都是罕见的。

在当时的新疆首府迪化（今乌鲁木齐市），当首批抗日义勇军官兵到来的时候，一场推翻新疆最高统治者的政变已经进入最后准备阶段，因为担心马仲英部攻城而关闭了两个多月的迪化城门依然紧锁如旧。但抗日义勇军到来的喜讯一夜之间就打破了这种人为的封闭，迪化人民纷纷走出城门欢迎抗日官兵的到来。10 多个较大的商号都组织员工，拉着一车车大米、面粉、清油和牛羊肉犒劳官兵。迪化市仅有的两个剧社，均组织演员到官兵们驻地进行慰问演出，20多所中小学校的师生自发来到部队营地和官兵们进行各种联欢活动，一些有影响的各族、各界领袖也都纷至沓来看望和慰问官兵。面对人民群众持续升温的"欢迎热"和强大的社会舆论压力，时任新疆省主席兼督办的金树仁，被迫开放城门，允许抗日官兵进入市区购买生活必需品。几乎一夜之间，迪化市区的所有商店、饭馆、澡堂、车站、剧院全都打出了"七折优惠义勇军"、"欢迎抗日官兵"的鲜红标语。一些老板为东北籍的饭馆、澡堂、理发店还对抗日官兵提供免费服务。新疆各族人民的火热激情使一度心灰意冷的义勇军官兵，迅速燃起了对美好未来的希望，他们中的部分人甚至动摇了重回东北的意念。

89岁的谷梦林老人，60多年后回忆起当年抗日官兵的心境时，感慨良多："任何时候，人民都是最善良的，但许多情况下人民又是无能为力的。当时义勇军未能重返关内，客观上有蒋介石'就地安置'的指令；主观上当时的义勇军官兵中，除少数高级将领仍有这种强烈愿望外，绝大部分官兵已经被新疆各族人民的热情所融化，他们虽然嘴上不讲，心里还是不愿再过长途跋涉的生活了，从死亡线上归来的他们，已经失去了战斗的锐气与锋芒，这就注定了后来一系列悲剧的发生。事实上对于刘斌、郑润成这样一些高级将领，只要他们坚持的话，蒋介石也不会不让他们返回，加之后来张学良移师西北后，重回内地的可能性还是很大的，只是他们当时也被新疆人民的热情所感动，部分人存有在新疆建功立业的愿望。"

历史的事实也佐证了谷梦林老人的结论：后来费尽周折返回东北的抗日义勇军官兵中，又有2000多人先后返回了新疆，占返回东北的义勇军总数的85%以上。新疆各族人民不断高涨的热情，也把广大义勇军官兵推向了社会的最前沿。心潮澎湃的他们踊跃走上街头，积极宣传抗日，揭露日本侵略者强占我东北大好河山的种种暴行。1933年3月下旬至4月上旬的迪化主要街道上，每天都有数十个由义勇军官兵和青年学生组成的"抗日宣传队"。不少演讲的官兵和学生被人群抛起，每一次演讲结束时总有人送来点心、手抓羊肉和茶水。迪化最大的辕门广场（今人民广场），每天都是人潮涌动的海洋，官兵们每天都在这里给群众讲解"九·一八"事变的经过，讲述东北义勇军抗日的事迹，为大家教唱《义勇军进行曲》《松花江上》《东北好男儿》等抗日歌曲，一向凄凉、冷落的边城迪化响彻"打倒日本帝国主义！""还我东北河山！"的口号。

在伊犁，当地的锡伯族群众像迎接"圣皇"到来那样，长跪在霍尔果斯到伊宁的道路两旁，以这种特有的最高礼仪欢迎假道而来的家乡亲人。这些锡伯族群众的先辈都是170年前（1764年）西北边防"吃紧"的时候，受乾隆皇帝派遣，从东北来到这里守边的。乾隆答应他们的先祖：70年后接回他们到"盛京"（沈阳）居住。然而，当岁月的年轮一天天驶过的时候，当他们已经在祖国最西部的伊犁边塞建立起了自己新的家园并繁衍生息的时候，他们已经完全被戍边的生活所融化，东北故乡对于他们只是一种遥远的记忆，他们成了地地道道的新疆人。

此时此刻，能够在遥远的西北边疆欢迎东北故乡的亲人，他们怎么能不激动呢？不少锡伯族群众泪流满面，用那些只有他们自己才听得懂的话语嘀咕："英雄"、"亲人"、"好汉"、"抗日"。世代生活在伊犁地区的哈萨克族群众抬着100多个早已做好的烤全羊和一桶桶上乘的酸奶，热情款待这些饱受苦难的汉族同胞，非要尽到地主之谊；一些蒙古族群众则赶着数十只慰劳的牛羊前来欢迎。所有的汉族人家都准备了丰盛的饭菜，他们或者端着，或者提着，或者有秩序地摆放着。不少妇女儿童拿着崭新的毛巾，端着盛满热水的脸盆，不时地喊着、叫着、闹着。当时的伊犁地区政府为了表达对抗日官兵的敬意，宣布全地区不分城乡一律放假3天，这就使得欢迎的人群格外壮观。许多地方和路段，官兵们常常是在人群中相拥而过的，有时不到几百米的路段就要滞留一两个小时。然而，就是在这热烈宏大的欢迎氛围中，也出现了另类不和谐的景象：欢迎的人群中，有许多大个子、高鼻梁、蓝眼睛的俄罗斯人失声痛哭，他们大都是苏联十月革命和国内战争时因为站错了队伍，在被他们自己的同胞——"苏联红军"打败后而逃到中国的，在他们最困难的时候中国政府和人民收留了他们，并且在好多方面给予了他们较之普通中国人更良好的生存条件。考虑到他们人生地疏的情况，中国政府甚至破天荒地允许他们保留了自己的武装（称之为"归化军"），这在现代世界的历史上是绝无仅有的。

尽管他们中的有些人进入中国后干了许多与其"难民"身份不相符的事情，有些甚至参与了分裂新疆、分裂中国的叛乱活动，但中国政府和人民还是容忍了他们，没有为难他们，也没有驱逐他们，这同抗日义勇军进入苏联后的情况形成了鲜明的对比。

他们中的不少人何尝不想回到自己祖国，何尝不想与自己的亲人团聚，但他们的这种愿望在一次次的努力后都失败了，他们不得不面对"梦回故国"的严酷现实。战争总有胜负，作为战争的普通参与者也是最大的受害者，人们应该以更加宽容、包容的心态看待他们、对待他们。对此，当时的中国政府做到了，世代生活在伊犁地区的善良的中国人民做到了。

此刻，看到衣衫褴褛，身体虚弱的义勇军官兵从他们熟悉的方向走过来，看到如此盛大、热烈的欢迎场面，他们处于一种难以言状的、复杂痛苦的心理折磨之中，触景生情，他们能不伤心吗！

在玛纳斯小镇，一个史姓的富户人家倾祖宗四代的全部家业，免费招待所有路过的义勇军官兵。每一批义勇军官兵到来，他们都要备上20—60桌丰盛的宴席，让官兵们吃个饱、喝个好。而每每这个时候，整个家总是忙得不亦乐乎。90多岁的史家太爷总是喜欢让孙儿们抬着给每一个官兵敬酒，老人讲得最多的几句话是："中国要强大"、"中国不能让人再欺负了"、"打败小日本，强盛我中华"。史家的太婆每次都要不辞辛劳地给每位官兵点上她自己早已包好的"莫和烟"，看到一些没有抽过烟的官兵直打"哈欠"的样子，老太太总是笑得合不拢嘴："这就好，这就对了，就应该这个样子"。三个小孙女，则在家人的鼓动下，不时朗诵岳飞的诗词《满江红》，而每每孩子们朗诵到"三十功名尘与土，八千里路云和月"、"靖康耻，犹未雪，臣子恨，何时灭？"等煽情之处的时候，整个屋子总是出奇的静寂，而朗诵的孩子似乎也揣摩到了大人们的心思，每到这时，总是把声音放得慢慢的，有时甚至短暂的停住，直到被一些哽咽声、哭泣声所打破。家里的其他成员则不分男女老幼，全都聚集在厨房，个个汗流浃背，有的还不时借端菜、上饭、倒茶的机会和官兵们打个招呼。一些要求帮忙干活的官兵也都被悉数婉拒，全家人只要求官兵们吃好、喝好、休息好，不图回报，不惜财物，不管人员多少，每批都要招待，每次都是如此的盛情，他们倾家荡产招待抗日官兵的高姿态不能不令人肃然起敬。时过数年，数十年，甚至70多年后，一些健在的义勇军老战士都还念叨着、打听着、传诵着史姓人家的事迹。

在沙湾、乌苏、呼图壁、昌吉等义勇军路过的主要城镇，到处可以看到捐献粮食、食品、衣物等生活必需品的场面。在义勇军尚未涉足和到达的库尔勒、阿克苏、喀什、和田等地区，广大少数民族群众自发组织了数以百计的骆驼队、马车队赶赴省城迪化慰问。

当时的新疆政府尽管困难重重，但在对待义勇军的问题上还是表现出认真负责的态度。根据相关史料记载，从接到中央政府有关义勇军回归新疆的电报后，仅以新疆省主席金树仁名义下发的要求搞好接待工作的电报就有23份：这些电报全都要求义勇军经过的各县市"竭力供应，取据具报"、"一经请求，悉数照办"、"从优招待，俾资饱暖"，并明确规定："每人一天的食面不少于两斤，凡到县城每人发羊肉半斤，每官长发羊肉2斤，旅团长再加数斤。"

为了确保义勇军在新疆境内的生活，金树仁还接受了省府代理秘书长宋兴周的建议，抽调当时因擅长接待工作而享有很好口碑的气象局专员孙国华和焉耆县县长韩勋组成专门的接待团队，分赴沿途各县市进行督导和落实；并委派省府前任秘书长鲁效祖坐镇抗日义勇军集中进入的塔城指挥（鲁到塔城后不久便出任塔城地区行政长，即相当于后来的地区专员）。

正是新疆各族人民的悉心照顾和关怀，才能够使疲惫不堪的义勇军官兵在短时间内得以康复。尽管随后很短时间内他们就不得已而卷入了新疆内部的争权夺利的政治漩涡之中，但绝大部分抗日义勇军官兵还是保持了较好的气节，为后来新疆的稳定发展和繁荣作出了贡献。

驻守伊犁的东北抗日义勇军大部分官兵，放弃返回东北故土的愿望，征尘未洗就投身到保卫祖国西部边疆的神圣事业之中。没有义勇军官兵浴血奋战，就不会有红军西路军顺利进入新疆首府迪化。东北抗日义勇军开创了新疆相对和平的发展环境后，为平定新疆内乱、维护国家统一立下了汗马功劳。

1933年2月27日，一直同新疆政府"分庭抗礼"的伊犁张培元，以伊犁"边防吃紧"、"外族进入我方领土如入无人之地，如不尽快改变这种情况，我等都将成为千古罪人"为由，先后两次致电新疆省主席兼督办金树仁，要求调派一部分训练有素、回归新疆的东北抗日义勇军戍边。为促成金树仁同意之目的，张培元先做通了当时塔城地区行政长鲁效祖的工作，促使鲁也同时向金树仁建言：持续不断的接待工作使塔城财力枯竭、粮食告急，为减轻塔城地区接待上的压力，经和苏方协商，拟让部分东北抗日义勇军改道伊犁进入我境。出于稳定大局和制约张培元的考虑，金树仁在将李杜、王德林所属部队大部分调往迪化的同时，同意李、王两支部队中的1500多人，改由伊犁霍尔果斯（当时叫尼堪卡）入境，并由两支部队中职务最高的原吉林自卫军师长邢占清率领，留守伊犁，加强边务。这样"一分为二"的做法，使得张培元扩充势力对抗省府的"如意盘算"完全落空。

作为伊犁地区和迪化东北抗日义勇军的共同首领，邢占清必须时刻关注迪化方向大部队的情况（事实上迪化方向一些主要军官的任免和替补，都是邢占清在伊犁做出决定并派人到迪化宣布的），必须在大的原则和策略上同省府保持一致，加之张的队伍又远不是驻伊犁地区的义勇军的对手，张培元实际上是帮了省府方面的一个大忙，解决了省府长期忧心的一个"难题"：在伊犁地区部署一支听命于省府的军事力量。"聪明一世，糊涂一时"的张培元，在这个问题上真可谓是搬起石头砸了自己的脚，从而注定了失败的命运。

但对于绝大多数驻守伊犁的东北抗日义勇军官兵来说，能够在征尘未洗的情况下，放弃返回东北故土的愿望，投身到保卫祖国西部边疆的神圣事业之中，还是表现出了很强的爱国主义精神，是应该给予充分肯定的。在今天的伊犁地区，人们还可以看到这些义勇军后代的身影，他们大都是第三代、第四代了，他们能够像自己的先辈那样，世世代代扎根祖国西部边疆，能够无悔无怨的为祖国西部边疆的稳定、发展和繁荣尽职尽责，本身就具有非同寻常的意义。

1933 年 4 月 28 日，义勇军一部 500 多人回国到达新疆绥来县城（今玛纳斯）的时候，恰逢乌斯满匪帮在该地区疯狂抢掠杀戮。绥来驻军大队长杨德昌、县长雷煦联名致电金树仁，请求义勇军官兵协助剿灭匪帮、稳定社会。金树仁随即协商该部义勇军能否留守剿匪，很快得到了积极响应。

受命于危难之时的义勇军官兵均以边疆稳定大局为重，不讲二话，没有怨言，简单熟悉了刚刚配发的武器性能后（因为他们的武器已被苏方没收），便连夜开赴剿匪战场，并最终以牺牲 60 多名官兵的代价，彻底消除了这一地区长达 10 多年的匪患。义勇军官兵返回时，绥来、沙湾两县各族群众倾城出动，欢迎凯旋的剿匪英雄，两县县城连续 5 天举行各种庆祝活动，深受匪患之害的两县群众更是家家张灯结彩、户户鞭炮齐鸣。在为阵亡官兵举行安葬仪式的那天，两县群众不分民族、不分宗教、不分男女、不分老幼，全部按照东北安葬时的习俗，人人披麻戴孝，送葬的队伍绵延数公里。后来，每年的清明节前后，当地的各族群众都要自发来到安葬义勇军官兵的墓地进行各种悼念活动。20 世纪七八十年代，在抗日官兵安息的地方，人们还时常可以看到当年两县群众自发为阵亡官兵所立的一些墓碑。

1934 年 10 月，回归新疆的东北抗日义勇军，被新疆地方政府改编为 9 个骑兵团和炮兵大队、战车大队、工兵队、通信队、教导团，分别驻守南、北、东疆广大地区。另外以东北抗日义勇军为骨干，组建了喀什、和田、阿勒泰、塔城 4 个边卡大队。此后，以东北抗日义勇军进疆和整编为标志，新疆开始出现了真正意义上的具有强大威慑力的现代化军队，新疆的边防事业也进入了一个"守边固防"的新时期。

在这支军队的不懈努力下，不到一年的时间里，使一直同新疆最高政权对抗的伊犁张培元部、南疆国民党马仲英部、哈密尧乐博斯部遭到惨败，阴谋分裂新疆的喀什沙比提大毛拉及其所谓的"东突厥斯坦伊斯兰共和国"、和田夏满素尔的"回教国"也被平息。近代以后的新疆，第一次出现了一个 10 多年相对统一的和平发展的新时期，而这对于饱受"内忧外患"之苦难的新疆各族人民来说，无疑是一个具有里程碑意义的伟大成就。

无论人们怎样评价近代、现代新疆的历史，这10年都是应该充分肯定的，因为它极大地促进了新疆社会的繁荣和进步，而创造了这个成就的就是东北抗日义勇军的广大官兵。几年后，在新疆省主席包尔汉和新疆警备司令陶峙岳宣布通电起义的历史时刻，新疆军队中成建制保留下来的东北抗日义勇军刘金泉骑兵团、于学忠骑兵团、洪亚东骑兵团、昌生祥骑兵团、王玉昶骑兵团等，无一例外地表示支持和拥护，对稳定当时的新疆形势发挥了至关重要的作用。

1937年3月，红军西路军左支队在李先念率领下，突破河西走廊马家军的围追堵截，开始进入甘新交界的星星峡。当时哈密警备司令尧乐博斯企图用武力消灭和阻止红军进疆。时任省军第四教导大队大队长的宫自宽、吐鲁番警备司令孙庆麟、星星峡边卡大队大队长王效典等抗日义勇军军官率部与尧展开激战。半个月后，尧部几乎全军覆灭，尧本人及其儿子侥幸逃脱，小老婆被抓获。

为了确保西进红军的安全，义勇军官兵在方圆100多公里的范围布置了警戒，使得50多位生命垂危的红军战士得到及时抢救。另外，3支义勇军部队还筹措了大量食品、衣服和被褥，这些都使刚刚进入新疆的红军战士感受到很大的温暖。

没有义勇军官兵浴血奋战，就不会有红军西路军顺利进入新疆首府迪化。对回归新疆的东北抗日义勇军官兵的这份深情，中国共产党人，特别是幸存下来的西路军广大官兵没有忘记，也不会忘记。1949年12月，已经担任湖北省军区司令员的李先念，收到12年前与自己在星星峡同住一间房子20多天的王效典的一封请求安排工作的来信："我全家5人流落北京，挣扎在饥饿线上，请首长帮助介绍个工作，以便养家糊口。"

李先念同志接到信后恰逢湖北省军区政治部主任易家驹同志去北京开会，就委托易到北京代他看望王效典全家。易到北京后将王效典一家接到外贸招待所住了一个多月，并时常买一些烟、酒、菜叶和糖果到王家的住所表示慰问。为了给王效典安排工作，李先念还给华北人民政府主席董必武写信介绍了王的情况，并让易家驹亲自交到了董老手中。不久，在董必武同志亲自过问下，王被安排到外贸部工作。

为了表示感激之情，正式上班前，王效典专程坐火车赴武汉看望李先念。李在每天热情宴请王效典全家的同时，还让他的秘书陪同王一家人在武汉游览了3天。临别时，李先念率全家人专程到车站送行，并紧握王效典的手说："你是我的恩人，有什么困难就讲，不要客气。"

1937 年，抗战全面爆发初期，在美英等西方国家采取观望态度的情况下，南京国民政府被迫寻求苏联政府对援华抗日的支持，经过中苏双方政府反复协商，决定开通经阿拉木图—伊犁—迪化—哈密—酒泉—兰州的这样一条援华抗日的陆地和空中西北国际大通道。由东北抗日义勇军担当主力的筑路大军，在不到一个月的时间里打通了由霍尔果斯经迪化到星星峡，全长 1860 公里的陆地大通道，这是抗战初期我国惟一获取外援的国际大通道，是最困难岁月里中华民族的"生命线"。此后，国际援华抗日的物资通过这条大通道源源不断地运往中国战场。中华民族没有被灭亡，中国政府没有被打垮，中国军队和人民没有被征服，西北国际大通道发挥了重要的作用。为了修建西北国际大通道，数以百计的义勇军官兵长眠在了日夜奋战的筑路工地上，为国家和民族献出了自己的生命。当时伊犁的果子沟、迪化以东的干沟等险恶路段，都是由东北义勇军官兵组建的工兵队担负攻坚任务完成的。根据相关史料记载，仅工兵队就有150 多人为修建西北国际大通道而献身，抗日战争胜利的史册上应该有他们的功绩。

"义军西征尚未还，满洲儿女遍天山；筑成公路三千里，军援源源入玉关。"这是一位义勇军军官 74 年前所写的七绝，它还原了进入新疆的东北抗日义勇军一个重要的历史真实。

1933 年的数万名东北抗日义勇军回归新疆，是现代新疆文明进步史上的一个重要里程碑。由于这些官兵及其家属子女文化程度一般都比较高，思想比较活跃，因而给当时的新疆社会注入了巨大的生机与活力。

一是奠定了现代新疆大通信的格局。义勇军官兵中，不少人在东北时就从事邮政和电信工作，来到新疆稍加培训后，便分赴南、北、东疆各地参与当地邮政电信的筹组工作，1934 年后，新疆 50 多个县以上单位的邮政和电信部门全都是由东北抗日义勇军官兵参与组建起来的，他们是现代新疆大通信格局名副其实的开拓者和奠基者。

二是开启了现代新疆文化教育的新篇章。1934 年后，在广大义勇军官兵和其家属子女的积极推动下，边远落后的新疆掀起了兴资办学的热潮，不到 3 年时间里，新疆新增各类中小学校 320 多所。1934 年 7 月，东北抗日义勇军著名将领刘斌的爱人关岳铭创办了新疆第一个女子学校——"喀什区立女子学校"，关岳铭为第一任校长。学校学生为维、汉两大民族，实行"双语"教学，为提高学生毕业后的就业率，对维吾尔族女生还增加了职业培训的内容。"喀什区立女子学校"是新疆历史上第一个实行"双语"教学的机构，对后来甚至是现在新疆的教育事业都具有深远的影响。1938年，曾在苏炳文东北民众救国军担任上校参谋长时任新疆塔城地区行政长兼警备司令和边卡大队长的赵剑锋，在塔城地区发起了一场在今天看来都堪称奇迹的"教育革命"。两年时间里，他发动各族王公、巴依（财主）捐资兴建了乌孜别克学校、塔塔尔学校、哈族学校、回汉学校和两所综合性中学。1942年，赵剑锋离开塔城时，塔城地区共办学校79所，在校学生4960多人，其中女生1200多人。现在塔城地区学校的分布基本上就是那个时候形成的。

三是传播了先进的思想理念和耕作技术，极大地促进了新疆的繁荣和发展。义勇军进入新疆后广泛宣扬的抗日救国、中苏友好、富国强军、民族平等、男女平等、和平发展等先进思想，对后来盛世才"六大政策"（反帝、亲苏、民平、清廉、和平、建设）的形成起到了"催生"和"促进"的作用。义勇军将东北地区先进的皮毛加工、果品加工技术带到了新疆，将东北地区普遍种植的大豆、高粱、玉米大面积的引种到了新疆，这些都从根本上改变了新疆传统的工、农、牧业结构，促进了新疆先进生产力的发展，改善和提高了新疆各族人民的生活水平。

四是增强了新疆作为祖国神圣领土不可分割的一部分的"统一力量"，从根本上改变了新疆的历史和政治格局。由于东北抗日义勇军强烈的爱国主义色彩，加之其过硬的军事素质和很强的战斗力，客观上对新疆近代以来一直存在的民族分裂势力起到了震慑的作用，一些长期横行新疆的分裂势力和"占山为王"的匪帮，在义勇军的有力打击下分崩离析、土崩瓦解。1934年后的新疆之所以没有出现大的民族分裂活动，与东北抗日义勇军的存在有很大的关系，而一些小规模的分裂叛乱活动也都在义勇军官兵的有力打击下迅速得以平息。从这个意义上讲，东北抗日义勇军对新疆的贡献，对整个国家和民族的贡献都是不可估量的。

在东北抗日义勇军开创了新疆相对和平的发展环境后，为平定新疆内乱、维护国家统一立下了汗马功劳的义勇军邢占清、杨耀钧、郑润成、刘斌、杨炳森、蒋有芬、周徵绵、陈宗岱、张锡候、姚雄、哈玉良等数十名高级将领却横遭盛世才的杀害。其中郑润成在盛世才取代金树仁的政变中发挥了决定性的作用。刘斌率部转战天山南北，多次在关键时刻解除对盛世才政权的威胁，曾荣获盛世才亲自颁发的金质功勋章。他们被杀害的惟一原因就是功名显赫和坚持正义，从而撼动了盛世才的"威权"统治，使其感受到一种危机惶恐。到1944年国民党接收改编新疆部队时，被盛世才杀害的义勇军官兵达1万多人，而同一时期为稳定新疆政局牺牲的义勇军官兵还不到 5000 人。1945 年 12 月 15 日，也就是抗战胜利 4 个月后，留守新疆的东北抗日义勇军官兵为被盛世才残害的将士立碑纪念，碑文的主要内容如下：

> 天山峤峤，乌水萧萧，忠魂冤魂，岳节韩操。盖闻七尺捐躯，至死不忘汤誓，三字冤狱，虽忘犹恨奸庸，秉公忠以勒石，爰命笔而志愤。溯"九一八"事变以后，我东北相继沦沉，白山黑水之间，志士仁人奋起，莫不效忠党国，胥皆赴难同仇，或毁家以纾难，或投笔以从戎，或喋血于松江，或杀贼于辽水，与寇仇誓不并立，问丈夫何以为家？无如地僻兵微，兼之贼众我寡；终因弹尽援绝，奉命转道来新，均希趋赴中枢，共参抗战大业。迎值新疆省"四一二"政变，贼盛世才同党巧揽权位，假造中央命令，无异金牌十二，阻难不使晋关，俪同壮士八百，屠伯郅凶，罗钳织网，捕杀刑戮，极恶穷凶，致报国健儿，多做断头之鬼，使杀敌志士冤成无主之魂，才猷未展，素志曷酬，满腔热血，洒向无从，今虽国贼已除，愈痛公等冤痛，生者虽庆昭苏，死者长眠遗憾，悲思有泪，顿觉感触颇多，积愤无声，不禁数言作识。

岁月虽然过去了很久，但碑文中表达的切切思念之情依然，人们不会忘记献身祖国西部边疆的义勇军官兵，历史将永远铭记这些为了国家和民族利益而转战白山黑水和天山南北的一代忠良。

东北抗日义勇军假道苏联回归新疆 29 周年之际，在当年抗日官兵回归的原始路线上，发生了一起震惊全国的中国边民外逃事件；又一个 29 年后，历史就像开了一个玩笑似的，也是在当年义勇军回归的原始路线上，又出现一幅截然不同的画面；1933 年 3 月 20 日，郑润成率部回归塔城的当天，即联名数名军官，致电南京蒋【介石】总司令、北平张【学良】副司令，详陈"海满健儿传橄铃而兴起，爰举义旗，绝塞誓师，血战胡天，黑水变紫，戈挥鲁日，黄沙埋魂。兵陈沘水愧谢玄之八千，负兴安思田横之五百—终因弹尽粮绝，忍辱偷生，率残众假道回国，蒙新省政府体恤无微不至，凡饷项之接济，衣食之推解，亦罔不尽其善美，生人肉骨，感激涕零，民族精神，于焉表现"的悲壮历程，并切切哀求："惟前途步骤尚未确定，请命无从，尤恳钧座悯其遭际，电示趋向，俾早完成抗日工作，以保士气而免戚戚。临电涕泣，不胜屏营待命之至。"

1933 年 3 月 28 日，郑润成又致电上海市吴市长、慈善会朱将军，让其转告护送部分义勇军家属到达上海的任作田、杜新君和沈俊如："惟望分神将敝旅到达情形，逐一转告所有军官眷属俾明真相，而免挂虑，并恳诸君对此孤臣孽子始终维护，以免流离失所。则有生之日尽戴德之年矣。临电神驰，不尽依依。"1936 年 7 月，已经移师西北并和共产党人建立了密切联系的张学良将军，派他的私人代表栗又文上校来到新疆与盛世才联系"抗日"（根据张学良同共产党达成的协议，新疆盛世才的工作由张学良方面来做，苏联援华抗日的工作主要由共产党方面来做），并代表他看望滞留新疆的东北抗日义勇军。在看望和慰问义勇军期间，栗又文经常含泪倾听官兵们的诉说和坚决要求抗日的愿望，并一再转达张学良将军的问候。在栗又文的努力下，盛世才和张学良开启了每天互通情况的电报往来，这种情况在当时的中国是极其罕见的（西安事变发生的前一天晚上，电报往来突然中断，盛世才曾为此要求诛杀当晚的电台工作人员和省府值班人员）。11 月下旬栗又文返回西安，张学良亲自在家里为栗又文接风，并连续几天和栗又文长谈。一个多月后西安事变发生，随后不久国共第二次合作实现，8 年后中国人民取得了抗日战争的胜利。据说西安事变发生后很长一段时间里，张学良始终随身携带着郑润成等义勇军将领要求重返抗日战场的数封电报，遇到不顺心的时候，他常常发呆似的看着这些电报自言自语："我对不起他们，我对不起东北父老，我这一辈子恐怕是无颜再回东北了。"

1962 年 3—5 月，也就是东北抗日义勇军假道苏联回归新疆 29 周年之际，在当年抗日官兵回归的原始路线上，发生了一起震惊全国的中国边民外逃事件，成千上万的中国人"着了魔"似的朝着对方的国土跑去。在这些出逃的人员中，有一些就是义勇军的后代。尽管有关这一事件的评价早已盖棺定论，但是人们还是忘不了那次事件中的一些凄惨镜头：一些抗日义勇军老人抱着执意外逃的子女的腿哀求："孩子，不能走，不能走啊！这里再苦再累也是我们自己的家，也比寄人篱下的生活要好。"而这些义勇军官兵的子女在"天堂般美好生活"的诱使下，也跪倒在他们父母亲的脚下，任凭怎么劝说也不起来，他们期望着父母能够理解自己"深思熟虑"的抉择，他们幻想着一夜之间过上令人羡慕的生活。他们带着亲人的不解和哀怨，离开了养育自己多年的故土。

又一个 29 年后（1991 年），历史就像开了一个玩笑似的，也是在当年义勇军回归的原始路线上，又出现一幅截然不同的画面：成千上万的独联体客商在他们的祖国——苏联一夜之间解体后，蜂拥般进入也许他们以往并不看重的伊犁和塔城，开始了一场愈演愈烈的"购物大战"。也就是在这块依旧朴实的大地上，发生了这样两个悲欢离合的故事：

一位已经定居亚美尼亚共和国的前义勇军将士的儿子，3 个月前他的妻子和 3 个女儿被曾经长期生活的阿塞拜疆的炮火吞没了。回来后他一再请求父母亲和几个同胞姐弟想办法将他接回国内，说"我不想再过担惊受怕的生活了，我不想再听到枪炮声了"，但他还是失望了。"已经是别的国家的人了，怎么能说走就走"，耳聪目明的双亲带着全家族 30 多人将他送到了国门边上。

另一位在当年出逃中扔下了自己妻子和两个孩子的义勇军将士的儿子（他的父亲 1933 年回归时冻死在西伯利亚），带着他的俄罗斯太太和 14 岁、17 岁的两个女儿，回到了曾经养育自己多年的故土。善良的结发妻子没有责怪他"没有想到我这一辈子还能见上你一面，回来一次也不容易，就多住上一阵子"。两个一直在塔城长大并已参加了工作的女儿，也没有责怪父亲。"跑出去了那么多人，又不是你一个，怪什么？能看看我们就很好了，我和姐姐还真以为这一辈子再见不上爸爸了。"两个对一切都感到很新鲜的乌兹别克斯坦共和国的小姑娘更是无忧无虑，整天追问她们的父亲："中国妈妈做的抓饭为啥那么香？"父亲总是苦涩地一笑："肉多呗！"

（载广西壮族自治区政协办公厅主办：《文史春秋》2009 年第 5 期，第 36 页）

2. 抗战时期的中运会

杨再明

抗日战争时期，沿海地区被日寇侵占，国际交通路线均被截断，苏、美等国援华物资改经新疆运往内地，而内地各省贸易物资亦经新疆运往苏联，当时新疆顿成重要的国际交通要道，运输极为繁忙。国民政府全国经济委员会为接运援华物资，开辟国际贸易通道，曾成立中央运输委员会，在新疆设立分会（以下简称中运会），专门从事接待苏联运送援华物资车队及人员的工作。新疆境内运输路线长达 1500 余公里，任务相当艰巨。新疆作为抗战后方，承担了这一任务，有力地支援了前方抗战，为中华民族作出了巨大贡献。

中运会产生于苏联援华

1937 年 7 月，日本侵略军向我华北地区大举侵犯，同年 7 月 7 日，日寇进攻河北卢沟桥向我守军开火，爆发了震惊中外的卢沟桥事变，日寇并且疯狂地向我国纵深地进袭，中华民族步入深重灾难。在这严重危及的时刻，苏联政府提出援华意向，同年 8 月 21 日，中苏两国在南京签订《中苏互不侵犯条约》。1939 年 2 月，中苏两国缔结贷款协定。同年 10 月 25 日，南京国民政府迁都重庆，不久两国政府在重庆签订了贸易条约，表明苏联贷款是有偿援华，苏联以武器、燃料及其他军用物资供应中国，中国则以皮毛、茶叶、桐油、生丝及有色金属等供应苏联，以偿还贷款。

1938 年 10 月，广州沦陷。我国沿海地区大都被日寇占领，海上交通路线均被截断，陆上交通运输线时遭日寇轰炸，汽车又缺油缺轮胎，军火供应极为困难。为此国民政府决定开辟西北新疆的国际交通路线。1937 年 10 月 20 日，全国经济委员会在兰州成立中央运输委员会，同年末，在新疆设立中央运输委员会分会，作为接待转运援华人员及进出口物资的特设机构，这就是人们常说的中运会。

中运会在新疆星星峡至霍尔果斯公路沿线设置了霍尔果斯、新二台、精河、乌苏、绥来（玛纳斯）、迪化（乌鲁木齐）、吐鲁番、鄯善、七角井、哈密、星星峡等接待站，具体办理援华过往车辆及人员的接待工作，星星峡以东甘肃境内，亦由西北公路局和新生活运动会社会服务处在甘肃公路沿线设立了类似接待站。中苏双方还确定在伊犁、迪化、奇台、哈密四处建立临时航空站，以提供空援和辅助援华运输中的紧急需要。此举，可谓气势磅礴，进展很快，是中苏两国共同抗击侵略者的合作标志。甘新公路顿呈繁忙景象。

苏联援华与中苏贸易运输（不包括新疆省）早在 1937 年以前即已开始，最初的运输路线，在南方的进出口物资是经香港海运苏联的敖德萨和海参崴口岸，在北方的进出口物资主要是甘肃、青海、宁夏等省。羊毛、鬃毛、生丝等是经甘新公路由新疆口岸出口到苏联阿拉木图。那时只是马车驿运。自 1938 年秋季以后，中国沿海地区被日寇截断。到 1940 年 7 月后，缅甸吃紧，滇缅公路被封锁，所有进出口物资都转入西北地区，甘新公路遂成为重要的国际交通孔道。自 1937 年冬季起，苏联汽车就已载援华物资经新疆直运往兰州，返回时则将中国出口物资运往苏联。自汽车通行后，则汽车、马车共同承担运输任务，公路沿线不仅设立了中运会接待站，还设置了储油、供水、修车、养路等设施。公路交通渐臻完善，中苏进出口贸易运输也逐渐扩大，运输日趋繁忙。当时中国正处在战乱时期，国民政府忙于西迁，国内交通运输多数受到破坏，仅有的剩余汽车用于军运，商贸运输政府无力顾及，故中苏贸易物资最初是由苏联汽车直运兰州。但直达运输不仅路线过长，而且要用一定精力来保证运输安全。为了确保新疆局势稳定，使这条国际路线保持畅通，当时应盛世才的请求，1938年 1 月，苏联派苏军红八团进驻哈密，以阻止马家军队袭扰和国民党势力渗入新疆。红八团是 1936 年应盛世才的请求助盛围剿马仲英部而进入新疆的，其规模相当一个加强旅，配备有飞机、大炮、坦克。它进驻哈密后，对这条路线的安全畅通起了保证作用。

1938 年冬，全国经济委员会责成西北公路局组织 200 多辆汽车（后来增到500 辆）的车队，称为"特运队"，从事这种国际转运业务，改以星星峡为交接点，与苏联汽车衔接转运，从 1939 年 3 月起苏联汽车不再进入甘肃境内，为此，苏联在星星峡建立起转运仓库，在哈密还建起一座洗毛厂，洗选中国出口羊毛。这是苏联援华与中苏贸易运输的前段情形，也是中运会产生的原因。

苏联援华与贸易中断

中苏贸易（不包括新疆省）规定分期进行：第一期从 1937 年冬季开始到1938 年 6 月结束，第二期从 1938 年 7 月至 1939 年 6 月，第三期从 1939 年 7 月到 1940 年末，议定每期出口贸易额约为 6000 万卢布，约合 12000 万美元，每期均有增长，如第三期协议规定为 15000 万美元，由于政治上的原因，两国关系破裂，苏联停止军事贷款，贸易发生摩擦，进出口贸易额就没有全部实现。

当时国际上德、意、日三国法西斯疯狂地发动侵略战争，苏联援华与开展中苏贸易本是互相有利的，尤其当时中国正处在抗战危急关头，迫切需要国际的援助和贸易往来，以增强后备力量。当时虽有美、英两国支援，但远隔重洋，缓不济急，海运又被封锁，困难重重。只有苏联与我国邻近，开展中苏贸易是一明智的决策。据不完全统计，自 1937 年 7 月到 1938 年夏季，仅从新疆运往兰州的物资即达 6000 多吨。这 6000 多吨物资中，有军械、汽油、器材、药品，另有援华人员。其中各种飞机 985 架，坦克 82 辆，火炮 1300 多门，机枪 1400 余挺，这些都是当时最为宝贵的物资。1940 年 10—12 月，又有 300 辆苏联汽车满载飞机、大炮、机枪、汽油、配件等运到哈密，回程运走我国偿还贷款的锡、汞、皮毛、棉花、茶叶等。开展中苏贸易，不仅得到了援助，还开辟了国际交通，打破了日本帝国主义者的封锁，恢复了国际间经济交流，为当时尚不能加工的原料，如有色金属和皮毛找到了销路。1938—1941 年中国未沦陷区（不包括新疆）向苏联出口的物资统计如下简表：

中国政府（不包括新疆）对苏出口商品统计简表①

商品名称	计算单位	1938 年	1939 年	1940 年	1941 年
出口额	卢布（百万）	39.0	63.1	76.6	86.1
其中：					
钨	吨	3964	4600	1600	4500
锡	吨	1085	1900	1400	3000
汞	吨			50	100
锑	吨	4075			
锌	吨	593			
桐油	吨	568	1500	2000	3600
羊毛	吨		1700	4600	4200
生丝	吨		35	24	61
鬃毛	吨	57		50	209
茶叶	吨	7993	7800	12700	1300
生皮	千张	400	33	915	784
毛皮	卢布（百万）		0.5	0.9	0.3

从上表数字看，向苏联出口量相当可观，并逐年都有增加，这在当时陆路

---

① 《盟国军援与新疆——新疆文史资料第 24 辑》，新疆人民出版社 1992 年 1 月，第 37 页。

交通还很落后的条件下，西北和新疆人民是作出了巨大努力的，这对中苏两国当时的经济、军事都极为有益。1942 年春德军逼近莫斯科，大有攻占苏联首都的趋势，在这侵略与反侵略决战关头，一方面苏联自顾不暇，无力继续援助中国；另一方面是国民党统治集团产生了错觉，过高地估计了侵略者的力量，认为苏联反侵略战争不可能胜利，改变了对苏政策，致使苏联对我国的有偿援助逐渐减少乃至中止，两国关系当然也随之受到影响。到 1942 年末，中苏贸易经新疆的运输路线完全停止，中国偿还苏联贷款的出口物资也被冻结。

中运会的性质与作用

中运会是抗战时期的产物，是个临时性的涉外经济服务机构，受全国经济委员会（以后改称资源委员会）领导，翁文灏任主任委员。它的职能：既不直接经营对外贸易，也不直接办理运输，是介于两者之间做接待、联系、转运工作的专门机关。几年里，中运会及其各接待站认真地完成了接待转运任务，使人员往来与进出口贸易得以顺利进行。如进口军用品运到兰州或星星峡就转告军政部驻兰州后勤部或西北公路局接收转运；如属出口商品就告诉资源委员会所属矿产部门或茶叶公司、富华公司、复兴公司等专业部门组织供应，以便交车运走；如发生交通事故，即通知交通部门抢修或救济。各接待站除日常登记过往车辆，给汽车加油、添水，有的实施抢修外，并供应过往人员食宿。有的站还邀请有关人员联欢，欢迎苏联援华人员，以示中苏友谊。如 1938 年迪化设立中苏文化协会，中运会新疆分会就出面举行舞会或文娱晚会。为了做好接待工作，新疆分会及其接待站还配有俄文翻译，两国人员交往和业务联系，他们在接待工作中发挥了很好的桥梁作用，中苏贸易中断后，被冻结在哈密和星星峡偿付苏联贷款的贸易物资，就由中运会新疆分会看管。沿途各站储备的燃料以及哈密的洗毛厂设备等也由各站照看。这些物资及设备，直到 1946 年张治中将军接替吴忠信兼任新疆省政府主席后，于同年 12 月 18 日，苏联驻迪化总领事馆向张治中交涉，要求将存放在新疆境内被冻结物资及设备运回苏联，获张同意。苏联从 1947 年 3 月初起运，6 月 22 日最后一批物资清运出境。据有关各站登记：苏联共派出汽车 39 批，运行 673 车次，共运出口 3100 吨各种物资。中苏贸易运输任务至此全部结束。中运会工作也在此全部结束。1942 年后，中苏贸易中断，新苏贸易也已停止，新疆经济受到严重挫折，首先反映在公路运输方面，它所需的汽油、轮胎、零部件等等断绝了来源，运输量大为减少，以致瘫痪。1943 年 3 月，新疆省府通过中运会向苏联购入汽油 67 吨、轮胎 560

套、蓄电池 300 只，使新疆汽车运输得以恢复。但所购有限，不足以维持长期运转，公路运输仍将面临瘫痪。同年 6、7 月间，省府再次通过中运会向苏联购进汽油等急需物资 630 车。不仅如此，还于 1944—1945 年转运了大批假道印度的外援物资，这些足以说明中运会及新疆各族人民在抗日战争时期所起的作用，他们忠实地履行了抗战后方的国民义务，为中华民族抗日作出了积极贡献。

（载政协新疆维吾尔自治区委员会文史资料委员会编：《新疆文史资料》
第 24 辑《盟国军援与新疆》，新疆人民出版社 1992 年版，第 34 页）

3. 战鹰从这里飞往前线

贾永红

近年来，由于参与新疆航空史料征集工作，我有幸接触到数十位空军前辈，他们给我谈及抗日战争期间新疆空中航线的一些往事，现整理出来，献给当年为争取抗战胜利而努力尽责的后方人民。

一

抗日战争爆发后，蒋介石指示外交部和苏联驻华大使鲍格莫洛夫会谈，中苏通过一系列接触，于1937年8月21日签订了《中苏互不侵犯条约》。之后，国民党中央军事委员会从各兵种抽调军官和技术人员，组成抗日武器采购团，委任陆军大学校长杨杰和国民党中央执行委员张冲为正副团长，赴苏联采购作战物资，此采购团对外称"欧亚实业考察团"。

当时，采购团分设若干组，空军组系由王叔铭负责，此人后随蒋介石溃退至台湾，由蒋亲授四星一级上将衔，是现台湾十名四星一级上将之一，曾任国民党空军总司令。王叔铭又名王勋，大革命时期加入中国共产党，毕业于黄埔军校第一期，是中共最早从事航空工作的人员之一。以后，又送他到苏联学习航空，回国后，他投靠了蒋介石。

采购团成立后，先在南京开了专门会议，确定了运输路线，会上决定，除组织飞机航运外，另筹组汽车、畜力运输队，共同担负武器运输任务。会间，陈立夫代表蒋介石会见了考察团的有关成员。

8月27日，杨杰等人由南京坐汽车赶到芜湖机场，乘欧亚航空公司的飞机，由汉口达西安，再至兰州经哈密飞抵迪化。此时，新疆与内地一样，民众抗日呼声强烈。新疆边防督办盛世才实行"六大政策"，抗日民族统一战线得以形成和发展。采购团正是在这种特定政治历史条件下到达迪化的。盛世才派人将采购团接到省政府招待所，盛宴款待，为大家接风洗尘。杨杰、张冲与盛世才举行了会谈，恳请盛世才大力协助他们完成所采购武器的运输使命，并要求严守此行之机密。盛世才当时对南京政府虽是虚与委蛇，但由于采购武器一事关系抗战，如拒绝借道，恐不得人心，便欣然答应杨、张二人的要求。

采购团到达迪化的第四天，两架图波列夫T13—3式螺旋桨四引擎重型轰炸机从苏联阿拉木图飞抵迪化，9月2日，采购团全体成员乘这架飞机飞往莫斯科。

空军组除王叔铭外，还有张矩祖、张兴亚等20名飞行员和机械师，他们同机飞往苏联，一是进行短期适应性训练，二是驾机回国。这次，空军确定购买的飞机共有6种。第一种叫波里卡尔波夫歼击机，又称U—15型双翼战斗机，飞行速度为300公里/小时，此机转弯半径小，活动性能高，装有机关枪一挺，系单座；第二种叫波里卡尔波夫U—15Ⅲ型双翼单座战斗机，它和U—15型战斗机是姊妹机，这种飞机除速度较快外，其他性能二者相同；第三种叫波里卡尔波夫U—16型单翼战斗机，该机可以自动收放起落架，飞行速度400公里/小时，转弯半径较大，机动性能较差，配有机关枪一挺，由一人驾驶；第四种叫СБ—2型全金属单翼双发动机中型轰炸机，装有机关枪两挺，飞行速度400公里/小时，中等续航力，把装载炸弹的重量换成汽油时，可一气在我国沿海地区与日本东京间往返飞行一次；第五种叫СБ—2比斯中型轰炸机，它和СБ—2型轰炸机是姊妹飞机，除续航力较大外，其余性能与之相同；第六种叫图波列夫ТБ—3型发动机重型轰炸机，又名高尔基式轰炸机，装有机关枪6挺，续航力强。据传苏联曾用此机去北极探险。

苏方负责训练中国飞行员工作的是空军少将萨罗费约夫，他带领6名教官，其中歼击机教官2名，轰炸机教官2名，航空机务教官2名，训练地点就设在莫斯科郊外。飞行训练前，进行了一段课堂的理论学习，讲解我方所购6种飞机的构造原理和《苏联军事操典》。理论讲授完毕，苏方即带领中国飞行员到机场详细观看飞机内、外结构，边看边由苏联教官讲解各部件、仪表的性能及操作要求，并由苏教官为中国飞行员做示范操作。

在适应训练过程中，发生了这样一件事，中国飞行员张矩祖在苏联教官示范飞行后，第一个驾机窜上天空，只飞了几圈，就驾着飞机在空中翻跟头，吓得苏联教官不知所措，忙用无线电报话机与张矩祖联络，询问出了什么情况。这时，话筒里传来张矩祖轻松的回答："一切正常。"飞机降落后，教官把张矩祖狠狠批评了一顿。因为像这种情况，在苏联空军中是绝对禁止的，苏方要求飞行员进行飞行训练时，必须严格按照事先指定的高度和动作进行训练，绝不允许飞行员临时自作主张突然爬高或俯冲，更不许做特技飞行。这件事使许多在场的中国飞行员久久铭记在心。通过一段时间的训练，中国飞行员熟练地掌握了苏式飞机的操作方法。经与苏方协商，最后确定由阿拉木图—伊犁—迪化—哈密—兰州和经乌兰巴托—二连—兰州两条路线运送所购武器，前者为主要路线。武器交接点设在阿拉木图，由中苏双方各派代表若干，办理武器交接和运输事宜。约在这年 10 月上旬，王叔铭上校带领部分飞行员和苏联飞行员一道驾机经伊犁、迪化飞往兰州。他们回国前，由苏方代表萨罗费约夫带领中国空军采购小组前往阿拉木图飞机场进行试飞，检查 U—15、U—16 型飞机的组装工作，王叔铭还和苏联空军飞行员（当时称苏联援华空军为志愿军）一道试飞了新的中型轰炸机。

在这之后，每天都有成队飞机在新疆空中轰隆掠过，飞往抗日前线，也有些飞机是由汽车把部件运至哈密组装的。一时间，天空、陆地两条运输线异常忙碌，一派支前景象。为保障这两条运输线畅通无阻，新疆由伊犁至哈密建立了五个航空站、若干个汽车接待站，各族人民热情地接待参加援华的苏联运输队员，有的为他们洗衣，有的为他们做饭，有的为他们烧水洗澡，有的为他们理发，有的长年远离家人，坚守在接待岗位上，保证了这批从苏联采购的作战物资源源不断地运往祖国抗战前线。除大批枪炮子弹、医药物资外，首次陆续运到中国的苏联飞机共有 146 架，其中战斗机 72 架，轰炸机 54 架，侦察机 20 架，都是经新疆陆、空运输线运往前线的。

二

到 1937 年 12 月，日军侵华胃口愈来愈大，国民党军队节节溃退，日军对重要目标的轰炸半径逐步扩大，形势对中国越来越严峻。此时，苏联元帅伏罗希洛夫根据斯大林的命令宣布：苏联政府决定再向中国提供 20 个师的武器装备，援助 124 架飞机，以装备 4 个大队，并继续派遣空军志愿军大队赴华作战。

苏联向中国提供军事援助之情报，不久便被日本帝国主义情报机构侦悉，为确保后方运输的安全，国民党当局决定派员赴迪化与盛世才洽商，当时空军方面提出了三条意见：（一）必须在伊犁、乌苏、奇台、迪化、哈密设航空站，人员由中央航空委员会选定；（二）在哈密成立一个航空教导队，负责改装训练；（三）建议苏联在哈密设立一个飞机修理厂，由中方负责修建，竣工后技术人员由中苏双方共同筹组，这便是当时要在新疆设立伊犁、迪化等五个航空站的背景。

盛世才委派姚雄（当时任新疆督办航空队长）、陈德立（省府外交署长）与国民党代表会商，姚、陈二人在会谈中并不表态，只是及时向盛世才报告对方意向。当盛世才得知国民党航空委员会的三条意见后，当即表示不能完全照办。与此同时，他提出了三条意见：（一）同意建站，但不同意由航空委员会派人，各航空站均应由督办公署航空队派人负责；（二）航空教导队不宜设在哈密，选在什么地方请国府另行考虑，新疆省府意见最好设在伊犁；（三）关于在哈密修建航空修理厂一事，应由新疆省府与苏联方面交涉定夺。国民党代表与盛世才的会谈进行了多日，最后，请航空委员会秘书长宋美龄批准，决定按新疆省方的意见办理，但强调：省方必须保障运输安全，不得有丝毫疏漏，否则一切后果应由新疆省方负责。

国民党航空委员会代表离新后，盛世才找督署航空队正副队长谈了话，决定按照重庆的技术要求设站，迪化站由督办侍卫官徐工领衔负责，接待站设在欧亚机场，机务事项由航空队工程师高正臣具体安排。每日均派有机械士和机械师值班，同时聘来了哈萨克厨师，为的是让苏联飞行员在此停留时，可以吃到可口的饭菜。伊犁站负责人是刘勋荃，刘最初在哈密，工作了月余即被调往伊犁，哈密由王××接替，王之后是一个叫李仲恺的人负责，再后就是傅恩波（此人以后参加了人民空军）。乌苏站是哈忠升，系哈萨克族，是我国最早的哈萨克族航空机械师。奇台有建站计划，由于不常降落飞机，航空队决定一旦有过往飞机，临时派人去执行任务。为便于工作，各站均建有机场。

当时，苏联飞机的各个部件，分别由一些各不相属的专业工厂制造，再将这些产品集中起来，由中央飞机装配厂进行组装。有些小型飞机，如歼击机，由于体积小，续航力弱，不能作远距离飞行，通常是将部件装入木箱，用汽车由霍尔果斯运输入境，经乌苏、迪化、哈密运往兰州组装。哈密修理厂建成后，即在哈密组装。U—15、U—16型歼击机大都是采用这种方式入境的。轰炸机则直接从阿拉木图起飞，经伊犁、乌苏、迪化、哈密、酒泉至兰州。我国空军飞机几经空战和轰炸后消耗很大，飞机和部件的消耗，都靠新疆这条线路来补充。

三

根据国民政府和新疆省方的协议，约在1939年初，在新疆伊犁艾林巴克成立了空军教导队，这是当时国民政府在新疆的唯一地盘，主要工作人员都由重庆委派，教官是从苏联聘请来的，只有勤杂人员是从伊犁当地招收的，也就是从这时起，笕桥航校校歌悠扬地回荡在艾林巴克天空：

> 得遂凌云愿，
> 空际任回旋；
> 报国怀壮志，
> 正好乘风飞去，

长空万里复我旧河山。

努力！努力！

莫偷闲苟安。

民族存亡责任待我肩，

须有牺牲精神，

凭展双翼一冲天。

在全民族抗日激情的鼓舞下，在苏联教官的指导下，一批批歼击机、轰炸机学员和航空机务工程技术人员从这里奔赴抗日前线，像一支支锋利的银剑，射向全民族的敌人——日本帝国主义。

艾林巴克空军教导队划归中运会序列，平时除对中国飞行员进行训练外，还负责接收苏方运来的飞机部件，然后用卡车运到哈密组装，刘勋荃当时在伊犁接待站的主要任务就是做保障工作。

1941年夏，希特勒对苏联发动了疯狂进攻，苏德战争的头几天，德国就炸毁、击落苏联空军5000余架飞机，苏联人民开始了艰苦的卫国战争，苏联此时已自顾不暇，援华志愿军陆续回国参战，忙碌一时的陆航运输线逐渐冷落下来，接着而至的是盛世才政治态度的转变，艾林巴克教导队的苏联教官和工程技术人员也随之撤退。

紧随德国进攻苏联后，同年12月7日，日本帝国主义突袭美国在太平洋的最大海空军基地，制造了震惊世界的珍珠港事件。随着第二次世界大战的发展，美国政府开始改变其在中日战争中的态度，在罗斯福推行的对华新策略下，美国开始了对华援助，这时罗斯福认为："中国人是在杀日本人，而俄国人在杀德国人。在我们自己的海陆军有充分配备与能力来帮助他们以前，我们必须使他们能继续目前的这种任务。""可以把它比作一场英国式足球赛，我们就像预备队，先坐在一旁的长凳上瞧人家的，俄国和中国是先上场的第一队……在球赛进行到我们的先锋队员快要疲乏的时候，我们就应参加进去作最后一击，以决定全面的胜利。"正是在这种思想指导下，1942年，美国一次给蒋介石贷款5亿美元，为保证对华的有效援助，罗斯福严令："无论有多少困难，中国的通道必须保持。"故此，继苏联军援之后，美国陆军航空运输队开辟了飞越驼峰的中印航线，1942年7月18日至8月1日，国民党航空委员会副主任毛邦初亲自参加了经甘肃、新疆飞往印度的中印航线之北线的试航，随毛邦初同来的有陈文宽、潘国定、华祝，他们从兰州出发经哈密、迪化、拉瓦尔品第至印度新德里。

是年，罗斯福批准开通"驼峰"航线，供应中国的物资空运量增加到每月数千吨，同时，向中国提供数百架飞机。这些都是后话了。

总之，新疆各族人民在抗日战争时期，为保障后方陆、空运输线的畅通，使国际援助之大量物资能够得以及时、顺利地运送到前线，是付出了艰辛努力的，作出了他们应有的贡献。

（载政协新疆维吾尔自治区委员会文史资料委员会编：《新疆文史资料》第 24 辑《盟国军援与新疆》，新疆人民出版社 1992 年版，第 83 页）

4. 周折转运美援物资

杨再明

新疆在抗日战争时期，不仅担负了苏联运送援华物资人员的接待工作，也转运了大量美援物资，为支持前方抗战作出了巨大努力。笔者根据当时参与这项工作的陆振轩教授的回忆录及有关历史资料，介绍一下从印度转运美援物资到新疆的情况。

处于抗战时期的中国人民，多么希望外国援助，借以壮大抗日力量。但外援物资输入国内，那时却极为困难。美国援华物资，先是经香港转入内地，自香港沦陷以后，改由缅甸经滇缅公路输入，至1940年7月缅甸吃紧，滇缅公路被日寇截断，美援物资又改从海上运到印度，从印度运到中国昆明。1942年4月，缅甸陷落，印中空运受到严重威胁。于是国民政府筹划开辟印中驿运，"以谋补助"。开辟印中驿运路线本有两条：一条经西藏输入；一条经新疆输入。重庆交通部于1943年春派出中印驿运路线查勘团赴印度查看上述两线，"以期兼筹并顾"（这是交通部后来回顾此事的用语）。在查勘时认为经西藏路线不能打通，采取经新疆路线较为可靠。与此同时，一面由重庆外交部通知中国驻印度专员沈士华与印度政府交涉，寻求打通新印路线方法；一面由重庆交通部在新疆成立驿运分处，以备接运援华物资，并输出新疆出口商品。查勘与交涉的结果，确定新印路线开运。但新印传统驿运路线亦有两条：一条由印度狄布鲁伽经克什米尔的列城至中国的叶城；一条由拉瓦尔品第（今属巴基斯坦）经吉尔吉特至中国的疏附。两线比较：前者长1005公里，海拔5795米；后者长1160公里，海拔4575米。但究竟选取哪条路线适宜，尚无把握。因两线均须越过高原地带，地形复杂，气候恶劣，各有利弊。为选定新印路线，西北驿运管理处新疆分处亦组织调查队，前往南疆调查。调查队由新疆驿运分处处长顾耕野率领，于1943年9月15日从迪化出发，经喀什、塔什库尔干直至巴基斯坦的吉尔吉特，与重庆派出从印度出发的查勘团会合。两团队会合后，于同年10月19日返回迪化，着手拟定开运计划。此时，驻印专员沈士华与印度交涉的情况及其建议亦转到了迪化，其建议根据英国主张，采取新印贸易路线的南线，从狄布鲁伽由铁路运到克什米尔首府斯利那伽改用驮马驿运至克什米尔的列城，以列城为交接点。在印度境内运输，可委托英商福公司代办，在中国境内则由新疆组织马匹，派遣代表去列城接运。顾耕野根据此建议即筹划设置南疆驿运支处，以接运经印度进口的援华物资，并利用空程承运新疆土产公司商品出口，计划每月往返可运 280 吨，一年以 6 个月计算，年运量可达 1480 吨。筹划南疆驿运支处设 18 个驿运站，需设备费及周转金共国币 1413 万元，此筹划方案须报重庆国民政府行政院审批，方案报出后，已是 1944 年春，行政院只批准了 1018 万元"准照支收方案筹建"。按那时的困难条件，建一套一千余公里驿运机构，短期内很难办到。迄至同年 10 月，由中国设在印度的印伊运输处已将存放印度的美援物资循新印贸易南线运进叶城，首运告成。顾耕野筹建的南疆驿运支处计划，因政府财政困难，经费无源而停办，只好改用首批启运的路线与方式雇用民间畜力转运。

为什么中国要在印度设立"印伊运输处"呢？这就是为了转运美国援华物资而特设的机构。自 1940 年末，日军侵袭缅甸以来，中国通往海岸的滇缅公路已经受到威胁，到 1942 年太平洋战争爆发后，缅甸失陷，日本长驱直入，封锁了滇缅公路。至此，通往中国的海岸运输路线完全断绝，美援物资只有改道印度中转，由美国空军从印度狄布鲁伽空运至中国昆明。但这条航线须飞越喜马拉雅山驼峰，受恶劣气候影响，大量航空运输尚有困难，滞留印度的美援物资，苦于无运入国内的途径，政府十分着急。1943 年初，美国副总统威尔基访问苏联后来到中国，他向行政院长宋子文建议，将美援物资由印度经伊朗运到苏联，借土西铁路外，一切运输工具由美军供应。这就是要开办中、印、伊、苏间的物资联运。他这一倡议，虽然道路曲折且长，但亦不失为打开通道的一计。宋子文采纳了这一建议，立即通知交通部长曾养甫筹划，于是交通部、外交部通知了中国驻印度专员沈士华筹备组织印伊运输处，决定驻印商务代表周贤颂兼印运输处处长，派滇缅公路局工程师陆振轩为副处长，由陆具体负责转运。陆振轩是广东人，30 年代初留学法国，毕业于法国公立高等工业学校，回国后历任滇越铁路局、滇缅公路局工程师、印伊运输处副处长，1944—1945 年任新疆省公路运输局局长，解放后，任广州外语学院教授。1943 年 6 月，印伊运输处是中国设在印度的从印度到伊朗转运美援物资的联运机构。运输处成立，一面调集人员，一面交涉交通工具，先由处长周贤颂与美军接洽汽车和运入国内紧用物资，继由副处长陆振轩与驻印度英军总部及英国官办的"联合王国商务合作企业"联系。这是英国在伊朗的管理公路建筑与公路运输的机构，简称 UKCC 联总。英军总部设在印度与阿富汗交界处的基达。经陆交涉，对方同意协助办理，但中方人员必须挂上军衔，便于沿途工作和行动。在印伊一段汽车运输由英军负责，人员、车辆和沿途给养，统由英军总部配发，交通工具由【UKCC】总部供给。各项事务接洽妥当后，确定陆振轩挂

"上校"军衔，为中国印伊运输处代表，其余人员分别挂上尉、中尉军衔，为翻译或随员。8月底，【UCKK】总部调配载重汽车500辆组成车队，装运汽车配件，由英军中尉率领，于9月初从伊朗东南部军事重镇沙塞丹出发，中方人员随车同行。自沙塞丹此行4天，行程900公里至麦什特，沿途通行顺利，麦什特靠近苏联军事禁区南边的一个小镇，车队停止前进，接受检查。这里警戒森严，未经许可禁止入内。于是，陆振轩以中国代表身份带领译员乘吉普车径入麦什特镇，拜会苏联领事，商洽假道土西铁路转运美援物资入疆事务。苏联领事当天没有答复，只说"待请示莫斯科后奉告"。但对陆氏等中国人员很热情，当作共同作战的盟友，殷勤接待。次日再去联系，苏联答曰："莫斯科与重庆之间尚未商妥，此事碍难照办。"事后才知，不让通行的真实原因是国民政府此时与苏联外交关系已趋紧张。

陆等请其改办通行证转赴伊朗首都德黑兰继续联系。于是陆氏等回到车队驻地与英国领队磋商，令车队退回沙塞丹。中方人员前往德黑兰，从麦什特到德黑兰行程1000公里，于1943年10月中旬到达，会见中国驻伊朗大使，请其继续交涉，仍然无效。计划中、印、伊、苏间国际联运受挫，只好随同车队返回印度，算是白走一遭，耗费不小，而抗战急需的作战物资还是运不到国内，中国人员十分焦急。他们回到印度后，往来于卡拉奇—新德里之间，继续寻找转运途径。时至1944年夏季，陆氏等在参观访问中读到英国人写的从新疆跨越昆仑山到印度的游记，了解到新印贸易路线通行情况，思路顿开。也在此时，上年勘察路线的调查报告转到了中国驻印使馆及印伊运输处，报告谈到英国使馆也建议走新印南线运输。于是陆氏写信给重庆交通部公路总局副局长龚学遂，建议开辟新印路线驿运援华物资入新，获龚同意。并告西北公路局局长何竞武向新疆省政府及新疆中运会交涉，取得新疆许可，由新疆备马1000匹，另派数百匹供人员乘骑和驮载所需给养，到印度列城接运美援物资到新疆叶城，再由叶城用汽车转运到内地。列城是英商福公司与印伊运输处商定的交接点。列城位于印度河东侧，章拉山口南麓，是通往西藏的小镇，海拔仅2800米。但一出列城就要爬过两座大山，海拔都在5000米以上，只有新疆马适应高山驮运，尽管如此，在过第二座大山冰川时，还不得不雇用当地牦牛500头，以助马队越过高峰。新疆派去接运的驮马共约1600匹，分十几个队，每队约100匹，各队都有头人及若干运脚（马夫），每一运脚管5—6匹驮马，他们都是熟悉此路的维吾尔族同胞，全部给养自理，去时就把往返食品与给养全部带上，沿途选择适当地段按站贮存，贮存点也即往返的食宿站，如无大风大雪，中途不得停留，不到站就没吃的，为了减少驮运食品，运输队自列城出发后，在中途买了 20 多只羊随队吃赶。出发 20 天后，到达第二座大山，想是喀喇昆仑山，海拔接近 6000 米，越过 1 公里宽的冰川，大雪纷飞盖地，不辨路径，有马坠入雪坑，人们好不容易拉上来，但马已受伤，只好用备用马替换继续前行。沿途人马白骨，断续可见。高山冰川空气稀薄，紫外线很强，如无防护眼镜，两眼会红肿剧痛，甚至双目失明，不适应高山反应的人食欲减退，行走十分吃力。幸亏新疆人民及新疆马还能胜任此路运行任务，即使如此，这次途中仍死马约十分之一。当时省政府规定，以割死马尾巴报账，除作凭证外，也为防止新疆马输出外销。途中还死了一名新疆接运队运脚，名叫木沙。据同行人说：是去时路上病故的。时过一月，仍暴尸荒山，陆振轩等见此情景问及为何不掩埋？同队人未正面作答。陆振轩动员同行人员各拾石块，共同薄葬了他。自 1944 年 8 月下旬开始，从印度狄布鲁伽乘火车运至斯利那伽，改用驮马运至列城，从列城由新疆马队接运入境，于同年 10 月上旬抵达叶城，费时 40 多天，行程千余公里（不包括印度铁路运程）。受尽艰难困苦，辗转周折，总算开辟了一条国际驿运路线。这仅是第一批从印度转运美援物资的经过。以后还有第二批、第三批陆续沿此路线转运。直至 1945 年底抗战胜利，我国沿海岸路线开通后，此线驿运才宣告结束。历时两年半，先后共运进物资有：汽车轮胎 4444 套，军需署军用布匹 782 包，经济部装油袋 588 件，电讯总局呢料 63 捆，另有汽车零件和医疗器械……

运进第一批物资后，新疆中运会和西北公路局派汽车 20 辆，由该公路局秘书马家驹（交大毕业生）带领；新疆省公路局派出汽车 25 辆，由技术员闫伯川带领两个车队，会同前往叶城接运至迪化和兰州。迪化—叶城之间 1861 公里，45 辆汽车需耗油 50 余吨，还要在焉耆、库车、阿克苏、喀什等地储备回程用油。因西北缺油，此后汽车接运就由新疆承担，西北公路局汽车不再前往南疆接运。运进的轮胎，交通部分给了新疆省 2400 套，用以装备新疆汽车。这就是从印度辗转运输美援物资经过。用现在的眼光来看，运进这点物资算不了什么，但在艰苦战争年代，又处在生死存亡的危急关头，这些物资还是非常宝贵的。尤其是汽车轮胎，更为重要，它可恢复交通支持前方抗战和后方生产，以 4444 套轮胎而论，就可复活近 800 辆完整载重汽车，在那个时期是一支不小的动力。为此，新疆各族人民付出了很大代价，动用了大批的人力和畜力，这一史实说明新疆各族人民为支援抗日前线是有功的！

（载政协新疆维吾尔自治区委员会文史资料委员会编：《新疆文史资料》

第 24 辑《盟国军援与新疆》，新疆人民出版社 1992 年版，第 208 页）

5. 一次鲜为人知的国际运输亲历记

白生良

第二次世界大战时期，当我国的抗日战争进入第四个年头之际，抗战后方唯一的一条西南陆路国际运输线——滇缅公路因仰光沦陷而中断，而中印公路尚未修通，盟国援华物资只有依靠从印度至昆明的空运线运进少量物资，远不敷需要，开辟新的运输线，迫在眉睫。

运输路线的选择

1942 年美国副总统威尔基经莫斯科来重庆，他建议从印度经伊朗入苏联，借土西铁路至阿拉木图，再转公路至新疆赴内地，由美国供给物资及车辆，由英国派司机和领队人员。我方很同意这个意见，就组织了印伊运输处。当年 7 月，陆振轩从昆明带领国内职员前往印度，负责筹运事宜。此路线虽然便捷，但与有关国家未能谈妥，遂搁浅。

1944 年陆振轩建议开辟印新驿运路线，他亲自组织并成功地运回了数批物资。

威尔基建议的路线，是为第一条运输路线，需经过三个国家方能到达新疆省的伊犁。起点是印度的海港城市卡拉奇（现属巴基斯坦），向东北行至奎隆（QuiLon）折向西行，穿过当时的俾路支（Baluchistan）地区抵达伊朗的边境城市札黑丹，这一段路程已有铁路，全程约 1700 公里。从札黑丹向北经过比尔詹德到达伊朗的北部重镇麦什哈德。从麦什哈德向西北约 150 公里即到达苏联边境城市阿什哈巴德，这一段路程已有公路，全程共约 900 多公里。在苏联境内的阿什哈巴德到阿拉木图之间有土西铁路相通，从阿拉木图有公路通达新疆的边境城市霍尔果斯。

陆振轩建议开辟的驿运路线是为第二条运输路线，须绕越喜马拉雅山麓，再翻过喀喇昆仑山口，才能抵达新疆的叶城，简称印新驿运线。此线全程起点从我们当时的出发地卡拉奇向北行经拉合尔折向西北行抵拉瓦尔品第，已有铁路相通，约距 1600 公里。再从拉瓦尔品第向北到达克什米尔首府斯利那伽有公路直达，约距 200 公里。从斯利那伽到列城有英国人修筑的驿道，要翻越一个标高为 3520 公尺的山口，全程约 250 公里。从列城到新疆叶城，全程除了起点和终点附近有零星地段是修筑的驿道外，大部分只有坡度不大的古道痕迹，并要攀过一座雪峰和冰川，翻越标高 5240 公尺至 5648 公尺的山口三处，以及涉水过一条河。估计这段约 400 多公里。以上是我们第二批人员走过的路线。第一批走的是这条路线的东路。

负责印伊运输线业务的办事机构是交通部印伊运输处，对外英文名称是 CHINA INDIA TRANS – IRANIAN TRANSPORT ADMINISTRATION，简称 C. I. T. T. A。处长周贤颂。副处长陆振轩，是实际负责人。1942 年 7 月，陆振轩到印度新德里同中国特派员公署的沈士华署长商量，决定在卡拉奇设立运输处，后来又在伊朗札黑丹设立了办事机构。我被派在札黑丹工作，当时职员只有 9 人（武建庚、刘宗唐、张鹏程、欧翔墀、林×× 、叶×× 、杨文炳和笔者，另有一名技工）。在卡拉奇的办公室还有若干人。开始时，到达札黑丹的物资都储放在英国的 U. K. C. C 货场。物资运输是英军领队，由印度司机驾驶的约 500 辆汽车承担。

印新驿运没有成立专门机构，由陆振轩负责组织管理，人员都来自原印伊运输处，共 6 人（陆振轩、刘宗唐、张鹏程、欧翔墀、杨文炳和笔者）。国内物资接运负责人员是西北公路局的乔福德（正领队）和副领队马家驹。

印伊运输处运输的物资是美国援华（根据美国租借法案）对日作战用的机械、汽车、油料等作战物资。我在札黑丹 U. K. C. C 货场看见已运到的有汽车修理厂的设备、汽车轮胎、机油、石油等设备以及子弹等，已堆满了货场和仓库，货场面积约数万平方米，英军一个车队 50 辆汽车，只运空一小角落，估计当时已到数千吨，且还在陆续从印度运来。

印新驿运的物资主要是载重卡车的轮胎和呢料。

运输经过

1942 年 8 月，陆振轩带领我们到达印度西海岸港口城市卡拉奇，经过两个月准备，换上军装。10 月份到达伊朗边境城市札黑丹，暂住在英军兵营里，当时英军驻军司令是某上校。那时，我等称陆振轩也是上校，这样对外办事方便，不久英军让出一所独立院子，作为我们 C. I. T. T. A 的办事处。陆振轩通过英军总部与英国官办的伊朗全境公路建筑和汽车运输组织 U. K. C. C（简称联总）取得联系，并介绍我们去货场了解已到物资情况。与陆振轩从印度回来的一位美方代表叫 Twedy，视察了货场，并向我们讲了一些有关物资运输和生活等方面的注意事项。当年年底和 1943 年春，英方的两个车队先后从印度经过俾路支沙漠公路调到札黑丹兵营，这两个车队，每队约 50 辆卡车，驶往 U. K. C. C 货场装载物资。由于装卸手段落后，全部依靠人力，雇用的都是伊朗的贫苦人，体弱无力，四个人花半天时间才装好一车物资。U.K.C.C 有一个英国管理员指挥装车，我们全体中国职员办理验收和点交手续。第一个车队装载完毕后，陆振轩带领俄语翻译武建庚、刘宗唐二人随队驶往伊朗北部城市麦什哈德，该地已为苏联控制。由英方 U.K.C.C 出面接洽，同苏联总领事商谈通车问题。苏方总领事说：莫斯科没有指示，不能通过。陆振轩亦即到德黑兰会见中国驻伊朗公使和美方驻伊朗大使，亦无济于事。苏联不同意之原因，大概是重庆与莫斯科没有商量好。事已至此，已抵达伊朗北部的两个车队约 400 多吨物资，往返徒劳，只得驶返札黑丹，印伊运输处札黑丹办事处就此撤销，全部中国成员于1944 年春末撤回印度卡拉奇待命。美国援华物资经过伊朗、苏联运入新疆的计划宣告失败。据陆振轩分析：是苏联不愿意让英美军人到他控制的伊朗北部地区观察，这可能也是美方主张开辟印伊运输线的另一原因。经过将近半个世纪后的今天，从看到的史料中分析，也可能还有其他原因，有待知情人进一步证实。

印伊线无望，只得转而另觅他途。1944 年春，印伊运输处结束后，陆振轩为抗战献身的爱国心驱使他想方设法寻求从印度运输物资支援抗战的方案。他到印度的图书馆翻阅史料，看到有印新驮运线的记载。他又想到当时国内公路运输缺乏轮胎，就想起用一马驮两个轮胎的驿运方案。当时新疆还在盛世才统治下，必须取得地方当局同意和帮助，才有可能开辟这条驿运线。当即请求中国驻印特派员与有关方面商榷：印境内的运输，取得英军同意，由他们组织马队把轮胎从公路终点站斯利那伽城运至列城，再由新疆来的马队运回国内；国内马队由公路总局委托西北公路局，商请新疆省政府组织马匹到印度接运，西北公路局指派原兰州修理厂厂长乔福德和秘书马家驹具体负责，陆振轩也与国内取得联系。6 月，轮胎经铁路和公路运抵克什米尔首府斯利那伽，立即由英方马队运抵列城。

1944 年秋陆振轩率领我们 6 人，分两批先后抵达列城，赶制了过冬翻山行装，等待新疆马队的到来。陆续运抵列城轮胎 2000 套，需一千多匹马转运，这对列城这个小城市压力太大，故分成数批接运回国。1944 年 10 月陆振轩率领张鹏程、刘宗唐二人押队先行，从列城启程走的是东路，翻越喀喇昆仑山口，当年年底到达新疆的叶城。第一批走后，留下欧翔墀、杨文炳和我 3 人，欧翔墀是第二批领队。原计划于 1945 年上半年来马队接运，因故延至 6 月份马队才到达。7 月份我们 3 人随马队离开列城，走的是另一条路，也翻越喀喇昆仑山口，于8月上旬到达叶城，住在叶城土产公司，并去海关办理了入境手续。听土产公司的人说，从莎车到喀什的公路不通。我们乘马车赶到莎车。莎车的专员姓周，湖南人，接待了我们，并询问我们驿道情况，还要我画一张路线图。我把在列城根据英军地图描下来的路线图复制了一张并附上简短说明留给他。他很高兴，很快给我们安排走小道去喀什。沿途无人烟、无道路，艰难地在戈壁滩上绕道走了一整晚才到目的地，住在新疆省公路局喀什站。（由陆振轩率领运回的第一批轮胎抵达叶城后，即由西北公路局派车18辆，在马家驹等带领下运回兰州）。1946年1月，我们3人从喀什乘公路局的汽车到了迪化，同年3月我离开新疆省公路局回到关内。

沿线见闻

这两条运输线，除了苏联境内的一段外，我基本上走遍了全线，长达7000公里左右，所见所闻甚多。这里将沿线的自然地理、风土人情等按行程扼要记叙如下：

伊朗见闻

我在伊朗工作和生活近两年，到过德黑兰和伊斯法罕。其地自然地理颇像我国新疆，我见到旧波斯帝国与我国交往的遗迹。因工作的需要，我曾在古称安息国（旧名波斯）的伊朗境内环行过一次。这个面积为162.6万多平方公里的土地上，四境有高山，只见些细小的河流，1/3是盐质沙漠地。冬夏温差悬殊，夏季酷热，空气干燥。溪谷间和沿海地方有农耕地，放牧居民较多。民风淳厚，信奉伊斯兰教。生产棘子、橄榄、麦子、棉花和少量稻米。石油开采都被英国人掌握。只有一条铁路。伊斯法罕是伊朗的旧都，地处肥沃的台地上。昔日繁华的遗迹很多，雄伟的古建筑物，特别是几座大教堂，我去参观时，发现有几处碑文，碑上雕刻成方形的印章上有"天宝"等字迹，首都德黑兰已是现代化城市，我们曾游览了城内的皇宫和回教堂，也看到不少中国古瓷器、古字画等文物，有一张据说是皇帝的座椅，镶满了珠宝和钻石。

从伊朗的德黑兰和伊斯法罕等大城市的见闻中可知，古时的波斯帝国确很强大，以后就逐年衰落了。二次世界大战初期（1941年），这个当时有近1000万人口的国家，北部由苏联，西南部由英国军队占领并控制了一切交通命脉。我在札黑丹看到庞大的英国军营占地几平方公里，还不包括运输场站等其他设施。北部城市麦什哈德外围数十公里处就设有苏联的地堡哨所，戒备森严，不许车辆人员随便进入。西部德黑兰市内，由于美军接受了伊朗的铁路，随处可见到美国车辆和军人，火车载着坦克和飞机，一列接着一列地向北方驶去，押车的苏联士兵只有十几岁。我们住在英军兵营时，见有波兰沦陷后的难民在食堂当服务员，其中有一位年约半百的妇女，通过俄语翻译得知，她的丈夫也是工程师，和儿女们在战争中失散了，现在不知是死是活，其状甚是悲惨。

19世纪初叶，西方列强就开始入侵伊朗，故受殖民者的宣传和影响很深。我们在札黑丹工作期间，与当地市民有接触，有些人对我们中国人很不了解。例如：市民和劳动者，所谓"苦力"，要看我戴的帽子里面是否藏着辫子，还有人问我抽不抽大烟。即或有些西方知识分子对我们也有偏见，看不起我们。有一次受英军雇用的丹麦土木工程师邀我和另一位同事到他住处去玩，他夸耀自己有高超的技术和知识，当大家玩一种扑克牌游戏时，他要我们解答这是应用什么原理，当我们给予满意解答后，他才客气地对待我们。殖民主义者欺压伊朗人的事，也屡见不鲜。如我们在札黑丹聘请了一位伊朗教员教波斯文，和我们同住的有位英国上士见到那位教员，无缘无故喊："盘路"（即滚出去）！又推又打。我们当时很看不惯，向他说理也不听。这件事使我想起英国人在上海公园门口挂着"狗与华人不得入内"的牌子侮辱我们中国人，深感国家不富强，人民就要受西方殖民主义者的凌辱。

在克什米尔和拉达克见闻

我们从伊朗回到印度，准备从印新驿道回国。1944年夏自卡拉奇乘火车抵达印度北部的拉瓦尔品第（现属巴基斯坦），改乘汽车驶入喜马拉雅山和比尔贾尔山之间的克什米尔，当时是英属的一个土邦，那里的居民70%以上是穆斯林，印度教徒占20%，统治者是印度教王公。穿过山间谷地抵达斯利那伽，这是一座古城，土邦的首府。从谷底流来的河水穿城而过，两岸的肥沃冲击土，生产着稻谷、水果和蔬菜。城郊风景如画，湖光山色，吸引了不少游客，是印度的避暑胜地。从炎热的卡拉奇到斯利那伽寒暑变化很大，我不适应就病倒了，住在街上的旅店，得不到休息。听医生介绍水上旅店条件好，同行的人怕我久病不愈，耽误行程，同意让我住进水上旅店，我在同行人中，年纪较轻，他们派了一位同事陪伴。所谓水上旅店，其实是一只小船，船虽小，仍分卧室、起居室、膳厅、盥洗室，有电灯，食宿都在船上，吃水从岸上取自来水，有的直接把水引到船上。费用与岸上旅店差不多。大的水上旅店设备更豪华，有舞厅、楼房和花圃。都备有小艇，供客人自己划到别处去游览。我们租住了半个月，最后由船主划船经过一道水闸，游览了一个湖泊，已记不起是伍勒尔湖还是达尔湖，风景很美，据说湖边上有一处唐僧留下的古迹，因时间关系未去寻踪。我很快恢复了健康，陆振轩从印度来信嘱我们先赴列城，这时已经是秋天了。

从斯利那伽出发，我们租了两辆一吨半的卡车，事先还请当地官方给我们办了中途换乘马匹的手续。汽车向东北方向行驶，有时顺着河谷，有时穿过树林，山势渐渐高起来，经3个多小时，汽车停在森林中的一块空地上，阳光被树木遮盖，显得很暗，看表还不到三点。有人从树林深处牵出马匹，我们就骑马前行，沿着清澈见底的溪水，一人高的乱草野花夹着驿道，坡度不大，策马向河谷的深处前进。高山挡住了去路，马主告诉我们前面不远就到今夜的食宿站——即官方建造的招待所。在黑暗中穿行于茂密的原始森林中，爬上右面的山冈，看见了灯光，知道食宿站在等待客人的到来。此时已经夜晚10点，饭罢就钻进睡具，天气很冷，在风吹马嘶声中很快就入睡了。这是我生平第一次骑马。这一站的地名叫布路塔尔。

早晨起来一看，食宿站建在半山腰峭壁上的树林中，景色特佳。离开食宿站顺原路下山，向峡谷的对面山上攀登，驿道盘旋而上，路面平整，宽1米左右，这是有人维修的管道，一直通到列城。山上，气温更低了，最高处叫疏其拉山口。这个山口每年10月大雪封山，一直到来年春天才能通行。路旁有石块垒起的经堆和纸幡旗，低矮的土屋建造在山坡后面，有一头身披长毛的牦牛正在嚼着干草，这里已是高原，我们到达了藏民居住区。

越过疏其拉山口，缓慢地下到特拉丝河上游特拉丝食宿站以后，驿道转向印度河谷，向列城方向行进，平均每天走10—20多公里，经过七八个食宿站就到达终点列城。从列城至我国西藏边境，是属印度河上游谷地和部分喀喇昆仑山山脉，在地理上属于拉达克山区，也是世界最高地区之一，位于喜马拉雅山西部。这地区大部分是藏民居住，曾被称为小西藏。

我们沿着印度河向上游方向行进中，突然看见左边山冈上空有一只巨鹰展翅向下降落，抓到了像只野兔的动物，轻松地腾空飞去了。另有一只在山脚下正啄食一只黄羊，从羊的尾部把肠子拖出狼吞虎咽吃下去了。同行的人想跑过去赶它，被本地的马队主人制止了，他说人不犯它，它不犯人，不然它会把人啄伤，重者会丧命。这种巨鹰展翅有二三米宽，生活在山崖洞穴中，为数不少。

待命列城

我在列城意外地住了将近一年，所以有机会到处走走。"列城"是新疆到此来的人习惯的称呼，是拉达克的首府，它坐落在章拉山脉南麓，离印度河四五公里。列城的南郊是开阔的河谷，平缓的坡地直泄到印度河边。从斯利那伽来的驿道在大大小小的卵石中斜穿过坡地与从通往西藏的驿道在南门会合。市内只有一条呈 L 形的大街，弯弯曲曲、高低不平的小巷子穿过居民区，人口约5000 人左右。较大的商店都是印度人开的，少数来自新疆、西藏等地。市内建筑多数是土坯平房，极少二层楼，像样一些的房屋是英国驻列城专员的官府和本地富人的住宅。平时街上冷冷清清，来了马队才热闹一番。商品多数是布匹、皮毛、饲料、粮食和日用品。从邻国来的商人常常是以货易货，没有海关。这里的气候只分寒季和暖季，十月已开始结冰，一月、二月气温降至 –30°— –40℃。每年几乎有 5 个多月被冰雪封闭与外界不通音讯。郊区印度河边有大片农田，种植大、小麦和玉米之类，山坡有牧场，山腰有些树林，本地藏民就靠这样的自然条件过着半农半牧的生活。

列城的北郊有一所食宿站，或称招待所，是英国人修建和管理的。我们来时沿途有十几个食宿站，建筑虽简陋，但风格各异。列城的食宿站是全程中最大的一座，站里设有卧室、起居室、饭厅、浴室、走廊、壁炉、厨房、马房、草地、花圃、特设的自来水等，按当地的官价供应食品，很是方便。食宿站有专人管理，住宿的人都要详细登记，我翻阅了登记簿，很厚的一册，已用了好多年，上面登记有英国官员、西方旅游者，也有一年前从新疆来的官员，我们这次已是第二批中国人了。这所食宿站，建在列城最高处，环境比较好，左前方有树林通向列城的布达拉宫，右边是英国专员的官府，前方围墙外有一个小湖（实际是一个大池塘）。藏民能歌善舞，每逢节日或夏夜，从远处林中传来鼓声和歌声，真是歌舞升平，没有一丝战争气氛。听到一首当地藏女在池塘边常唱的民歌，曲调优美，歌词意深，十分动人。英国人在当地没有一兵一卒，通过印度雇员控制着这旧土邦的一切行政事务，颇具权威，表明老牌殖民主义者统治手段的高超。

从斯利那伽循驿道前行，距列城约三四公里处，向左举首远望，看到建筑在山上的一座宫殿，好奇心驱使我去游览了一次。事先问过本地人得知可以去访问，我和一位同事从宫殿的后山树林中爬上去，走进一条地道，到达宫殿的底层，地面上散落着羊粪和干草，昏暗中摸索到了去上一层的踏步，心里有点害怕，小心翼翼地到了第二层，听不到一点声音，继续上了几层，空空的房间，看到一些鸟粪，并听见鸟雀的惊叫声。这里原来是一座被废弃的宫殿。据说这座宫殿是数百年前建造的，完全仿照拉萨的布达拉宫，用石块砌成，规模比前者小。曾经有一段全盛时期——拉达克王朝。

站在招待所的走廊上，能看到山谷中的印度河和对面大山上几栋白色墙体、黑色屋顶的建筑物，据说这是拉达克土王的王宫，我们想前往参观，托请一位侨居的新疆老人去打听。这位新疆老人很久以前来列城经商，就在此成家立业了，在印度河边有一些田产，生活也算过得去。他知道我们也是中国人，经常到我们住处闲谈，有时还给我们送些牛肉来加餐，因为本地印度教不准宰牛，所以是私下送来，大家相处似亲戚。他打听回来说：土王不希望我们往访。可能是受到英国人的监视的缘故。据说这位土王家里有中国朝廷的封印和赏赐，作为传家宝保存得很好云云。后来，我们在一次藏民节日的宴会上见到了这位土王。

宴会在列城市林中空地上举行，搭起了帐篷，长条桌拼成U字形，铺上洁白的桌布，放着茶点和瓜果等。参加宴会的人，有英国专员的代表，本地官员、绅士、商人等约四五十人，土王也来了，他和本地官员都坐在主人席上，只见他身穿长袍马褂，戴着红顶瓜皮帽，脚蹬布鞋，约四五十岁，很像我们祖辈的装束。宴会开始后，主人们到各桌去敬酒，土王走到我们桌上向大家斟酒，特别对我们说了几句话，可惜我们一句不懂。宴会持续了半个多小时，会毕，土王与地方官员一起退席。

还有一次是当地英国驻列城专员邀请我们去参加的茶点会，可能是庆祝什么节日，在他的花园里举行，有本地政府官员，但没见土王。我们是为了抗战途经此地的中国人，随时得注意自己的行动，所以不便问及，以免惹是非。

冰化雪消，好不容易度过了严寒的冬天。冬去夏来，新疆的马队还没有消息。大家商议，困在室内不如出去活动活动。新疆老人介绍印度河畔的乐趣，河谷开阔平缓，河水清澈，本地人不吃鱼，所以河里鱼很多。河边建有食宿站，也是列城的旅游地。大家都认为这既可解决困局之苦，并可钓些鱼晒成鱼干，备作返国途中食用。我因高山反应引起的肠胃功能紊乱症康复不久，借此换个环境休息，就欣然同意。一行三人在河畔住了两星期，风景确实不错，特别是河水清澈，游鱼很多。我下了一钩，就钓了12条约重七八斤的鱼。不到一星期，大家钓到了数百斤鱼，晒干后装了几麻袋。我们接连几天以鱼佐餐，鱼的凉性大，大家都拉肚子，就不敢再吃。又怕归途中吃了生病，大部分鱼干送给了当地的外来人，但却享受了钓鱼的乐趣。

就在我们垂钓的后方一公里处，有一座喇嘛庙，建筑在独立的山顶上，远望房屋重叠，颇为宏伟。由于事先联系，走到庙门口，已有一位喇嘛恭候，他略懂英语，领我们进去，首先朝见活佛，名叫白古拉，年约20余岁，盘坐在经堂里，双手合十，口念经语，表示欢迎我们的到来。接着以红茶加糖款待，我们表示感谢，并称赞庙堂的宏伟精致，他非常高兴，吩咐带领参观全庙。在藏经楼看到有在中国印的经文，西藏的佛珠等。这里的喇嘛都是黄教，敬仰班禅大师，每年有人去西藏朝拜。因为知道我们是中国来的，特别亲切，带我们看了许多地方，讲了不少事情，可惜听懂的很少。临别时布施5卢比，对方表示满意。

翻越喀喇昆仑山脉

高原古驿道，全线大部分在海拔五千公尺以上，途中有万古冰川，空气稀薄，约十几天不见人烟，自然条件十分严酷。大家都做好了出发前的准备，整行装，添皮衣，我还将陆振轩带来的英方军用地图取出，特地复制了这段路线的走向和地貌，发现途中还有不少平原和湖泊，我在焦躁和好奇的心情下，等待新疆马队的到来。

1945年6月，新疆马队到达列城，大批人马顿使小城沸腾起来。同来的还有新疆土产公司的职员，大家见面格外亲切。我最感兴趣的是路线情况，他们说这次是走列城后山这条驿道。上次我们走的是东线，要多次涉水过河，有危险。他们这次带来的马料已储放在沿途中。7月上旬，我们3人与土产公司职员和马主等驱赶着数十匹马的一小队先行了，新疆马匹的管理，已在国内安排好，由马主各自负责，我们不必费心了。一早出发就沿后山爬坡，中午时分，在山口底脚稍作休息，翻开地图，山口旁边的峰顶标高是17600英尺。继续在几乎呈40°的山坡上走"之"字形小道，路边见有死马遗骨，有融化的冰块。到达山口，催促立即下山，路况一样，但下山更难，我骑的马失前蹄，幸被马主牵住，才免摔落马下。据说10月份，就开始封山了。在半山腰宿一晚，第二天一早又上路，下到山脚，顺着河谷的驿道经过一座索桥后，不久驿道转向另一条河谷向上游前进。下午3点左右，在一个藏民村落旁宿一晚，继续前进。这一段路线平坦，两岸有茂盛的原始森林，溪水清澈，路旁有耕地，藏民不时来往。下午四五点钟，到达宿营地，一行停在藏民的村落旁。山脚下有温泉，温度高，有硫磺气味。我称这一站为温泉村。

从温泉村继续向河谷的上游深处前进，前面山顶已有积雪，快到河流源头了。马主告诉我们，明天要从右面的雪山翻过山口，今晚就在山脚下宿营，我称这个宿营地为冰山脚站。

天色未亮就催起床上路，地上已有积雪，踏着前面马蹄留下的脚印，开始爬山了，隐约看到前面有人拄着木棒探路，踏出了一条雪槽，坡度愈走愈陡，S形的盘山羊肠道，只容人马通行。瞬间，凛冽的寒风扬起了雪花，双眼迷蒙，看不清路线，但在雪槽中行走，心里尚不害怕，马呼吸急促，鼻孔喷出团团白气，速度慢下来了。看到雪地上点点血迹，我被告知是马主在用针刺马鼻，以医治马的高山反应，人们在扬鞭策马，不让停步，停久了有冻死的危险。雪雾中行进，忽听山下有人呼喊，这是事故发生的预兆。据说走一趟列城，马的损失率约1%。寒气逼人，手足都被冻僵了。突然一线阳光直射下来，已是中午时分。到来雪山顶，我们跨过山口。从山口俯眺，冰雪反射阳光，刺眼难睁，急忙戴上日光镜。小心谨慎地下到冰谷，阳光又被遮没，不见两侧山峰，只见冰川从两峰间直泄下来，汇入谷中。有几条庞大的冰川横躺在谷底，确实壮观，人马小心翼翼地翻过冰达坂。下午3点左右，走到冰谷的尽头，人马都已非常疲乏，恰好到了当晚的宿营地，远处有一条大河横在山脚下，我给这宿营地取名冰谷站。晚饭后，我们在土产公司职员的引导下，去凭吊上次马队牺牲的人。死者就埋在右边山脚，坟墓是用石块垒起的。不远处，还有几个墓堆，可能是往年商队中牺牲的人。据说，由于寒冷饥饿或高山反应，沿途死人是常有的事。墓堆及随处可见的马的遗骸，都足以表明这里是事故多发区。

夜晚，帐篷搭在冰坡上，燃起篝火，烧茶煮面条，我觉得胃口不如昨天，半夜惊醒后就睡不着觉，这是高山反应的征兆。天未亮就被催着起床，不吃东西上了马，走到晓伏克河边，只见夹着冰块的河水，奔腾着流向印度河。7月份高山上的冰雪还未大量融化，这里的水面宽约50米左右。前面已有人在河里探测水深，寻找浅滩。天已大亮，岸边有枯草，白骨成堆，徒步涉过河的人都拄着木棍牵着马匹，有的驿马不肯下水，只好把物资卸下来一些或干脆全卸下，牵过河以后再换胆大的驿马过河去。伙伴们知道我患有高山反应，请马夫牵着我的马过河，我在马背上两腿跷起，水淹到马肚皮，幸未弄湿行李。上岸后，走进山谷，两旁山顶上有些积雪，崖边已有青黄色的草从残雪中挣扎出来，我们循着马骨指引的方向，在坡度不大的谷边弯弯曲曲地前进。下午两三点，天暗下来，预感要遇到风雪。马队已到预定的宿营地，我已精疲力竭，头晕脑涨，脉搏跳到140多次，不吃东西，就钻进帐篷睡着了。睡梦中被吵醒，原先有水的地方却不见水，人们嚷嚷着挖坑找水，挖了好几处，才在一处挖出了些泥浆水，人畜凑合着度过了一晚。我称这里是缺水站。

昨晚休息得好，醒来觉得高山病减轻了。北风吹进山谷，风力减弱，两边的山顶逐渐矮下来，约高二三十公尺，即将爬出山谷走上台地。这时天空骤然晴朗，前方左侧（即西方）有一座山峰，远远望去犹如玉笋似的直插云霄，阳光照射着冰雪反光，似乎离我们不很远，查看路线图没有标出峰名，同行人告诉我可能是奥斯腾峰（8611公尺）。事后查看地图，该峰离当时我们所在地点有100多公里。山地坡度很缓，马队沿着地上有白骨的古道而行，不知不觉进入广阔的戈壁滩，宽约十多公里，开阔而平坦，稍加填修，就成天然飞机场。我向东方瞭望，只见群山山顶像馒头一样露出云层，蜷伏在我的脚下。离古道数百米处，有湖泊水草，黄羊成群结队注视着我们，有人吆喝一声，便跑得无影无踪。向北方瞭望，有一条雄伟的山冈从西向东横卧在前方，山顶有积雪，路旁有一条小水沟，是晓伏克河的源头。至此已到平原尽头，向左转入峡谷，没有积雪，水边有薄冰。谷中坡度不大，不多远，两旁山峰又矮下来，山顶积雪却厚了。下午三四点钟，在一块较宽较平的谷地停下来宿营。我看到两旁石缝中储藏了不少麻袋、草料，还有馕、羊肉干等，这是马队从新疆驮来的专备回程之需，我称它给养站。顿时烟火四起，人喊马嘶，好不热闹，已经好多天没有睡好吃好，此刻大家饱餐一顿，早早休息，为明天翻越全线最高点——喀喇昆仑山口做好准备。

翻过喀喇昆仑山口夜宿叶尔羌河畔

睡梦中被闹醒，赶紧起床吃过热菜干粮，牵马驮上行李出发了。天还没亮，黑压压的马群正在编队启程，马队成一线前行，只听到马蹄与石块的碰击声。天色微亮，只见山势挺拔，开始走"之"字形盘山道。伸向山顶的缺口处，走几步停一下，路上又见到血迹。马群速度慢了下来。有一匹马倒地，再也站不起来了，只好卸下轮胎，分装在别的马背上。大风吹得人马举步艰难，好不容易才踏上山口。山口像压扁了的馒头没有顶。山口最高处有一座用石块垒成的锥形堆，约一人多高，这就是界碑了，路线直落下去，延伸到河谷。路边有一股细流，这就是叶尔羌河的发源地。行约半个小时，水流逐渐增大，坡度也小了，路面是细沙类小卵石，有时要来回涉水，驮马速度加快，显得很轻松，在谷底开阔处有草地，卸马宿营。翌日继续下坡沿河前进，回头已看不到山口，晴空万里偶有几朵白云飘过，阳光照射人畜，格外兴奋。已过中午，河谷更加开阔平坦，河水清澈，水量增大，已不能涉水。沿着岸边有些青苔和野草，远处山顶积雪未化。下午3点左右，河水转了一个直角向西流去，河床宽约百米，东岸地势开阔平坦，很易修成天然飞机场，这里地名马立克厦，马队决定傍水宿营。大家到冰水里尽情冲洗，驿马也松了一口气，悠闲地在岸边游荡。晚饭后，马主们商量明天的行程，一致认为河水已涨，沿叶尔羌河去叶城，涉水困难，决定改走东路。

告别叶尔羌河到达赛图拉

离开叶尔羌河滩时，天已亮，驿道平坦，明显有人往返的痕迹。没有风，不见冰雪，顺着右边的山冈向东北方向走去，中午时分不知不觉地已走上高坡，发现乱石中有碎冰水塘。一个小时后，突然要下山进入山谷，两边长着茅草，驿道在谷中的坡度变缓，茅草长得更茂盛，有的竟有一人高，有几条小道伸向西边山冈。忽然右边山腰有几只黄羊循着小道向山顶奔跑。我被告知是野山羊。离居民点不远了。太阳还在山顶上，约下午三点多钟，来到两个山谷的交点，驿道转向左方进入较大的谷中，有水从东方流来，水声潺潺，匆匆而去。顺溪流向北，不远处山冈上有整齐的房屋，山脚下遇居民正赶着牦牛驮柴归来，他指着左方告诉我们，哨所就在上面，我们得知已到赛图拉。

赛图拉边防哨所在半山腰一块平地上，四周有围墙成方形，约有数千平方米，内建有营房、马厩和操场，住有一排骑兵。当晚连长用野韭菜炒羊肉款待我们，首次吃到祖国大地上的蔬菜，都很兴奋难以成眠，畅谈到深夜。在哨所休息一天，马队正陆续到达，在山冈下宿营。那里有几家居民，据说从哨所去上游不远处有木乃伊，我们顺着小道向河谷东面走半小时，就看到几堆大石墩，上面盖着茅草，内放十几具木乃伊，我不敢进去看。据说由于此地气候干燥，无雨淋，露天放久了，自然风干，实际是干尸。谷中溪水的下游流向和田，汇成喀拉喀什河，上游顺山谷通向西藏。这里谷底宽阔，坡度不大，大部分沙碛土生长着野草小树。

从赛图拉到大草原

昨天的休整，使人精神焕发。一早离开哨所，沿着喀拉喀什河左岸，驿道平整，路边有居民点。河边有柳树野花，刚从崇山峻岭中出来的人，乍然置身如此佳境，确有鸟语花香赏心悦目之感。沿路坡度不大，河水增大，快马加鞭，行约一个多小时，我们离开河岸，转向左边一条山谷，驿道是紧贴崖壁开凿出来的，弯弯曲曲地靠着凸出的巉岩爬上去，坡度虽大，驿马稳步前进，不感困难。道旁的小溪忽然不见，抬头看到前面高山挡住了去路。路线转向左面山冈，只见山坡成40度，驿道在乱石中穿行，走"之"字形盘旋而上，我下马骑上了牦牛，才爬上最后一段，约半小时，到达山顶。这山顶不像山口，像牛的脊梁，宽约数百米，远处的山顶上有积雪，近看，则是向下直落的山坡，一直泻到半山腰的草原上，满目碧绿，晴空中白云飘荡，草地上也有白云朵朵。牦牛又把我们送到坡底，才看清草地上那朵朵白云是一群群的羊。行进在这看不到边的大草原上，精神大振，牧童迎上前来，把我们引进一间独立木屋，我被告知已到了今晚的宿营地。晚餐很丰富，宰了一只羊，还有白酒，生平首次尝到了羊羔美酒。

抗战胜利声中，到达终点——叶城

从草原宿营地出发，一路下坡，有时顺着小溪旁的驿道，有时穿行于树林或田间小道，前方已不见高山峻岭，我们不止一次在村落旁宿营过夜。最后一天，穿过一些丘陵地带，驼铃声从身后飘来，远处是广阔无边的戈壁滩和成行的白杨树，顺着林带间清澈的流水，我们走进了终点站——叶城。我们被安排在土产公司住宿，在这里，我们惊喜地获知，抗战已经胜利，第二天，我们三人参加了土产公司的庆祝会。中华民族坚韧不拔的努力，终于赢得了这一天——日本侵略者无条件向盟国、向我们投降了！

（载政协新疆维吾尔自治区委员会文史资料委员会编：《新疆文史资料》第24辑《盟国军援与新疆》，新疆人民出版社1992年版，第214页）

6. 踏勘列城——叶城国际驿路及试运纪实

刘宗唐

随着中日战事的发展，我国对外海陆交通陆续被日寇封锁，自 1943 年滇缅公路被封，只有由云南越过喜马拉雅山脉通往印度的空运航线可通。但其运量小且受日本空军威胁，以致大量援华军用物资积压在印度不能运进我国。

1943 年，国民政府拟开辟国际运输线，即由印度卡拉奇市（现属巴基斯坦）经伊朗北方重镇麦什哈德城，再通过苏联的土西铁路到阿拉木图，再从公路转运到中苏边境的新疆霍尔果斯城。有关部门就开辟这条路线同英、美、苏、印、伊朗等有关国家洽商，国民政府铁道部公路总局于同年组建印伊运输处，处长周贤颂驻重庆，副处长陆振轩于 1943 年夏同公路总局工程师赴卡拉奇市负责办理物资接收转运工作，与印、英、美、伊有关单位进行接触。当年秋将堆放在卡拉奇市的援华物资由铁路经奎达城运到了伊朗的札黑丹（印度边境城市）。

1944 年春，部分援华物资（主要是汽车配件、轮胎）用 500 余辆英用汽车向伊、苏边境城市麦什哈德转运。车队驰至麦什哈德城东南数十公里的扎尔巴特埃哈达特城，却被苏联在伊朗的驻军阻拦（当时在伊朗领土上存在三国势力：英军在伊朗东部，苏联在北部，美国在西部）。车队受阻后，陆振轩副处长曾去德黑兰市（伊朗首都）向中国驻伊大使李铁铮反映情况，不知何故亦未得到解决。

迫于急需运进这批抗日物资，国民政府乃指令铁道部公路总局另开辟一条陆路国际运输路线。经过调查研究，初步了解到有两条路线通过驮马，可自印度运进援华抗日物资：

一是由当时印度毕沙瓦城，越过喀喇昆仑山脉到达新疆浦犁城（现新疆塔什库尔干县。此线现已开辟为中巴公路）。但此线山路太险峻，人马极难行。1937 年该线中印边境未被当时新疆省边防督办盛世才封锁前，年通过商队量计马匹千余。

另一条由印度列城沿中印边境喀喇昆仑山脉分水岭，越过喀喇昆仑山口，再沿新疆境内叶尔羌河到叶城。该线没有上述线路险峻，人马较前线路易于通行，在中印边境未被封锁前，年通过驮马万匹。

国民政府公路总局委派原印伊运输处副处长陆振轩，负责踏勘由印度列城到中国叶城国际驿运路线，并要求试运一批急需物资回国。所需马匹由新疆负责提供，物资运至新疆叶城后，再由公路第七局派汽车到叶城转运至甘肃兰州备用。并令将踏勘结果及试运情况报公路总局备查。

陆振轩受命后，与原印伊运输处工程师刘宗唐、张鹏程、白生良、杨文炳等在卡拉奇与各方联系办理一切手续。首先向援华物资单位调拨轮胎并向印度政府有关单位联系运输车辆等事宜。

在卡拉奇市完成各项准备工作后，于1944年7月陆振轩率工程师4人离卡拉奇市，乘火车经拉合尔城到达毕沙瓦市，再转乘汽车抵克什米尔首府斯利那加城。该城位于拉达克山麓，海拔1591米，临近印度河，夏季气候凉爽，风景宜人。当时英国人、印度政府及土著上层人物多来此避暑。市廛繁华，供应丰盛。我们在该城联系交通及沿途住宿等事宜后，于9月初继续北上去拉达克首府列城。

自斯利那加出发，沿途在设有招待所的居民点投宿，但伙食费需要自理。所到站点都能购到鸡和蔬菜。第一站去索那美镇。始行87公里，有汽车可通，再前系山路，小道崎岖坡陡，只可换乘驮马。经布路塔尔，越过淑其拉山口，经马他扬等站，到达列城，全程384公里。每日行一站，计在12个站点投宿，中间停留3日，共计15日（各站点海拔、距离列表于后）。

这条山路最险峻的一段是淑其拉山口，海拔虽只有3531米，但冰雪阻塞严重。山口的险恶程度除看这里的高度和有无冰雪阻塞外，还取决于山口的方向，南北向的山口要比东西向的山口冰雪融化得早，因而可通行的时间较长。

列城是拉达克首府，位于印度河河谷，喀喇昆仑山脉南侧拉达克山区的半山上，海拔3507米。

列城在1944年约有5000人口，绝大多数是拉达克土著，城内有喇嘛庙一所，大喇嘛曾请我们做客，款以酥油茶。列城山坡上有藏族式建筑，犹如拉萨布达拉宫，为当年拉达克王王宫。

斯利那加城到列城各站间距、海拔

宿营站编号	站 名	海拔高度（米）	间距（公里）	累计（公里）
1	斯利那加	1590	0	0
2	索那美	2668	87	87
3	布路塔尔	2882	15	102
	淑其拉山口	3531	6	108
4	马他扬	3181	18	126

宿营站编号	站　名	海拔高度（米）	间距（公里）	累计（公里）
5	特拉司	3093	21	147
6	西姆沙安尔布	2821	32	179
7	卡吉尔	2680	26	205
8	毛尔培克	3507	35	240
9	布德卡尔布	3416	23	263
10	喇嘛雨路	3446	24	287
11	那尔拉	3020	27	314
12	沙斯普乐	3111	23	337
13	列城	3507	47	384

列城交通尚称便利，与我西藏和克什米尔首府斯利那加城都有驿路可通，为通往我国新疆的枢纽，有货物交换站，市廛繁荣，百货云集，商业相当繁盛。自1937年与我国新疆的边境封锁以来，商业日益萧条，但在1944年秋我们到列城前，当地商人知驿路又复开放，商业又有了回升。南疆和田一带盛产地毯，需要颜料染毛线，常有来列城购买颜料的马队和商人。

9月中旬，我们到达列城，一面等候自新疆叶城来列城接运物资回国的马队，一方面与各方面联系了解情况。

马队于1944年9月底到达列城，经过休整及装运，于10月15日出发返新疆。这是试运性质。随马队有170余人，其中有国民政府公路总局踏勘列城到叶城驿运路线及试运小组3人，由陆振轩负总责，另有刘宗唐、张鹏程（在列城留有白良生、杨文炳，他们于1945年7月随第二批马队回新疆，8月到叶城）。当时新疆省政府喀什公路局派出了警卫3人，还有马户五六人，他们有各自的马匹及雇佣的马夫。其中有人在这条路上从事驿运多年，是马队的向导。马队计有马800余匹，马夫约160多人，驿运国内急需的汽车轮胎1000套。因卡尔东山口及西塞拉山口特别险峻，马匹难行，于出发前雇用牦牛先运过这两个山口，再换马驿运。出发前还要驿运行李、帐篷、餐具及部分粮食。

马队于1944年11月10日到达叶城。全程675公里，计行27日，中间休息4日。马队日行8小时，日平均行30公里。除首末站外，其间在22个站点宿营，各站都是来时马队住宿的地方，地势大都较平、避风雪、不受河水骤涨影响，而又有水可取，或有冰雪可供化水食用之处。因列城粮食不准采购外运，也不供应来往马队，故马队离新疆时带有足够的粮食分存在各站点，以备返程食用。因此每日必须赶到宿营处。沿途平均气温为 - 5℃，靠近终年积雪、冰川的地方，气温可降到 - 30℃左右。路途山险、沟深、乱石塞道，种种困难实难形容。途中病死马夫一人，马匹死亡率约为8%，驮马个个负伤，受伤不能随行者宰杀。险峻路段，山口附近马骨散乱，人们以此为路标，避免了迷路。

来往于这条山口，最使人难于克服的困难和使人感到特别难受的莫过于空气稀薄，气压低。小有活动就气喘不已，谈话只能说一个字，喘口气稍息再说第二个字。由于空气稀薄、气压低，在穿过山口及险段时必须牵马步行，就要承受更大的痛苦。气压低、米饭不熟，只能吃煮羊肉汤和存放在站点的馕（新疆式烧饼）。羊群是在列城附近村落所购，随马队走，到站宰食。

我们这次踏勘的列城到叶城国际驿运路线基本沿着喀喇昆仑山脉分水岭的一条越岭线。从海拔3507米的列城，向北越过险恶的海拔为5307米的卡尔东山口，进入奴勒拉山区，度过旭腰克河，向西穿过海拔为5368米的西塞拉山口，这是全线最险恶的山口。由此走出奴勒拉山区，进入新疆，再越海拔4911米的新达坂及海拔3270米的土达坂，到达位于喀喇昆仑山东麓，塔克拉玛干沙漠边缘，提士约夫河旁的叶城，这里海拔1342米，是这次踏勘的终点。

这段路地形复杂、山岭险峻、沟壑纵横、乱石塞道，气温低。山区大半年覆有深雪，杂有冰层、冰川。多数山口从12月开始到次年4月为大雪所封，有的甚至要到6月中下旬才能解冻。在这期间，人马不能通行。什么时候山口冰消雪化，是山区行路人所关心的问题。待气温回升，冰雪融化，山洪却又暴发，河沟时被水所阻，所以马队通行时间每年只有几个月。这次踏勘及试运工作选在9月到11月初。途中虽也经历过一些险阻，人马有所伤亡，但总算顺利地完成了任务。

上述情况说明，这段线路通行困难，驮马死亡率高，运量低，不能满足驿运需要，除在组织及管理上应予以改进外，主要是改善道路质量，首先对全线我国境内难以通行的险路予以整修或做局部改线，以降低坡度，增建人工构筑物、桥涵、标志牌；改建原有宿营点及建设新宿点，目的是改善生活条件，增进安全，提高运输能力等。现将自列城至叶城的路程及重要居民点列表于后，以供有关方面参考。

列城到叶城各站间距和累计里程

宿营站编号	宿营站及山口名称	海拔（米）	里程（公里）间距	里程（公里）累计	日行走时间（小时）	止宿时气温（℃）
1	列城	3524	0	0	0	-6
	卡尔东山口	5307	-	-	-	-
2	卡尔东村	3965	43	43	10	-5
3	铁力脱村	-	32	75	9	-3
4	潘那密克	3236	32	107	7	3
5	卡路尔	-	16	123	4	3
6	班登塞	4270	26	149	8	-11
	西塞拉山口	5368	23	172	-	-
7	西塞那白朗塞	4636	14	186	10	-11
8	毛谷肯尼开西	-	27	213	7.5	-11
9	克孜利亚	-	29	242	9	-13
10	乔郁溪	5246	29	271	7	-11
	喀喇昆仑山口	5579	14	285	4	-
11	克孜尔塔格	-	19	304	6	-12
12	马立克厦	4636	32	336	8	-6
13	哈巴朗	4392	35	371	10	-4
14	吉尼马拉洪	-	29	400	-	-
15	可可孜建冈	4209	32	432	9	-5
16	枯兰那底	4118	29	461	8	-7
17	穆花巴什	-	13	474	3	-7
	新达坂	4911	3	477	-	-
18	古拉吉哈拉克	3782	25	502	7	-7
19	库地马杂	2867	24	526	6	-1
20	贡特	-	29	555	9	-3
	土达坂	3270	8	563	-	-
	阿克米乙特	2562	-	-	-	-
21	加克	-	19	582	8	-6
	普莎	2166	19	601	-	-
22	库库雅尔	1952	8	609	8	-4
23	白许脱瑞克（五棵树）	1800	29	638	8	-
24	叶城	1342	37	675	8	0

自列城至叶城路线沿途的自然条件及村落分布情况，现分述于后：

1944年10月15日，自列城出发。约行16公里，抵卡尔东山麓。山麓有院落一处、石屋两间，可住宿。仰望山势陡峭，有马行走的小路，蜿蜒而上，坡度约30°，上坡行2—3公里抵达卡尔东山口。这是出发以来首次翻越的山口。此处距列城21公里、海拔5307米。冬季有冰川。马匹行二三十步即大喘气，须停两三分钟再行。人在马上稍停也喘气。过山口向北下坡，坡度较山南坡更陡，约35°，有积雪深半米余，路为积雪埋没，山势峭拔、乱石突起、旁临深沟，人可步行牵马而过，大喘气难止，有马匹滑坠沟底。下山行5公里，山势稍平，坡度降为15°。续行约6公里，遇流入旭腰克河的山溪，宽约50米，路仍险峻。沿山溪前行15—16公里，止宿于卡尔东村；气温 −10℃，距列城43公里，海拔3965米，有店供住宿，有村民十余户，以耕种度日。沿线至卡尔东村，始见草木人烟。

卡尔东山口覆有冰雪，路险坡陡。若能休整上坡道，另选下坡道新线，则可避开深沟陡坡。

10月16日马队离开卡尔东村前行13公里抵达旭腰克河，在距列城55公里处渡河，河宽三四十米，深约1米，骑马可涉渡。续行5公里到达齐抵村，有客店。再行8公里有钢索吊桥一座，夏季水涨，须绕行27公里，过英人所建长约100米的铁索桥。

若要缩短行程，在可涉渡之处，建新桥即可。

铁力脱村距列城75公里，奴勃拉河从村内穿过，村民不满百人，有剩余粮食出售。10月16日在此村止宿，虽有客店，但不敷马队使用。

潘那密克村，距列城107公里海拔3236米。该村旁奴勃拉河，居民400余人，处于拉达克区内，是农产品较丰富之地方。马队在此采购粮食及牛羊，牛羊随马而行以供沿途宰食。村旁有硫磺温泉，石屋两间，可供洗澡。17日、18日马队在此村止宿2日。

10月19日向卡路尔山麓进发。离潘那密克村约行10公里到达司帮谷村，距列城117公里，有居民10余家。晚抵达卡路尔山麓止宿。此处距列城123公里，海拔约3300米。

翌晨向班登塞行进，遇一山沟，沟水从西塞拉流下，西岸为光滑花岗岩峭壁，沟内堆积卵石，坡度约为20°，难以通行。印政府在峭壁上开凿马道，约长3公里，有近40个弯道，直达山顶。又自山顶逐渐下降到该山沟的右岸，循此沟右岸所堆积之卵石堆前行，马难站稳，马腿有折断之危险，沿途有死马骨。

由叶城来到列城的马队经过险恶的西塞拉山口，已疲惫不堪，又过此3—4公里长的乱石堆，马往往不支而死。过乱石堆进入沙土路段，在班登塞止宿。班登塞距列城149公里，海拔4270米，离马孟孙大冰川不远。此地气候寒冷，夜间气温降到−11℃，睡在帐篷内多次被冻醒。

这段山路也很险峻，如能整修已开凿的马道，平整沟右岸卵石堆，并修建大站点供马队休整、设立兽医站，调养通过西塞拉山口的伤病马匹，则行旅就方便安全多了。

10月21日自班登塞向全线最险峻的西塞拉山口进发，沿途冰雪填满山谷，路旁有冰川，行七八公里，有一大坡，坡陡而长，覆盖很厚的冰雪。此外极似卡尔东山口北坡情况，人须下马匍匐下滑，马亦并四蹄而下滑。前行遥望有大冰川所填塞的山口，两侧可见突出的岩石。冰川脚下有一平地，可供200—300匹马休歇。马队一般在此过夜，以便翌晨翻越西塞拉山口。但这日难得天晴无风，乃继续前行。马队仍在冰川侧面山沟中行进，沟内布满乱石及马骨，行两公里达冰川顶部，即西塞拉山口。此山口海拔5368米，距列城172公里，距班登塞约22公里。

西塞拉山口冰川长约3公里，宽约2公里，表面覆盖冰雪，大风卷雪，双目难睁，马匹常陷雪层下冰缝中，此时马夫必须卸下驮载物，并且需人前拉后推，或拉、推、抬并举，才能救出马匹。山口处气温下降到−10℃，海拔高，空气稀薄，呼吸困难。

过冰川后，山势较缓，有积雪和乱石。再行六七公里到达西塞拉白朗塞止宿，此地距列城186公里，海拔4636米。该地为旭腰克河旁的一块平地，约五六百平方米，有石屋数间。前行再次渡越旭腰克河，河宽5米，深半米，可涉渡，涨水时河宽可达三四十米，水深无法涉渡。

这段路通行非常困难，既要受季节的限制，还要受风雪大小及河水涨落的影响，更重要的是越过常年不化的冰川，难而又险。当时曾设想：冰川表面上必须行径之路，若加铺钢丝网，就可免除人马陷入雪层下面冰缝的危险，而班登塞至冰川的路段如予大力整修，降低坡度，排除乱石并加设路标，就可为行旅者省却很多苦楚。

西塞拉白朗塞有石屋数间，但远不足供旅客宿止。

由西塞拉白朗塞去乔郁溪，我们这次走的是经毛谷肯尼开西路线，为了少爬一个大坡，曾派人朝旭腰克河逆流而上勘察一条新线，因当时水深难以涉渡，只好作罢。聊作想象中的一条备用线路。

10月23日自西塞拉白朗塞涉渡旭腰克河后，即进入一条山沟，两旁峭壁，行约13公里到达毛谷（距列城约200公里），有土屋三间可略贮粮食，此地是个三岔路口：一条路线沿旭腰克河直达喀喇昆仑山口；另一条是我们走的路线，可少涉水，但要爬过一大土坡，行经一狭窄山沟，在山腰驿站上前进。驿道是经印度政府整修过的。两旁荒山，草木极少，沿线有不少马骨。行约8公里到达毛谷肯尼开西止宿。

10月24日，继续在山腰驿道上前进，谷渐宽阔，约有五六百米至一公里。在沟内行约6公里，山谷被乱石阻塞，沟两侧有山崩的痕迹。行至沟口，有一红色岩石的山，该地名克孜利亚，当日止宿于此。

10月25日，离克孜利亚，仍沿山沟行走，沟内坡度缓缓上升。愈前行坡愈宽，坡底愈平。约行12公里出沟到达山顶，是一片平整砾石地面，宽11—12公里。

自山顶继续向喀喇昆仑山口出发，有一溪流，水浅已结冰。凿冰饮马，附近有牧草。继续上坡，止宿于乔郁溪。有石屋数间及荷兰喀喇探测队的记名碑。

10月26日离乔郁溪，在平广的山坡上向喀喇昆仑山口前进。两旁皆为二三十米高的小山，远处山峰覆盖皑皑积雪。山势逐渐升高，约10公里到达喀喇昆仑山口，距列城285公里，海拔5579米，此山口宽约四五十米。

这段路基本在山沟中行进，很荒凉，有的路段无水，需化冰而饮。气温低，在克孜利亚晨6时气温下降至－28℃。几日来都行经在海拔4600米以上的高山，最高者达5579米，呼吸不畅，稍动则大喘不已。连日宿营地仅乔郁溪站有房数间可住，其他两处均无房，只得住帐篷，浑身瑟瑟发抖，冷不成眠。

10月26日抵达喀喇昆仑山口，未止宿，继续前行。出山口进入我新疆叶城县境，下山坡度较陡，山谷也较窄，路却平坦。东北行约5公里，沿瓦哈布吉尔加河行，该河流经喀喇昆仑山脉及昆仑山脉两大分水岭之间，沿途汇合支流很多，水量逐渐增大，河道弯曲。多次涉渡，以选择河岸较平坦处。

沿瓦哈布吉尔加河，经克孜尔塔格、马拉克厦到哈巴朗，续进再改沿叶尔羌河行。克孜尔塔格附近有草地，也是我们当日的止宿站。

马拉克厦又是一个三岔路口，是驿站咽喉之地，夏季水大。自此东北行经赛图拉至叶城。白生良等于1945年7月随运送第二批物资回新疆即走此线。水小时就走我们这条线经可可孜建冈、新达坂、土达坂到马拉克厦。

自马拉克厦再沿瓦哈布吉尔加河西北行，沿途汇入很多支流，两岸岩石风化严重。前行约30公里左右到达哈巴朗。一路有草，山上仍有积雪，但无人烟。以上沿河三个住宿处，因无房屋，均住帐篷。

自哈巴朗启程，经吉尼马拉洪、可可孜建冈，抵枯兰那底，基本上沿叶尔羌河行进。河不太宽，最深达马腹，河谷中偶有草、树、冰雪，这里很少看到马骨。在谷中或河流两岸有陡坡或乱石。

哈巴朗至吉尼马拉洪，途中已见茂草、小树、冰雪，马骨少见。10月29日止宿于吉尼马拉洪。

盛世才主持新疆政务时，在可可孜建冈设卡，驻有军队，有房十数间。可可孜建冈是个驿站交通枢纽，东至塞图拉、和田，东北到叶城。

11月1日自可可孜建冈沿叶尔羌河续行约30公里到达枯兰那底河，河宽达三四百米，两岸岩石风化甚烈，右岸稍平，涉渡多次，再前行至叶尔羌河又进入山地。峡谷中行六七公里，止于枯兰那底。无人烟房舍，宿帐篷。

11月2日离枯兰那底，风大天寒，在山腰小路上登坡。崖岸陡峭、乱石挡道，最窄处仅容一马通行。约行13公里，抵达穆兹巴什，住宿于此。

11月3日由穆兹巴什出发，路宽而平，上坡坡度缓慢上升。行3公里余到达新达坂，海拔4911米，是全程最后一个高山，自此山势逐渐下降。从新达坂下坡稍陡，进入哈拉斯坦河谷，谷内多乱石。涉渡多次，河谷渐宽。到古拉吉哈拉克（距列城520公里，海拔2867米），是日止宿于此。

11月4日离古拉古哈拉克，沿途遇牧童和羊群，有一小村，居民计30余。这是10月19日离开司邦谷村后，第一次见到的居民和村落。是日，宿库地麻扎，距列城526公里，海拔2867米。

5日，出库地麻扎，在河谷中穿行。谷宽百米，窄处仅20米。途中居民数家，并见废弃村落一处。越过一高山，两岸悬崖耸立，河道曲折，涉渡40余次。每年5~9月涨水，须循山路行，沿途多草木。偶见有红嘴红足乌鸦掠空而过，这是十几天来所初见。夜宿贡特。

6日，自贡特西北行，离开哈拉斯坦河又进入一峡谷，宽仅10余米，长约1公里，坡度约15°，谷底满布乱石，极易折断马腿。续行7公里余抵达土达坂（距列城563公里，海拔3270米），是全程海拔最低的山口。再续行六七公里抵达阿克米几特（距列城571公里，海拔2562米），有居民一家，附近无水源，需从10公里外取冰，融化后做饮料。为全程饮水最困难一段。前行约7公里，又转入山谷。坡陡，乱石遍地，长约2公里。到加克，距列城582公里，山旁有苦泉，泉小水少，不足供马队饮用。

11月7—10日期间：自加克下坡出沟，走出山区，地势逐渐开阔，道路渐平坦。远远看到苍茫烟树。穿过戈壁，经过几个绿洲到达全线终点叶城。

距加克20公里到普莎为戈壁，普莎有居民百余，多务农。新疆海关在此设卡。续前行通过八九公里长的戈壁，抵达库库雅尔，是叶城县一大镇，设有区公所等，有居民60余户，约300余人，皆务农。出库库雅尔越过沙岗，沿途续行16公里断断续续有树木和村庄。再续行，通过12~13公里的戈壁，到达白许脱瑞克，有居民数家。四日来都止宿于沿线村庄。

11月10日出白许脱瑞克，经平坦的戈壁，行37公里到达这次踏勘终点——叶城。

叶城附近沟渠纵横，人们深得河水之利，农产品丰富，为塔里木盆地大沃洲之一。居民约18万人，交通便利，西北距喀什，东距和田约250公里，亦有公路可通。

此次试运的汽车轮胎已完整无损地运抵叶城，并移交给公路第七局，来叶城接运轮胎的车队迅即运回甘肃兰州备用。

我们稍作休整，并将这次国际路线勘查结果及试运情况报国民党政府公路总局备案。

(载政协新疆维吾尔自治区委员会文史资料委员会编：《新疆文史资料》第24辑《盟国军援与新疆》，新疆人民出版社1992年版，第232页)

7. 三年来新疆民众对抗战的贡献

林　浦

新疆这个省份从来没有像今天这样被全国所重视，新疆省在全国的地位也从来没有像今天这样被人重视。在今天，新疆省三个字是已经与争取最后胜利分不开的了。然而新疆之所以有今天的地位，并不是偶然的。

日寇是一个先天不足的新兴帝国主义国家，中国是一个地大物博的半封建半殖民地国家，而中日又毗连而居，这就决定了日寇必定侵略中国，中国必须为抗日而战斗。中国抗日必须争取有力的外援，伟大社会主义国家苏联一向奉行【以】援助弱小民族与被侵略国家为国策，而中苏又毗连而居，这就决定了在争取抗日胜利事业上，苏联是我们必须争取、而又可能争取、得到的可靠与有力的外援。新疆是通苏联的道路之一，在抗战发生之后，变成了西北唯一的国际交通孔道，因此，决定了新疆在抗战中之重要性。但地理上的关系还不是新疆在抗战中所以重要的主导原因。我们认为：新疆的名字变得如此响亮，如此具有魔力，除掉地理关系外，主要的是由于新疆有着前进的革命的与符合全疆民众和全国民众利益的政治路线，有着具有科学理论基础的六大政策，有着为实现六大政策而斗争的政治集团……同时更有着为抗战建新而努力的成千成万反帝战士与新疆的建设者。如果新疆没有六大政策的政治领导，如果新疆仍旧是杨【增新】、金【树仁】的统治或者为帝国主义走狗、汉奸、托匪、敌探如马仲英、麻木提等所盘踞，新疆非但不能有功于抗战，反而还要遭受不可想象的影响和损失，其不利于抗战前途是非常明显的。所以，只有在前进的政治领导下，新疆才能充分发挥其地理上的特点，以及其蕴蓄的伟大人力与物力，以贡献于神圣的抗战事业。三年以来，新疆民众之所以能够竭尽其最善的努力以贡献于抗战，正是这个缘故。

新疆地处边陲，地广人稀，交通不便，文化较低，虽有丰富的宝藏，因为目前仍处于农牧经济时代，又缺乏大批资金与熟练工人，不能大量开发，做到地尽其利的程度。然而，在新政府的领导下，并不因以上种种阻挠而减弱其对于抗战的贡献，因为，新疆民众深刻了解，要想完成建设新新疆，享受富裕快乐的生活，必先完成解放中国的任务，而解放中国，则必先打倒日寇，争取抗战的胜利。基于这一正确的认识，新疆民众在新政府的领导下，披荆斩棘，克服了诸种困难，以无限的忠勇与热忱为援助前方与争取胜利而努力，其间曾有着许许多多令人万分感动的故事。同某些省份比较起来，在某些方面，新疆是有其历史的落后性，但这种落后条件，并不能限制新疆民众对抗战所应尽的责任，一般地说，三年来新疆民众对于援助前线的工作上，尽到了他们所应尽和能尽的最大的努力。

当此"七七"抗战三周年行将到来、抗战处于相持阶段，正在准备反攻以争取胜利的时候，将三年来新疆民众对于抗战的种种贡献作一个扼要概括的总结，是具有重要意义的。

现在分三项来说：

一、物质援助

在七七抗战之前，新疆就是主张对日抗战最力的省份之一。七七烽火爆发，抗战狂潮立刻泛滥到全疆，每个民众都本着爱国不甘后人的自发"精神"响应抗战。抗战还不过两个月，全疆民众在反帝总会号召与领导下，首先在迪化成立了新疆民众抗日救国后援会，发起募捐运动，支援前方抗日将士，不到三个月的时间，全疆各区成立分会的达二十多个单位，不久增至四十余单位。这种抗日后援组织，普遍到全疆各区县，捐款的热潮，如同水银泻地，无孔不入，由省城的机关团体，直到穷乡僻壤的蒙古包，从汉族、维族，一直到第十四个民族，都动起来了。现款、元宝、金块、枪支、首饰、衣物、牛羊、毛驴大车等像潮水似的往后援会涌去。捐款人的成分包括各族男女同胞、老汉、孀妇、儿童、小学生、商人、工人、农夫、牧民、小贩、厨夫、监犯等男女老幼，以及各种职业的人们。富有的，毫不吝惜地慷慨解囊，贫穷的也踊跃输将，数目虽小，意义却非常重大，因为这里的一点一滴都是他们节衣缩食用血汗换来的。在这里，应该指出来的就是，每个民众的捐助，全是出于自愿，其中丝毫没有勉强或摊派的现象。因此，募捐运动不仅在物质上收得了大量数目，并且在政治动员与宣传鼓励方面也证明了有极大的成效，此项捐款，由 1937 年 9 月起截至目前总数达一百二十五万余元之多（金银物品尚不在内）。

1937 年 10 月，天已入寒，全疆民众怀念前方将士单衣露宿于战场之上，遂发起募集寒衣运动，预定十万件为目标。于是募寒运动又澎湃于全疆了。关于此项捐款总数，截至目前止，已达六十七万八千余元（金银物品尚不在内），其中大部已购置冬衣运赴前方。在这一运动中，新疆女同胞表现了种种特殊成绩，同时也获得了效忠于国家民族的好机会。

接着募寒衣运动之后，在 1938 年冬又发动了献金台与防毒募捐运动，献金运动……三天内，仅迪化一处，献金总数竟达二万万两省票，其他各区，亦纷纷响应，截至 1939 年 12 月底止，共收到九万四千余元（金银物品尚不在内）。

为了抵抗敌寇施用惨无人道的毒气战，减少我前线将士的牺牲，又有防毒募捐运动的发起。这一运动，也以风起云涌的姿态收获了巨大的成绩，至去年 7 月止，总数已达七万余元之多（金银等物品尚不在内）。

以上四种捐款，除金银首饰等物不计外，现金总数共二百余万元（国币）。这笔数目在全国捐款总数中，并不是个大项目，但以目前新疆经济力量来讲，也算大有可观了。在这里特别值得提出的，即是献机，我们为了使涓滴凑成了的抗日救国捐款，真正用之于增加打日本的力量上，特提出一百五十二万五千元购买十架战斗机，献给中央。这批飞机不仅是激励了我空军将士与兴奋了全国同胞，并且壮大了我无敌的神鹰队伍，加强了消灭敌人、保卫祖国的伟大力量。

二、精神援助

在抗战未发动之前，新疆对于抗战主张的激烈，以至抗战以后，对于抗战到底态度之坚决，早为国人所共悉。远在卢沟桥事变甫经爆发的时候……督办兼主席即致电中央，拥护抗战，电文里充分流露出对于民族解放事业的憧憬与忠贞："……誓追随救国施译，效命疆场，于最短期间直抵黄龙，酾酒痛饮，以泄积忿，而扬国威。"当时全省各民众团体，为了响应全国抗战的号召，表示一致抗战到底的主张，亦通电全国，其中有"新疆虽僻处边陲，抗日救国尤为吾人之素志，枕戈待旦，誓与国人共同奋斗"等壮语，足以表现全疆民众拥护抗战事业之真诚，自从"八一三"全面抗战开始以至今天，每逢捷报传来，无不通电慰问，对于打击汪逆亦无不予以大义申讨。此种无形的援助，对于抗战国策之决定与坚持，对于前线将士及全国同胞所给予的鼓励，不是用数目字所能表示出来的。

1938 年冬，为了给前线喋血将士以精神上的鼓励，特发起慰劳信运动，不数月已集得十万封各族文字的长长短短的慰劳信，把十四个民族对前方将士的慰问的诚挚热忱，带到了战壕中和山林里。其后，并收到前方将士的回信，他们真想不到万里关山外的同胞，竟会这样亲切地关怀着他们，这怎能不激起他们杀敌的热情呢？

此外，如贯彻亲苏政策，拥护抗日民族统一战线，坚持抗战到底等正确政策的实行，不仅扩大了抗战的进步力量，并更加保证了抗战国策的推动，因为这两点正是全国抗日党派与广大民众所夙夕切望的，这就给了抗战将士、全国同胞以更多的光明和更坚强的信心。

三、保障国际交通要道，巩固抗战后方

在前面提过，由于地理上与政治上的缘故，新疆曾不得不但负起保障西北国际交通要道的重大任务。以西北地理条件与新疆人力财力而言，不能不说是一个艰巨的任务，但是因为它与争取抗战胜利有不可分的密切关系，保障交通运输的安全与敏捷，也就是援助前方，因此，新疆民众遂毅然决然地担当了这个伟大光荣的任务。在政府的正确领导下，全疆民众，拿出克服万难的决心，有钱出钱，有力出力，终于在最短期间完成了这一任务，保障了运输的安全，做到了运输上的迅速，使后方接济源源不断地输送到前方去，关于修路护路工作，全省公路局曾于 1939 年 5 月举行了一次全省公路会议，决定了许多巩固国际交通要道的办法，使西北国际运输更增加了保障。

要想彻底保障西北国际交通要道的安全与迅速，必须加强巩固抗战后方的新疆，想要争取前线胜利，也必须巩固抗战后方，巩固抗战后方，就等于援助前线，巩固新疆六大政策政权与加速建设新新疆，也就是对于抗战有了极大的贡献，他们之间是互相依附与互为因果的。

本着这一正确的了解，三年以来的新疆，一方面对于抗战直接尽了种种物质和精神的援助，另一方面，却不放松间接有助于抗战的建设的基本事业，为了完成此项工作，全疆民众……曾消灭了帝国主义走狗马虎山、麻木提的叛乱，粉碎了帝国主义尤其是日本帝国主义走狗、托匪、汉奸等匪帮的阴谋暴动，巩固了重要国防后方。在建设新新疆事业上，胜利地完成了第一期三年计划，二期三年计划正在猛进中，1938 年召开的具有历史意义的三全大会，决定了全疆民众在抗战建新中的具体任务。1939 年夏季召开的蒙、哈、柯代表大会，南疆阿山视察委员会，焉耆蒙牧建委会的成立，棉业会议，农牧会议的召开，今年枪械清理委员会的成立，以及最近吐鲁番宣传委员会的成立，此外如改革金融体制，举行工作竞赛与节约运动等等，都是执行抗战建新事业的最好说明。

抗战是一个长期持久的艰苦过程，虽然我们对于抗战已做了许多贡献，但是我们并不能引以为满足，因为抗战还没有得到最后胜利，建设还没有成功，今后，我们不仅着重于直接的物质援助，更要进一步集中力量，加紧建设新新疆，以求对于抗战的各方面有更宏巨的贡献。我们正朝着这个方面迈进。

（载高滔主编：《反帝战线》第四卷第四期，第 16 页，1940 年 7 月 1 日于迪化）

三、大 事 记

1933 年

1 月 3 日　新疆省主席兼督办金树仁派鲁效祖御秘书长赴塔城办理收容东北抗日义勇军来新人员苏炳文部一事，孙国华、韩勋 2 人派充绥远，准月冬支薪水银 160 两。

2 月 11 日　新疆省主席兼督办金树仁电迪化外交办事处、财政厅及沿途各区县，规定沿途招待东北抗日义勇军来新人员供支办法如下：食面每名日支 1.5 斤，柴火每名日支 10 斤，盐菜每名日支 5 钱。车价每名日支银 3 两，杂粮无定额，供支 5000 人计算。

2 月 14 日　东北民众救国军苏炳文部入苏官兵 2500 余名由步兵第二旅代理旅长、第九团团长郑润成等率领，于是日、翌日及 18 日分三批由苏联鄂木斯克运送新疆。东北抗日义勇军（包括苏炳文部的东北民众救国军、王德林的吉林国民救国军、李杜的吉林自卫军等）进入新疆者约 21500 余人。分驻塔城、伊犁、迪化等地。

3 月 1 日　新疆省主席兼督办金树仁电伊犁张屯垦使，吉林自卫军与吉林国民救国军李杜、王德林两部内分拨伊犁 1500 人，由尼堪卡点交伊犁派员接收。

3 月 3 日　新疆省主席兼督办金树仁电鲁效祖行政长及沿途各县县长，仰各营县沿途加发面食烧柴以期丰足。每到县城每人发羊肉 0.5 斤，每官长发羊肉 2 斤，旅团长再加数斤。

1934 年

8 月 1 日　新疆民众反帝联合会（简称"反帝会"）成立。省政府宣布是日为新疆和平统一纪念日。

1935 年

1935 年春季　新疆公路局开始动工兴修迪【化】伊【犁】、迪【化】哈【密】公路。这两条公路总长 1859 公里，苏联专家设计，中国方面施工，工程浩大，仅土方即挖掘出近 650 万立方米，耗费工人 300 余万，沿途修建大小桥梁 2400 余座，公路站 91 处，房屋 1650 间。1937 年 7 月 1 日公路正式完工通车，成为新疆重要的国际交通线，来自苏联的援助抗日物资源源不断地经此运往抗日前线。

1936 年

5 月 13 日　新疆航空队成立。

7 月 7 日　新疆省边防督办盛世才、省主席李溶电南京财政部核准东北抗日义勇军眷属补助费法币（当时亦称为国币，下同）7 万元请速拨偿还垫付款。

12 月 16 日　伊犁区成立援助绥远抗日募捐委员会，公推胡山音为委员长，宴恩溥为副委员长。

12 月 30 日　省教育厅职员自愿捐出 12 月两日薪水慰劳绥远抗日将士。

1937 年

2 月 26 日　新疆日报社公务员自愿捐出两日薪水慰劳绥远抗日将士，共捐银 205700 两。

3 月 26 日　阿克苏区八县公务员、民众等自由捐款，共捐银 12330450 两。

5 月 12 日　《新疆日报》公布已完成 580 余公里迪伊线公路，最近已全线通车。

7 月 1 日　迪化—伊犁及迪化—哈密两条公路正在建成通车。

9 月 3 日　中国驻苏联斜米领事馆馆员及侨民为抗日捐款，共 16657 卢布，从该馆 8、9、10 等月应领经费内划扣。

9 月 30 日　省银行将政府所准建修职员宿舍款及购书费作为抗日捐款，共省票银 300 万两。

9 月　新疆抗日救国后援总会成立。

同月　中国共产党利用与盛世才已建立起的统战关系和新疆的和平环境，用苏联援助盛世才军队的现代化武器装备训练"新兵营"，培养各兵种的军事人才，陈云向盛世才和苏联总顾问提出要求，他们欣然同意。于是，"新兵营"指战员在学习文化知识的基础上开始学习科学技术。从此，"新兵营"成了我军第一所多兵种的军事技术学校。

同月　新疆抗日救国后援会成立，发动民众募衣捐款，支援前线。

10 月 22 日　塔城、额敏两县小本商民徐万仲等为抗战捐款，共省票银 11906200 两。

10 月 25 日 新疆第三届留苏学生及学医生响应反帝总会购机抗日之号召，各愿捐一个月津贴，共计9300卢布。

10 月 中共在迪化南梁设立八路军驻新疆办事处，滕代远任八路军驻新疆代表。当时八路军驻新疆办事处对外称南梁"第三招待所"。

11 月 7 日 新疆焉耆区骑兵第四十六团全体捐银1320000两，保卫团全体捐银1157000两，行政长公署全体捐银112760两，区立男、女七校捐银171600两，共捐银2761360两。

11 月 11 日 绥定县抗日救国后援分会成立，由各族民众开会讨论，公举曹尔嵘为会长，组织了抗日宣传队，由各学校教职员生及各族头目组成。经抗日宣传队7次上街宣传，捐款已达省票银3000万两。

11 月 16 日 博乐县召开民众大会，组织成立了博乐民众抗日救国后援分会，同时成立抗日宣传队，号召积极募捐，支援抗战，仅1个多月的时间，各族群众共捐献省票银890万两，羊661只，马60匹，牛2头，金手镯1个，银表2块，另有皮张、袷袢、手帕等物。

11 月 26 日 焉耆区区署职员捐助抗日救国捐款银112760两，学校教职员捐银171600两。

11 月 28 日 库尔勒设治局成立民众抗日救国后援分会并开展工作。

11 月 新疆支援延安的首批皮大衣3600件从迪化起运。

同月 新疆各族人民支援抗战的首批皮衣3600件装汽车由督办公署任副官押运，从迪化启程去延安，于本月30日抵达八路军驻兰州办事处。

12 月 11 日 尉犁县各职员及民众等自动捐助慰劳前方抗日将士捐款银、省票银1207200两。

12 月 16 日 巩留县成立民众抗日救国后援分会。

12 月 滕代远等15人携带盛世才赠送八路军的高射机枪4挺、子弹2万发及西药约800斤，乘汽车离迪化回延安。

1938 年

1 月 17 日 新疆省立迪化女中两次进行募捐活动，共捐银3697850万，并捐轿车1辆。

1 月 19 日 库尔勒设治局各职员暨地方税局等共为抗日捐款省票银478150两。

1 月 新疆各族人民支援抗战的第二批皮衣103包和盛世才支援八路军的军

火，装满 10 辆汽车，从迪化起运去延安。

1—2 月　伊犁各族游牧部落捐献的一些情况：哈萨克族千户长司马固勒管下总稽查吐尔逊、百户长阿合恰伯克等捐助骡马 10 匹、马 5 匹、羊 60 只。

哈萨克族千户长努尔咱帕辖下头目、牧民"均踊跃输将，慷解义囊，热心捐助"，共捐羊 1232 只、马 111 匹、牛 140 条。

额鲁特营队兼昭苏设治局局长那逊、副领队兼副局长刘镇藩呈报六苏木募集抗日捐款省票银 600 万两、骡马 100 匹，四苏木募集 300 万两，十苏木募集 12962000 两及元宝 5 个。

柯尔克孜族千户长艾特满别特召集本牧 8 个百户长及牧民开会，为抗日救国募捐，捐助省票银 1000 万两。

哈萨克族黑宰部落千户长赛丕坦情愿捐助百分之五的牲畜外，又号召本部民众捐马 47 匹、牛 45 头、羊 209 只。

黑宰部落千户长玛克索特辖下 10 个游牧民众对抗日捐款热烈踊跃，陆续捐助大小马 2599 匹、牛 1429 头、羊 6354 只、元宝 51 锭。

哈萨克族千户长阿里木监管下十一个百户长游牧民众"生计虽称贫劣，但牧民对于救国捐助非常踊跃热情"，共捐省票银 2130 万两。

2 月 5 日　喀什区成立民众抗日救国后援分会，选举西立甫为委员长，艾皮西、吴启钧为副委员长。

2 月 12 日　巩留县解交捐款银 820 万两，并牛、羊、马匹等项。

2 月 13 日　拜城县民众援助抗日救国捐银 9313500 两。

2 月 24 日　拜城县职属维族文化促进会经募会中职员捐款省票银 55 万两。

3 月 1 日　喀什区民众抗日救国后援分会第一次汇缴抗日捐款，省票银 2500 万两。

3 月 8 日　库车县抗日救国后援分会解缴抗日捐款省票银 23411150 两。

3 月 13 日　库尔勒设置局维族妇女然比汗为国仗义疏财，捐抗日救国后援款省票银 75 万两。

3 月 14 日　迪化女子中学演剧募集抗日捐款，共募得省票银 68800 两。

3 月 29 日　沙雅县捐助抗日救国款 470 万两（币种不详，似应是省票银）。

同日　阿克苏、温宿两县机关及民众自发捐款救国省票银 26104872 两。

3 月 30 日　省立二中学生演剧及拍卖手中作品募集抗日捐款，共捐得省票银 340100 两。

3 月 31 日　中国驻苏联斋桑领事馆节省经费作抗日捐款，共捐 9000 卢布，折合省票银450万两。

4月6日　喀什区民众抗日救国后援分会续汇抗日捐款省票银2500万两。

4月12日　沙雅县捐款省票银300万两。

4月16日　为慎重收纳捐助款物、杜绝弊端，新疆民众抗日救国后援会拟定新疆民众抗日救国后援会收纳捐款物品及金银手续办法，省政府通令省内外各机关一体遵照。

4月18日　塔城区留学生刘德俊等捐献部分学费，共计6400卢布。

4月26日　督办公署特科大队炮兵队演戏募得抗日捐款共省票银2098800两。

5月4日　塔城区民众抗日救国后援分会汇缴抗日救国捐款7000万两（币种不详，似应为省票银）。

5月9日　喀什区民众抗日救国后援分会第五次汇缴抗日捐款省票银2500万两。

同日　迪化归化民众为抗日救国捐款593000两（币种不详，似应为省票银）。

5月12日　迪化市街长办公处第三期抗日募捐，共募银24204300两。

5月16日　库尔勒设治局各机关职员、大阿訇、各乡约、各族头目并各族男女民众共计捐款省票银15845100两，共捐零星纹银19两1钱6分，又捐金首饰2钱6分，丝盖头1件。

5月20日　轮台县各族男女同胞均为抗日将士积极捐款援助，共捐省票银548万两。

5月26日　省城总商会送缴抗日捐款银8135000两。

6月6日　额敏县民众抗日救国后援分会汇兑抗日捐款2000万两（币种不详，似应为省票银）。

6月7日　镇西县民众抗日救国后援分会募得捐银1200万两。

6月16日　洛浦县解缴抗日捐款，共计喀票银618802.5两，银元5两8钱。

6月25日　沙雅县民众抗日救国后援分会陆续三次募得抗日捐款银共1020万两。

7月2日　乌什县民众捐出应领草价银两，共省票银13694355两，部分用作地方公益，余数捐助前方抗日将士。

7月7日　库车县各机关、各团体将演出所募钱款捐作抗战经费，共省票银 4455450 两。

7 月 16 日 托克逊县各族女同胞踊跃捐助，以资前方将士杀敌，共捐银 3833800 两。

同日 回族绅商杨锦侯变卖自置地亩，捐助前方将士，共捐省票银 250 万两。

7 月 18 日 新疆省督办盛世才、省主席李溶指示伊犁行政长姚雄接收由苏返国华侨 1075 人入境。

8 月 6 日 库车县属本城及四乡各族民众踊跃捐款援助全国抗日将士，计省票银 46250500 两。

8 月 15 日 拜城县募集防毒捐款，共募银 2300 万两。

8 月 25 日 鄯善县募得抗日捐款 10000 万两（币种不详，似应为省票银）。

8 月 31 日 阿克苏区民众抗日救国分会改组为区分会，并在所属各县组织县分会，各县先后汇省总会抗战捐款总计 197656952 两（币种不详，似应为省票银）（防毒捐款共省票银 6444 万）。

8 月 工人救国联合总会成立，下设 17 个分会。总会成立并在募集寒衣及捐款等方面非常活跃，向维、汉各族泥、土、铁、皮、石、成衣等 17 行工人中做了挨人挨户募捐。到 10 月底，总会共捐得省票银 1000 余万两，两个宣传队从民间捐得 60 多万两。

9 月 1 日 托克逊县各族妇女再次为抗战捐献，捐助省票银 263550 两、银首饰 9 件，计重 2 两 5 钱。

9 月 6 日 沙雅县 7—8 月份募捐，为抗日募得省票银 400 万两。

9 月 8 日 库车各界商民自动募捐及戏剧售票捐，共计募捐省票银 40948100 两。

9 月 14 日 托克逊县各族民众捐助粮食支援抗战，自愿捐助小麦 130 石、高粱 370 石，共 500 石。

9 月 30 日 库尔勒公立各初级学校学生为前方抗日将士捐助慰劳费，共计省票银 299500 两。

9 月 30 日—10 月 11 日 新疆全省第三次代表大会在督办公署西楼隆重举行，出席大会的各族各界代表 600 余人。督办盛世才在大会上作政治报告。大会通过了《新疆全省第三次代表大会宣言》和《关于会后抗战建国工作任务的决议》。大会还致电国民党中央：新疆各族各界《一年来抗日救国捐款购机 10 架》。

9月30日—10月11日　全疆第三次代表大会举行。大会决定以一年来抗日救国捐款购机10架。

1937年9月—1938年10月　抗日救国后援总会收到迪化区、焉耆区、阿克苏区、阿山区、塔城区、伊犁区、喀什区、和阗区、哈密区和斋桑、塔什干、斜米领馆及侨胞、伊犁日货罚款总计24亿1075万5114两（币种不详，似应为省票银），还有大量金银首饰、银元、车辆、照相机、毛毯、房、地、旱獭皮衣、羊皮衣、布、帽、金表、银等物品。

10月5日　喀什区民众抗日救国后援分会第八次汇缴抗日捐款，共喀票银100万两。

10月10日　迪化2万余民众举行提灯大会，决议捐购飞机10架，并发起募捐千万件皮衣运动。

10月12日　喀什区民众抗日救国后援分会第九次汇缴抗日捐款省票银2500万两。

10月14日　库尔勒设治局解缴防毒捐款，共计省票银398200两、纹银4钱。

10月15日　哈密县召集商民大会捐献款项援助前方购买防毒用品及冬衣，各商号出席者共90余名，共捐得省票银4000余万两。

10月17日　反帝会、工商会、学联会、民联会、妇女协会、民教馆及政训处等团体负责人举行联席会议，讨论募集寒衣支援前线问题。会议决定开展募集10万件寒衣运动。各族各界热烈响应积极捐款，工人救国联合会在半月内即募集省票银1000余万两，到10月底，迪化全市各单位共捐省银票6929100两。妇女协会也积极发动和组织各族妇女募捐寒衣并于11月12日在督办公署西大楼举行话剧义演。远在苏联学习的盛世琪、陈秀英夫妇亦捐献省票银100万两。

10月18日　《新疆日报》载：移居新疆的江西省泰和县、江苏省难民垦植社的移民"节省下钱来做了100双鞋子"送给前方抗日将士。

10月19日　焉耆区库尔勒设治局之11行业手工业工人356名组织工人救国联合分会，下按11行业组织11个小组。

10月25日　喀什区民众抗日救国后援分会第10次汇缴抗日捐款省票银2500万两。

10月27日　新疆学院迁往南梁前第四师地址。募集寒衣委员会宣传队今日开始街头募捐。

1938 年 10 月—1940 年 8 月　新疆先后征募寒衣 700 余万件，缝制夏布寒衣 30 万套及蚊帐 8 万床，分送前方抗日战士。

11 月 1 日　喀什区民众抗日救国后援分会第 11 次汇缴抗日捐款省票银 2500 万两。

11 月 2 日　木垒抗日救援会组织三个宣传队，深入农村、牧区宣传募捐寒衣。

11 月 4 日　塔城区召集各机关、法团首领及各族各界人士 150 人，讨论组织寒衣运动委员会事宜。本日共捐得现款、布匹等价值 3500 万余两（币种不详，似应为省票银）。

11 月 6 日　阿克苏区温宿县农民沙海阿訇完成其父遗愿，将朝觐路费一半捐助前方将士，共合省票银 780 万两、天罡银 275 两。

同日　鄯善县解缴第三批抗日捐款，共合省票银 1000 万两。

11 月 11 日　塔城区妇女 500 余人集会为抗日捐款 300 万两（币种不详，似应为省票银），更有捐金镯、金沙、元宝等贵重物品者。

11 月 18 日　工救总会、各分会干事联席会议报告募捐情况，对外募捐寒衣款 60 余万两，对内各分会共募得 1100 余万两（币种不详，似应为省票银）。

11 月 18—20 日　新疆航空队举行献金大会。李善庆捐周鼎 1 尊，价值万元以上；另有捐戒指、马匹、皮帽、大氅者。一机械军士捐 3 月全薪 24 万两（币种不详，似应为省票银）。

11 月 21 日　额敏县召开市民大会，捐助 700 余万两（币种不详，似应为省票银），并有捐献金表、金银戒指、美金、元宝、银镯等物者。住额敏县侨胞 384 人，每人每日公家发给食面 1 斤 6 两，他们情愿减食 3 日，将应领之面 1599 斤捐出。

同日　拜城县民众积极响应号召募集寒衣，募得省票银 1610 万两。

11 月 23 日　新疆钢甲车队召开献金大会，共捐省票银 200 余万两。

11 月 24 日　民众联合总会发动全疆开展为期 3 天的献金运动。由民联会、各文化促进会及募集寒衣委员会组织一个献金运动委员会。献金第一天，盛世才献武装带上各种金质扣子、环子等共 51 件，重 7 两 8 钱五；李溶献大元宝 4 个，共重 202 两 5 钱 2；邱毓芳献金镯 1 只，重 1 两 3，豹皮 4 张、黑羔皮筒 1 件；主席夫人献金镯 2 件，重 8 钱 8；回族小学生拿着过年的钱（11 月 25 日为肉孜节）来献；阿山沙里福汗太太扎义尼布捐助 100 万两（票银）。

11 月 24—28 日　民众俱乐部和南关两个献金台共得捐款二亿数千万两

（币种不详，似应为省票银）。除各军政机关、法团、学校、商店、团体外，民众献金更为热烈，甚至有六七十岁手扶拐杖之老婆婆与七八岁小孩，及赤贫之乞丐献金者。

11月25日　南关献金台前归化族团体共献省票银1000万两，塔塔尔族文化促进会献省票银180余万两、毡筒10双。

11月26日　伊犁区汇缴第一批寒衣募款共计7000万两（币种不详，似应为省票银）。

11月27日　木垒河县县长愿将每月县府契税应得提成自9月份起按月所得提成尽数捐作抗日救国捐款。

11月29日　喀什区第12次汇缴抗日捐款省票银2500万两。

11月　伊宁各界妇女组织妇女募集寒衣委员会，由姚雄司令夫人孙淑慧女士等劝捐、募捐、组织演剧等，迪化南山哈族民众捐款30万两（币种不详，似应为省票银）。迪化新光电灯股份有限公司职工节约每日生活费，捐献319万2500万两（币种不详，似应为省票银）送交抗日救援会。塔城监狱36名犯人，减食捐省票银23900两。

12月2日　库车县报送抗日捐款汇票，票内列省票银23021135两。

12月6—10日　昌吉县展开募捐运动，捐得黄金5两零8分、法币162元、省票银281万9000两、首饰银331两5钱、手枪3支、七响枪1支、布1匹、铜元35斤。

同日　伊吾设治局报送第6次抗日捐款银数目，省票银124万两。

12月13日　伊吾设治局所属民众募捐前方抗日将士寒衣款省票银8573900两，马3匹、绵羊14只、牛娃子1只。

12月15日　额敏县十苏木蒙族文化促进分会委员长巴图鄂奇尔召集四处喇嘛，号召捐助寒衣。当日捐得大元宝6个，共重286两8钱5分，又捐献省票银121万5000两，全数送交塔城区额敏县抗日救援分会收讫。

12月19日　民众沙致祥自愿为抗战捐款省票银100万两，其妻捐助手镯2枚，约重2钱1分。

同日　新疆省政府募集寒衣款法币25万元。

12月27日　和田一贫民艾沙因家贫无力捐助银两物品，愿将其18岁之子于素甫送往前线杀敌报国，以尽爱国之心。

12月30日　哈密维族文化协会委员长吾甫阿吉自动捐助大宗银两以募集寒衣，共捐银1500万两。

是年，全省税收总额已超过 56 亿 7000 余万两省票银。鄯善县捐款共达 1 亿 4 千余万两。新疆前后汇到全国募寒会款 25 万元法币（合银票 10 亿两），国民政府行政院传电嘉奖。

1939 年

1 月 27 日　为扩大献金运动，焉耆区在塔塔旗蒙族中举行献金，和硕特蒙族共献纹银 300 余两、省票银 100 余万两，并有马、牛、物品等。

2 月 5 日　镇西县汇缴寒衣捐款，共计银 3504000 两。

2 月 15 日　喀什区民众抗日救国后援分会第 19 次汇缴抗日捐款，省票银 2500 万两。

2 月 24 日　焉耆区开展抗日救国献金运动，男女老幼纷纷响应，献金台收省票银 12913050 两，法币 151 元，砂金 1 两零 8 分，元宝、纹银共 751 两零 2 钱，牙而钱银 190 两零 7 钱，银稞、银条共 33 两 9 钱，现大洋 195 元，银手镯 16 对零 1 只，共重 34 两 6 钱 2 分，镀金手镯 1 对重 2 两，大小食羊 60 只，骟骡、马共 23 匹，乳牛 2 头，骆驼 1【峰】，鸡儿 18 只，物品货物共计 148 宗。

呼图壁县募寒会结束，全县募寒捐款共 2200 万两（币种不详，似应为省票银）、大元宝 9 个，共重 482 两，首饰银 69 两 5 钱，金戒指 2 个，共重 2 钱 5 分。

2 月止，和阗区共募集寒衣款喀票银 66 万余两，吐鲁番县共捐款 1 亿余两。阿山区献金运动共得 4000 万两，抗日募寒捐款 5 亿余两。

3 月 6 日　和阗区抗日捐款结束，共收喀票银 308 万两，沙金及首饰金共 8 两 5 钱。

3 月 13 日　喀什区民众抗日救国后援分会第 22 次汇缴抗日捐款，共法币 10000 元。

3 月 23 日　乾德县募得寒衣捐款银 22375200 两。

同日　阿山区陆续收到募捐枪支、子弹、火药、战刀等项。

3 月　督办公署拟定 9 项防空办法。

4 月 12 日　《新疆日报》发表社论《"四一二"六周年纪念》：总结"抗战一年多来，新疆的民众募捐 10 万件寒衣（合法币 25 万元），共募 10 架驱逐机前往前线驱逐日寇，千万封慰劳信，尚不说政府直接对交通运动保护的安全，对中央各种的援助，所有这些证明新疆的政府与人民的精诚团结，对抗战尽了一切力量"。

4月19日　塔城归化族医生格林根捐药资数十万两，牝牛25头，督办公署通令嘉奖。

4月　哈巴河县抗日捐款结束，共捐省票银6499万6105两。

5月12日　为进一步动员修筑公路，迪化公路局召开全省公路会议。张仲实在会上作了报告。茅盾写了《筑路歌》。到会议召开之时全疆已完成迪伊线公路720公里，修补迪哈公路线750公里，修补迪塔线公路690公里共计2160公里。

5月12—17日　公路总局召开全省公路会议，参加的有各区县代表及公路职工代表130余人，收到提案392件。会后各地掀起民众自动出钱出力出物的筑路热潮。兴修了额敏至塔城、迪化至焉耆、焉耆至阿克苏、阿克苏至喀什、喀什至和阗等公路。至1942年全省有公路3423公里，各种大中小型公路桥梁2439座。

7月3日　达坂城各民族捐助抗战，捐银1253250两。

9月22日　喀什区民众抗日救国后援分会第24次汇缴抗日捐款，共法币10000元。

10月26日　拜城县妇女积极主动为抗战捐款，捐省票银75万两，并捐女衣2件，女帽1顶，金戒指1只。

11月2日　新疆各界男女同胞积极响应募集寒衣运动，已募得寒衣捐款法币20万元，经由督办公署如数汇交重庆募寒总会查收备用在案。

11月19日　拜城县"七七"二周年民众抗日捐款大洋334元，演剧征募代款大洋65.45元。

1939年底　新疆各族人民支援前方抗战，仅献金运动一项，到1939年底，共捐款法币200余万元。各族各界群众踊跃献金，其中有六七十岁手扶拐杖的老太婆和七八岁的小娃娃，甚至乞丐亦将其平日仅有之一点钱交到献金台去，献金运动之热烈，所献款数之可观，显示了新疆各族人民抗日热情之高涨。

1940 年

1月11日　"新兵营"奉中共中央之命离开新疆回延安。

1月25日　督办公署嘉奖塔城药商哈尼库伦卡科夫等人捐献大宗药品（原价达大洋4000元之多）支援抗战。

2月6日　吐鲁番募寒分会转交寒衣捐款汇票，共大洋4000元。

8月9日　反帝会组织检查委员会，对全疆各区县抗日捐款、献金、寒衣募捐和各种金银物品进行检查验收，于 10 月 19 日检查完毕。据统计，反帝会自 1937 年 9 月起，截至 1940 年 5 月底，共捐款折合大洋 2056490.1 元，另有金银首饰 20 余件（计金 1 两 4 分、银 39 两 7 钱），衣服皮毛无数，所捐现款一部分购置飞机，一部分汇给全国抗日后援委员会，支援抗日前线。

9 月 25 日　新疆募得寒衣捐款法币 20 万元。

10—12 月　300 辆苏联汽车满载飞机、大炮、机枪、汽油、配件等到达哈密，回程运走中国偿还贷款的锡、汞、皮毛、棉花、茶叶等。

11 月 5 日　和静县巴拉登大喇嘛等以庙产等捐助抗战，预备白银 3000 两，骟马 100 匹。

1941 年

7 月 26 日　拜城县合作社捐出一年该社营业所得红利的百分之十支援抗战，合大洋 6551.73 元；捐出红利的百分之五捐助当地建设事业，合大洋 3275.82 元。

10 月 31 日　《救济院整理大纲》公布。残废军人敬奉院原隶属于督署，因该院亦属救济性质，亦于该月起改隶于民政厅。同年归并各地救济院为 17 处（原为 26 处），收容孤贫 2000 余人，由省府拨给经费、给养、服装。

11 月 30 日　阿瓦提县各界民众募集抗日将士慰劳捐款，共募大洋 12511.6 元。

1942 年

1 月 27 日　省政府训令抄发《非常时期捐献款项承购国债及劝募捐款国债奖励条例》。

3 月 4 日　温宿县维民毛拉艾买提等捐出所卖房屋房价的三分之一作为抗战捐款，计大洋 3666 元。

3 月 25 日　库车县维商沙那也提公司捐出红利支援抗战，共 6000 元（币种不详，似应为大洋）。

6 月　重庆国民政府与美国签订《中美抵抗侵略互助协定》，据此协定，下半年由美国一名少校率领一个车队运送一批军火从德黑兰经中亚进入新疆。

10 月 13 日　省政府训令民众反帝联合会发动文化劳军募捐，劝募现金以充实军中文化设备，提高我军战斗情绪。

11 月 4 日　全国慰劳总会给新疆省参议会检送文化劳军运动手册 1 份，要求依照所定办法迅速筹备。

同日　省政府训令各文化会应继续发动文化劳军运动，继续进行募款。

1942 年　国民政府农林部长沈鸿烈在迪化与新疆方面商洽利用国际运输回程车，移送河南灾民入新问题。截至 1944 年底，移运到新疆的河南难民 3981 人，算上以前共计移民 11366 人。1944 年冬，赈济委员会曾就所属长安、平陆、洛阳、洛源四处年长儿童中，选送 500 多名入新教养。他们主要安置在迪化、孚远、木垒河、七角井、乾德、绥来、昌吉、阜康、奇台、呼图壁等地。

1942 年末　中苏贸易经新疆的运输路线完全停止。

1943 年

1 月 3 日　焉耆区前后两次为文化劳军募捐，共募得 17079.94 元（币种不详，似应为大洋）。

1 月 5 日　省政府要求各区行署行政长转饬所属各县、局须于 2 月 5 日前完成文化劳军募款，并将捐款数目先行电呈备案。

1 月 11 日　吐鲁番县各族民众积极响应文化劳军募捐运动，共捐款现洋 15232.65 元。

1 月 12 日　省财政厅为文化劳军运动用义卖方式进行劝募，共募得新币洋 9027.12 元。

1 月 14 日　沙湾县为文化劳军募集捐款，共募得捐款 4000 元（币种不详，似应为大洋）。

1 月 23 日　伊犁残废军人教养院为响应文化劳军运动，自愿每天节省食羊，捐出 400 只。

1 月 27 日　喀什区为文化劳军捐款，各机关、法团自动捐助大洋共计 5019.85 元。

1 月 29 日　昌吉县各机关、法团、学校及民众为文化劳军捐款，共捐得大洋 4143.48 元。

2 月 2 日　木垒河县为文化劳军募捐，各机关、法团及各族男女民众热烈响应，共募得大洋 11766 元。

同日　和田区各界积极为文化劳军捐款，共募得捐款 33368 元（币种不详，似应为大洋）。

同日　轮台县为文化劳军募捐，共募得 58027 元（币种不详，似应为大洋）。

2月3日　乌什县各族各界为文化劳军积极募捐，共募得新币10510元。

2月4日　迪化县三次募集文化劳军捐款，共募得大洋4356.3元。

2月8日　呼图壁县为文化劳军募捐，共捐大洋10747.45元。

同日　喀什区为文化劳军捐款，共捐助大洋19073.74元。

2月12日　阿瓦提县各机关、法团、学校、民众均积极响应文化劳军运动，共募捐大洋5173元。

2月15日　阿瓦提县为文化劳军募捐，共捐大洋6073.69元。

2月16日　新和县为文化劳军募捐，共捐大洋7238.54元。

2月18日　阿山区副行政长自动向文化劳军运动捐献元宝2个、砂金1两，省政府传令嘉奖。

2月19日　哈密县为文化劳军捐款，前后募得新币洋18100元。

同日　拜城县为文化劳军募款，共募捐大洋6759.6元，已如数汇解。

2月20日　巩哈县以演剧方式为文化劳军募捐，共募得3400余元（币种不详，似应为大洋），已汇交反帝会。

2月21日　皮山县各界民众积极为文化劳军捐款，共募捐大洋13864.07元，外有大宝1个，计重51两。

2月22日　阿山区为文化劳军募捐已结束，共计募大洋47875.93元、砂金1两、元宝20个。

3月16日　尉犁县为文化劳军捐款，共捐洋4275.8元。

同日　库车县民众为文化劳军捐款，第一期共捐大洋16980.19元。

4月10日　反帝会拨充文化劳军捐款，共大洋494073.5元。

4月13日　和田区各县民众积极响应文化劳军募捐，共捐大洋73548.82元。

4月26日　全国慰劳总会拟订《鞋袜劳军运动实施办法》。

5月5日　和田区各县妇女热烈响应献机运动，共捐大洋18323.35元，超过原分配数543.35元。

5月14日　省政府要求开展鞋袜劳军运动，并按实有户数分配数量。

5月20日　沙雅县为文化劳军第二次募捐，捐款20000元（币种不详，似应为大洋）。

6月16日　岳普湖县为鞋袜劳军捐款，募得新币19800元，较原来分配数超过6040元。

同日　额敏县为鞋袜劳军捐款，募得代金洋12665.1元（币种不详，似应为大洋）。

6月20日　疏附县为鞋袜劳军捐款，已募得代金洋86200元（币种不详，似应为大洋）。

同日　伽师县为鞋袜劳军捐款，如数募集大洋60000元（币种不详，似应为大洋）。

6月23日　巩留县为鞋袜劳军捐款，共募得13600元（币种不详，似应为大洋）。

6月24日　乌什县为鞋袜劳军捐款，募集代金洋33900元（币种不详，似应为大洋），俟收齐汇解。

同日　柯坪县为鞋袜劳军捐款，募集新币洋7000元。

同日　阿瓦提县为鞋袜劳军捐款，共募集新币洋13400元。

6月25日　精河县组织鞋袜劳军委员会，为鞋袜劳军捐款，共募得大洋5000元。

6月27日　拜城县为鞋袜劳军募捐，已募得14586.7元（币种不详，似应为大洋）。

6月28日　鄯善县为鞋袜劳军募捐，已募集代金新币洋17000元。

同日　乾德县为鞋袜劳军捐款，共募得代金大洋4580元。

同日　喀什区所属各县为鞋袜劳军募捐，共募得大洋446600元。

同日　沙雅县为鞋袜劳军捐款，共募得16380元（币种不详，似应为大洋）。

同日　新和县为鞋袜劳军捐款，募集大洋24102.4元，超募大洋9442.4元。

同日　库尔勒县为鞋袜劳军捐款，现已上缴大洋4500余元。

同日　温宿县为鞋袜劳军募捐，共募新币34500元。

同日　库车县为鞋袜劳军捐款，共募新币38000元。

6月29日　阜康县为鞋袜劳军捐款，比分配数超出各50双，共折代金大洋5200元。

6月30日　伊犁区为鞋袜劳军募款，共募得代金大洋152900元。

同日　呼图壁县为鞋袜劳军捐款，共募得新币8500元，已超过原分配数1740元。

同日　和静县为鞋袜劳军捐款，共募大洋4720元。

7月1日　轮台县为鞋袜劳军捐款，共计新币洋10720元。

同日　拜城县为鞋袜劳军捐款，共募得价款洋18440元（币种不详，似应为大洋）。

7月2日　鄯善县为鞋袜劳军募捐，共募洋17000元（币种不详，似应为大洋），超出分配数1660元。

同日　于田县为鞋袜劳军募捐，共募集54700元（币种不详，似应为大洋），超募4700元。

7月3日　库尔勒县汇缴全部鞋袜劳军捐款，共计10840元（币种不详，似应为大洋）。

7月5日　新疆各族各界积极响应鞋袜劳军运动，共募得捐款代金法币8231150元。

同日　和硕设治局为鞋袜劳军募款，共募得代金洋1956元（币种不详，似应为大洋）。

7月6日　托克逊县为鞋袜劳军捐款，共收大洋7000元。

同日　巴楚县为鞋袜劳军捐款，共募得新币大洋30783.8元。

同日　维文会为鞋袜劳军捐款，共募得大洋5000元。

同日　乌苏县解缴鞋袜劳军捐款，共计大洋9000元。

7月7日　温泉县为鞋袜劳军募捐，共募得捐款代金新币洋6400元。

7月8日　阿合奇设治局为鞋袜劳军捐款，募得代金洋5200元（币种不详，似应为大洋）。

7月11日　和静县为鞋袜劳军捐款，共募集代金大洋4720元。

7月14日　木垒河县为鞋袜劳军捐款，共募得代金大洋4400元。

同日　焉耆县解缴鞋袜劳军捐款，共大洋8599.5元。

7月17日　奇台县为鞋袜劳军募捐，共募集大洋13200元。

7月22日　呼图壁县解缴文化劳军捐款，共大洋6000元。

7月23日　温泉县为鞋袜劳军捐款，共募得代金洋6400元（币种不详，似应为大洋）。

7月28日　阿克苏县前次汇缴鞋袜劳军捐款25587.8元（币种不详，似应为大洋），兹又募得8059.9元（币种不详，似应为大洋）。

8月9日　于田县为鞋袜劳军捐款，共募大洋54700元。

同日　乌什县为鞋袜劳军捐款，共捐代金新币33900元。

同日　尉犁县税局代收汇解鞋袜劳军捐款，共计大洋5107.7元。

同日　喀什区行政督察专员丁宝珍致电省边防督办盛世才，要求拨发为中印驿运雇佣车驼队费用大洋444.82元。

8 月 14 日　哈密区为鞋袜劳军捐款，共募得大洋 22000 元。

8 月 24 日　沙湾县汇缴鞋袜劳军捐款，共计代金新币洋 6960 元。

8 月 28 日　博乐县汇解鞋袜劳军捐款，代金洋 7400 元（币种不详，似应为大洋）。

1943 年 8 月—1944 年 8 月　新疆各族人民在开展的"一县一机"运动中踊跃捐款，共计募集献机款 558 万元（币种不详，似应为大洋），捐献飞机 140架，超额 250 多万元完成了任务。

9 月 2 日　新源设治局汇缴鞋袜劳军捐款，计洋 9500 元（币种不详，似应为大洋）。

9 月 24 日　独山子炼油厂响应一县一机运动号召，全厂职工均愿以全月薪资献购飞机 1 架，由 4 个月扣缴。

9 月 28 日　沙湾县为献机运动捐款，共募得新币洋 43607 元。

10 月 4 日　维文总会及各地分会共同捐献 4 架飞机，共计新币 16 万元。

10 月 7 日　乌苏县汇缴献机捐款 40000 元（币种不详，似应为大洋）。

10 月 9 日　霍尔果斯县共募集献机捐款 41000 元（币种不详，似应为大洋），超过原分配数 17000 元。

10 月 22 日　拜城县为献机运动募捐，已募得现款新币 23000 元。

10 月 28 日　喀什区工商会副主任雅生阿訇、商民阿不多海由木、沙来阿吉等 3 名，均各献新币 1000 元，买汗买提汗献捐新币 500 元，均登报宣扬。

11 月 2 日　沙雅县提前完成献机捐款任务，共募得大洋 40000 元。

11 月 4 日　和田县解缴献机捐款 29800 元（币种不详，似应为大洋）。

同日　巩哈县税局汇缴该县鞋袜劳军捐款，共计大洋 16160 元。

11 月 5 日　塔城区各县积极响应献机运动，塔城捐 56000 元（币种不详，似应为大洋），额敏捐 80000 元（币种不详，似应为大洋），裕民捐 34000 元（币种不详，似应为大洋），共计 17 万元（币种不详，似应为大洋）。

11 月 6 日　皮山县解缴献机捐款，共 68292 元（币种不详，似应为大洋）。

11 月 9 日　和田区报各县献机捐款数，共 103806.33 元（币种不详，似应为大洋）。

同日　拜城县再次解缴献机捐款，共计新币 10000 元。

11 月 24 日　特克斯县为鞋袜劳军募捐，共募收新币代金 14000 元。

12 月 1 日　哈密区哈密、伊吾二县共募得献机捐款 42666.78 元（币种不详，似应为大洋），其中仅伊吾县就募得新币洋 40296.78 元，达到独献一架飞机的目的。

12 月 2 日　莎车县各界人士积极为献机运动捐款，共解缴大洋180075.82 元。

12 月 14 日　温宿县汇缴献机捐款，共计大洋80000 元。

12 月 22 日　全国慰劳总会代表抗战将士登报鸣谢新疆同胞热烈响应鞋袜劳军运动。

12 月 23 日　维文会为鞋袜劳军捐款，前呈缴大洋5000 元，今又募集大洋3000 元。

同日　和田区工商会主任委员阿布都艾则孜为献机运动捐献1000 元（币种不详，似应为大洋），登报嘉奖。

新疆全省防空司令部报送历年防空费数目表：

1940 年，法币28968644 元。

1941 年至1942 年，法币共33146789.5 元。

1943 年，法币88102308.5 元。

合计法币150217742 元①

1944 年

1 月 6 日　绥来县各界民众热烈响应献机运动，共捐款洋12 万元（币种不详，似应为大洋），哈族孀妇嘉义克慨捐50 两元宝1 颗。

1 月　经国民政府行政院核准，财政部公债筹募委员会下达新疆1943 年年度同盟胜利公债法币5000 万元，分配新疆省10 万元票140 张，1 万元票1000 张，5 千元票300 张，1 千元票10000 张，5 佰元票5000 张，2 百元票60000 张。新疆接电后，提交省委会议通过，并于1944 年1 月18 日通电各区行政专员及县长、各设治局。至此，全疆各区掀起了踊跃认购同盟胜利公债高潮。新疆成立了省筹募委员会，由督办兼任主席任筹募委员会主任，财政厅厅长兼任总干事，各区行政专员兼任各区筹募委员会主任，县长、设治局长任副主任。

3 月　国民政府令新疆捐献军马10000 匹，以代替征兵征粮之义务，省府通令，各区征献军马数目：迪化区1800 匹、伊犁区2200 匹、喀什区1500 匹、阿克苏区1100 匹、塔城区1300 匹、和田区1700 匹、焉耆区200 匹、哈密区

---

① 档案数据即如此。经核算，应为150217742 元。

100匹、莎车区1000匹、阿山区100匹，以上共计10000匹。伊犁、塔城、焉耆区征集马匹，其余各区将分配数目折成款项，由伊、塔、焉耆三区购买，伊犁区代购4100匹，塔城区代购900匹，焉耆区代购100匹。每匹马分为500元、530元、560元三等（另加其他费用），各区所征马匹按700元收款，由各区上缴省财政厅，分别转发各区购买。新疆省政府发布征献军马告民众书。各区积极响应省政府的号召，踊跃捐款，完成了分配的任务。

8月　伊犁区响应全国的"一县一机"捐献活动，成立献机运动劝募委员会，各族群众踊跃竞献，实募得542517.37元（币种不详，似应为大洋），共捐献了13架飞机：新疆伊宁一、二、三号，新疆绥定号，新疆霍尔果斯号，新疆温泉精河号，新疆博乐号，新疆巩留号，新疆宁西号，新疆巩哈号，新疆昭苏号，新疆新源号，新疆特克斯号。

11月　伊犁区及各县先后组织献马委员会，成立宣传队。伊犁区共分配2200匹，分配各县。伊宁县征564匹，代购300匹；绥定征300匹，代购150匹；特克斯征150匹，代购650匹；昭苏征120匹，代购500匹；新源征120匹，代购550匹；巩留征200匹，代购300匹；河南征84匹，代购200匹；霍城征80匹，代购200匹；博乐征184匹，代购200匹；温泉征84匹，代购150匹；精河征80匹，代购150匹。

1945 年

8月20日　留新疆的东北抗日义勇军将领王勇、高玉山、孙庆麟、张凤仪、于德一、赵剑峰等联名呈请省府将孤孀老弱残废及无以谋生者遣送回籍。

9月22日　东北抗日义勇军来新眷属共计468人，送各眷还籍，准每人以新币10000元换法币50000元，以利各眷属途中而免损失。

后 记

　　新疆维吾尔自治区抗日战争时期人口伤亡和财产损失课题是中央党史研究室《抗日战争时期中国人口伤亡和财产损失》课题的子课题。该课题 2008 年 6 月启动，2013 年 8 月下旬正式结题，历时 5 年多。

　　2008 年 6 月以来，自治区各级党史部门和党史工作者团结协作，广泛征集资料，进行了认真细致的调查研究。由于新疆区情特殊、档案资料流失严重等诸多因素，增加了完成课题的难度。2013 年 2 月，自治区党委党史研究室主任孙新刚召集会议，对本课题进行会诊研究，决定增加人员力量，加快课题进展，并担任课题组组长。课题组同志克服各种困难，获取大量历史资料，进行深入研究，确保了课题圆满完成。

　　在开展《抗日战争时期中国人口伤亡和财产损失》课题调研和编纂本书过程中，课题组坚持辩证唯物主义与历史唯物主义的立场、观点、方法，本着实事求是、尊重历史的原则，对所搜集的档案资料认真考证和分析研究，力求使调研成果经得起历史检验，具有较高的史料和学术价值。

　　新疆《抗日战争时期中国人口伤亡和财产损失》课题调研得到了自治区和地（州、市）、县（市、区）有关领导和党史部门的支持；自治区档案馆、喀什地区档案馆、和田地区档案馆、伊犁州档案馆和空军新疆航空队纪念馆、中国工农红军西路军总支队纪念馆等单位提供了珍贵的历史资料；喀什、和田、伊犁、塔城等地州党史部门在资料收集方面做了大量工作；中央党史研究室课题组的专家亲赴实地调研并为本课题调研报告稿提出了宝贵的修改意见；本书还吸收了散见于有关图书著作中一些专家学者的研究成果；熊坤静、谢继强、居宪涛等同志参与了本书的编辑校对工作——在此，谨一并表示衷心的感谢！

本书编者

2013 年 10 月

总　后　记

　　历时多年的《抗日战争时期中国人口伤亡和财产损失调研丛书》终于问世了。参加这套丛书编纂工作的，主要是承担《抗日战争时期中国人口伤亡和财产损失》课题调研任务的各省、自治区、直辖市及其下属市、县的领导同志和课题组成员，以及部分著名专家。他们以高度的责任心和使命感，竭尽全力，攻坚克难，终于完成了各自承担的任务，并按统一要求，形成了调研成果的 A 系列书稿。同时，有关省、自治区、直辖市还从实际情况出发，编纂了主要反映市、县调研成果的 B 系列书稿。由于各地情况不尽相同及其他原因，呈现在读者面前的丛书，将分批陆续完成和出版。

　　为了保证质量，我们对本丛书中由各省、自治区、直辖市完成的 A 系列书稿（即省级调研成果）实行了四级验收制，即：所有的省级调研成果，先由有关省（自治区、直辖市）课题领导小组及其聘请的省级专家验收组分别审读通过、写出书面意见；然后提交到中共中央党史研究室课题组。中共中央党史研究室课题组审读后，再聘请国内知名专家审读书稿，提出书面意见。对每次审读提出的意见，各省、自治区、直辖市课题组都认真研究落实，对书稿进行反复修改，或是说明相关情况，直到符合要求。由一批专家完成的 A 系列书稿（即带全局性的专门课题调研成果），也通过类似的办法验收。主要反映市、县调研成果的 B 系列书稿，则由有关省、自治区、直辖市党史研究室组织验收。各种调研成果验收修改的过程，同时也是调研的深化过程、提高过程。经过反复修改补充的成果，在质量上都有明显提高。

中共中央党史研究室课题组在中共中央党史研究室室委会和分管室副主任的具体领导下开展工作。中共中央党史研究室几任主要领导同志即曲青山和孙英、李景田、欧阳淞主任，非常关心和重视本课题调研工作的开展。分管这项工作的室副主任李忠杰同志始终严格把握政治方向，精心部署和安排，明确提出创建"精品工程、基础工程、警世工程、传世工程"的要求，给工作指明方向，还及时领导解决调研过程中遇到的种种困难和问题。各地同志和有关专家同中共中央党史研究室课题组保持密切联系，对中共中央党史研究室课题组的工作给予了积极配合和支持。

中共中央党史研究室课题组由李忠杰、霍海丹、李蓉、姚金果、李颖、王志刚、王树林、杨凯等同志组成。先后担任中共中央党史研究室第一研究部领导职务的黄修荣、刘益涛、蒋建农同志参与了课题调研和审改的部分工作。中共中央党史研究室科研管理部、办公厅的部分同志也参与了有关工作。特别是在北京市和山东省召开的两次全国性会议，中共中央党史研究室科研管理部、办公厅的有关同志自始至终参与了繁忙的会务工作，付出了大量心血和辛勤劳动。

在李忠杰同志直接领导下，中共中央党史研究室课题组承担了组织指导与协调推进各地课题调研和联系有关专家完成全局性专题调研的繁重任务。在人手十分有限的条件下，课题组同志们近10年如一日，以对民族负责、对历史负责的自觉精神，克服困难，埋头苦干，为圆满完成任务做了大量工作。计先后编发213期达60多万字的《工作简报》，同各省、自治区、直辖市的同志和有关专家进行了数以千次、万次的电话联系及当面沟通，先后到10多个省、自治区、直辖市实地调查、参加会议，了解情况，当面指导，协助各地完成调研工作，或邀请有关地方的同志到北京进行座谈；还组织22个省、自治区、直辖市课题组编纂《抗日战争时期全国重大惨案》，同中央档案馆联合编辑《抗日战争时期解放区人口伤亡和财产损失档案选编》，同中国第二历史档案馆、中国人民解放军档案馆联合编辑其馆藏的相关档案资料，撰写有关专题报告，等等。将近 10 年来，课题组成员虽有变动，但工作始终如一，没有延误和懈怠。

需要说明的是，《抗日战争时期中国人口伤亡和财产损失》课题，有时也简称为抗战损失课题或抗损课题。虽然有学者认为"抗战损失"或"抗损"通常只能反映抗日战争中财产方面的损失，人口伤亡不能称作损失，但考虑到当年国民政府习惯采用"抗战损失汇报"或"抗战中人口与财产所受损失统计"等表述，所以本课题参照前例，以"抗战损失"或"抗损"作为课题简称。

2014 年初，根据中央领导同志的指示精神和中共中央党史研究室室委会关于做好出版和对外宣传全国抗战损失课题调研成果准备工作的要求，我们组织部分省、自治区、直辖市的分管领导和课题组成员对已经印出样本的 A 系列书稿再次进行复审和互审，并邀请部分承担了抗战损失专题调研任务的专家参加审稿工作。这次集中复审和互审的主要任务是：审核已经印出样本的 A 系列书稿，对相关数据、史实严格把关，保证课题调研结论的真实性，保证书稿没有重大差错。中共中央党史研究室主要领导同志和分管领导同志也提出要求：把工作做得再深入、再扎实一些，统一规范，责任到人，把问题消灭在书稿正式出版之前。

在复审和互审过程中，地方同志和邀请的专家以多种形式及时沟通，围绕审稿发现的问题研究讨论，和中共中央党史研究室分管领导进行交流，对一些重要的共性问题达成一致。经过复审和互审，对有关的 A 系列书稿做出进一步修改。在此基础上，中共中央党史研究室课题组同志又对拟第一批出版的每一部 A 系列书稿进行多环节的审读、检查、修改、校对，严格审核把关，尽可能如实、客观地反映调研情况和成果。

中共中央党史研究室的其他同志及一些外聘同志、从地方党史部门借调的同志，如徐玉凤、谢忠厚、杨延力、郭明泉、戴思厚、王俊云、梁亿新、宋河星、毛立红、王莹莹、茅永怀、庾新顺、李蕙芬同志等，满腔热情地参加了本课题调研的部分工作。不论是调研选题的讨论、同有关各方的联络，还是资料的整理、归类、建档等，他们都付出了辛勤的劳动。

这里，还要特别感谢国家社会科学基金规划办公室、国家新闻出版广电总局有关领导和同志对本课题调研工作的支持和帮助，感谢有关部门对丛书出版经费的支持和保证。中共党史出版社的领导汪晓军以及陈海平、姚建萍等同志，也为这套丛书的出版花费了很多心血。

我们相信，本丛书 A 系列和 B 系列各卷的陆续公开出版，必将大大有助于抗战损失课题调研成果的推广利用，有利于固化历史，更好地发挥以史为鉴、资政育人的作用。但是，我们也深知，本课题调研迄今所取得的成果，还只是阶段性的、部分的、不完全的成果。在已经取得的来之不易的成果的基础上，今后，这一课题的调研工作还要深入不懈地继续进行下去。

中共中央党史研究室课题组

2014 年 4 月 30 日